中華文化促進會主持編纂

國家“十一五”～“十四五”重點圖書出版規劃項目

中國社會科學院哲學社會科學創新工程學術出版資助項目

出品人　王石　段先念

今注本二十四史

後漢書

五

紀〔五〕傳〔一〕

南朝宋 范曄 撰 唐 李賢等 注

卜憲群 周天游 主持校注

中國社会科学出版社

後漢書　卷一〇下

皇后紀第十下[1]

安思閻皇后　順烈梁皇后　孝崇匽皇后
桓帝懿獻梁皇后　孝桓鄧皇后　桓思竇皇后
孝仁董皇后　孝靈宋皇后　靈思何皇后
獻帝伏皇后　獻穆曹皇后

［1］【今注】案，殿本無"皇"字。

安思閻皇后諱姬，[1]河南滎陽人也。[2]祖父章，[3]永平中爲尚書，[4]以二妹爲貴人。[5]章精力曉舊典，久次，當遷以重職，顯宗爲後宫親屬，[6]竟不用，出爲步兵校尉。[7]章生暢，暢生后。

［1］【李賢注】《謚法》曰："謀慮不愆曰思。"

［2］【今注】河南：河南尹，治雒陽（今河南洛陽市東）。以今洛陽市爲中心的黄河以南地區，古稱河南。秦時因黄河、洛河、伊河流經該地，而置三川郡。西漢高祖二年（前205）改置河南郡。東漢時，因都城在雒陽，光武帝建武元年（25）改名爲河南尹。〔參見譚其驤《〈兩漢州制考〉跋》，《長水集（上）》，人民

出版社2001年版，第46頁〕　滎陽：縣名。治所在今河南滎陽市東北。《漢書·地理志》作“滎陽”，王先謙《集解》：“‘滎’當作‘熒’。”本書《郡國志》作“熒陽”。惠棟《後漢書補注》：“劉寬碑陰作‘熒縣’。”周明泰《後漢縣邑省併表》：“滎陽，近世出土漢官印封泥皆作‘熒陽’。”

［3］【今注】章：閻章，安思閻皇后祖父。除擔任尚書、步兵校尉等職外，曾於東漢明帝永平八年（65）出任度遼將軍左校尉，率黎陽、虎牙營士屯五原郡曼柏縣（今内蒙古達拉特旗東南）。

［4］【今注】永平：東漢明帝劉莊年號（58—75）。　尚書：官名。秩六百石。東漢有尚書六人，分曹治事。尚書職能原爲掌管文書，西漢中後期以後，無論職能還是機構都有較大發展，由純粹保管、傳遞文書的小吏，發展爲擁有議政、行政權的顯要人物，擁有公文轉呈權、責事權、劾奏權、選舉和考績權、監察和諫諍權等（參見卜憲群《秦漢官僚制度》，社會科學文獻出版社2002年版，第185—186頁）。

［5］【今注】貴人：東漢後宮妃嬪稱號。本書卷一〇上《皇后紀上》：“及光武中興，斲彫爲朴，六宮稱號，唯皇后、貴人。貴人金印紫綬，奉不過粟數十斛。又置美人、宮人、采女三等，並無爵秩，歲時賞賜充給而已。”

［6］【今注】顯宗：東漢明帝劉莊，公元57年至75年在位。紀見本書卷二。

［7］【李賢注】《漢官儀》曰“比二千石，掌宿衛兵，屬北軍中候”也。【今注】步兵校尉：官名。西漢武帝所置八校尉之一，掌上林苑門屯兵。東漢沿置，秩比二千石，爲北軍中候所屬五校尉之一。掌宿衛兵。下置司馬一人，秩千石。有員吏七十三人，統領士七百人。

后有才色。元初元年，[1]以選入掖庭，[2]甚見寵愛，爲貴人。二年，立爲皇后。后專房妒忌，帝幸宫人李氏，[3]生皇子保，[4]遂鴆殺李氏。[5]三年，以后父侍中暢爲長水校尉，[6]封北宜春侯，[7]食邑五千户。四年，暢卒，謚曰文侯，子顯嗣。[8]

[1]【今注】元初：東漢安帝劉祜年號（114—120）。

[2]【今注】掖庭：後宫中嬪妃居住的地方。

[3]【今注】宫人：宫女，來自良家子或官婢。《漢書》卷九七上《外戚傳上》："吕太后時以良家子選入宫。太后出宫人以賜諸王各五人，竇姬與在行中。"《漢舊儀》卷下："宫人，擇官婢年八歲以上，侍皇后以下，年三十五出嫁。"又曰："省中侍使令者，皆官婢，擇年八歲以上衣緑曰宦人，不得出省門。"周天游案："'宦人'當作'宫人'。《外戚傳》注引'宫人者，省中侍使官婢，名曰宫人，非天子掖庭中也'。疑此注文。"

[4]【今注】保：劉保，即東漢順帝。安帝子，母李氏，爲閻皇后所害。永寧元年（120）立爲皇太子，延光三年（124）廢爲濟陰王。延光四年，被擁立爲帝。順帝建康元年（144），崩，時年三十。紀見本書卷六。

[5]【李賢注】鴆，毒鳥也。食蝮。以其羽畫酒中，飲之立死。

[6]【今注】侍中：官名。秩比二千石。加官。無員。名義上隸屬於少府。掌侍左右，贊導衆事，顧問應對。　長水校尉：官名。西漢武帝所置八校尉之一，掌長水、宣曲胡騎。東漢沿置，秩比二千石，爲北軍中候所屬五校尉之一，且將胡騎校尉併入長水校尉。掌宿衛兵。下置司馬、胡騎司馬各一人，秩千石，有員吏一百五十七人，統領烏桓、胡騎七百三十六人。

[7]【李賢注】北宜春，縣，屬汝南郡。以豫章有宜春，故此加北。故城在今豫州汝陽縣西南也。【今注】北宜春：縣名。治

所在今河南汝南縣西南。《漢書·地理志》作“宜春”。

［8］【今注】顯：閻顯。東漢安帝延光元年更封爲長社侯。二年爲執金吾，三年爲大鴻臚，四年，安帝薨，閻太后臨朝，以閻顯爲車騎將軍，定策禁中，立章帝孫濟北惠王劉壽子北鄉侯劉懿爲帝。北鄉侯薨，中黄門孫程等發動政變，立安帝子濟陰王劉保爲帝，閻顯下獄死。

建光元年，[1]鄧太后崩，[2]帝始親政事。[3]顯及弟景、耀、晏並爲卿校，[4]典禁兵。延光元年，[5]更封顯長社縣侯，[6]食邑萬三千五百户，追尊后母宗爲滎陽君。[7]顯、景諸子年皆童齔，[8]並爲黄門侍郎。[9]后寵既盛，而兄弟頗與朝權，后遂與大長秋江京、中常侍樊豐等共譖皇太子保，[10]廢爲濟陰王。[11]

［1］【今注】建光：東漢安帝劉祜年號（121—122）。

［2］【今注】鄧太后：和熹鄧皇后。紀見本書卷一〇上。

［3］【今注】帝：指漢安帝。紀見本書卷五。

［4］【今注】景：閻景。東漢安帝延光四年（125）任衛尉。耀：閻耀。延光四年任城門校尉。　晏：閻晏。延光四年任執金吾。這裏“並爲卿校”與“建光元年”相聯，很容易讓人誤認爲閻氏兄弟於建光元年已經出任卿校等職。清人諸以敦以爲，“《安思閻皇后紀》云‘景、耀、晏並爲卿校，典禁兵’，乃史家撮舉而終言之”（諸以敦：《熊氏後漢書年表校補》，宋·熊方等撰，劉祜仁點校：《後漢書三國志補表三十種》，中華書局1984年版，第198—199頁）。故此，此處所謂閻氏兄弟並爲卿校，應是綜合安帝去世後，閻氏兄弟擔任衛尉、執金吾及城門校尉等職務情況言之。

［5］【今注】延光：東漢安帝劉祜年號（122—125）。

［6］【李賢注】長社，縣，屬潁川郡（川，大德本誤作

"州")。《前書音義》曰:"其社中樹暴長,故名長社。"今許州縣。【今注】長社:縣名。治所在今河南長葛市東北。

[7]【李賢注】《續漢志》曰:"婦人封君,儀比公主,油軿軿車,帶綬以采組爲緄帶(緄,底本殘,據紹興本、大德本、殿本補),各如其綬色,黄金辟邪加其首爲帶。"

[8]【李賢注】《大戴禮》曰:"男八歲而齔,女七歲而齔。"齔,毁齒也,音初刃反。

[9]【今注】黄門侍郎:官名。秩六百石。無員。名義上隸屬於少府。掌侍從左右,給事中,關通中外。諸王朝見,於殿上引王就坐。

[10]【今注】大長秋:官名。秩二千石。皇后卿。秦時官名爲"將行",以宦者擔任。西漢景帝中元六年(前144)更名爲"大長秋",或用士人擔任。東漢常例用宦者擔任,主要負責奉宣皇后命令,以及給賜宗親、爲宗親謁者關通、皇后出宫隨行等事務。 江京:宦者。以小黄門迎漢安帝於清河邸,功封都鄉侯,遷中常侍兼大長秋。又遷爲中常侍、長樂太僕。北鄉侯薨後,江京在宫廷政變中爲孫程等人所殺。 中常侍:官名。秩千石,後增秩比二千石。無定員。掌侍左右,從入内宫,贊導内衆事,顧問應對給事。中常侍本秦官,漢因之,人選參用士人與閹人。本書卷七八《宦者傳》:"漢興,仍襲秦制,置中常侍官。然亦引用士人,以參其選,皆銀璫左貂,給事殿省。"和熹鄧太后臨朝,始純用閹人。本書卷四三《朱穆傳》:"臣聞漢家舊典,置侍中、中常侍各一人,省尚書事,黄門侍郎一人,傳發書奏,皆用姓族。自和熹太后以女主稱制,不接公卿,乃以閹人爲常侍,小黄門通命兩宫。" 樊豐:宦者。安帝延光三年,與大將軍耿寶一起陷害太尉楊震,震飲鴆死。延光四年,北鄉侯即皇帝位後,樊豐又伙同耿寶等人與車騎將軍閻顯争權。閻顯諷有司奏樊豐、耿寶等阿黨,豐下獄死,耿寶自殺。

[11]【今注】濟陰:郡國名。治定陶縣(今山東菏澤市定陶

區西北)。

四年春，后從帝幸章陵，[1]帝道疾，崩於葉縣。[2]后、顯兄弟及江京、樊豐等謀曰："今晏駕道次，[3]濟陰王在内，邂逅公卿立之，[4]還爲大害。"乃僞云帝疾甚，徙御卧車。[5]行四日，驅馳還宫。明日，詐遣司徒劉喜詣郊廟社稷，[6]告天請命。其夕，乃發喪。尊后曰皇太后。皇太后臨朝，[7]以顯爲車騎將軍儀同三司。[8]

[1]【今注】章陵：縣名。治所在今湖北棗陽市南。本書卷一下《光武帝紀下》載，建武六年(30)，"春正月丙辰，改舂陵鄉爲章陵縣。世世復徭役，比豐、沛，無有所豫"。

[2]【今注】葉縣：治所在今河南葉縣西南。

[3]【李賢注】晏，晚也。臣下不敢斥言帝崩，猶言晚駕而出。

[4]【今注】邂逅：意外，萬一。《資治通鑑》卷五〇《漢紀》孝安皇帝建光元年："周旋民間，非絶迹之處，邂逅發露，禍及親知，故不爲也。"胡三省注曰："邂逅，不期而會，謂出於意料之外也。"

[5]【今注】卧車：可以寢卧的車，與《史記》卷六《秦始皇本紀》"置始皇居轀輬車中"的轀輬車類似。《漢書》卷六八《霍光傳》："載光尸柩以轀輬車。"顔師古注："轀輬本安車也，可以卧息。"秦始皇陵2號銅車的一條轡繩子末端朱書有"安車第一"文字〔孫機：《始皇陵2號銅車對車制研究的新啓示》，《中國古輿服論叢(增訂本)》，上海古籍出版社2013年版，第3頁〕，可以借此理解卧車的形象。

[6]【今注】司徒：官名。三公之一，主教化，掌人民事等。

原名“大司徒”，東漢光武帝建武二十七年，去“大”字，稱“司徒”。　劉喜：應作“劉熹”。熹，字季明，東萊長廣（今山東萊陽市）人。東漢安帝延光二年（123），由光禄勳升司徒。延光四年升太尉，參録尚書事。順帝永建元年（126），以阿黨閻顯、江京等被策免。　郊廟：天子祭祀天、地及祖先之禮。如《尚書·舜典》：“汝作秩宗。”孔傳：“秩，序；宗，尊也。主郊廟之官。”孔穎達疏：“主郊廟之官，掌序鬼神尊卑，故以秩宗爲名。郊，謂祭天南郊，祭地北郊；廟，謂祭先祖，即《周禮》所謂天神人鬼地祇之禮是也。”這裹指祭祀天地和祖先的郊宫和祖廟。建武元年劉秀即位時，在鄗設壇祭告天地。建武二年，依照鄗及西漢平帝元始年間王莽主持的恢復南北郊故事，在雒陽城南七里營建郊兆。光武帝中元元年（56），初於洛陽城北四里營北郊、明堂、辟雍、靈臺。光武帝建武二年，在雒陽立高廟。　社稷：社，土地神；稷，穀神。這裹指祭祀社稷的神壇。本書《祭祀志下》：“建武二年，立太社稷于雒陽，在宗廟之右，方壇，無屋，有墻門而已。”

［7］【李賢注】蔡邕《獨斷》曰：“少帝即位，太后即代攝政，臨前殿，朝群臣。太后東面，少帝西面。群臣奏事上書，皆爲兩通，一詣后，一詣少帝。”

［8］【今注】車騎將軍：官名。金印紫綬。位比三公或次上卿，在大將軍、驃騎將軍後，衛將軍前。本書《百官志一》：“將軍，不常置。本注曰：‘掌征伐背叛。比公者四：第一大將軍，次驃騎將軍，次車騎將軍，次衛將軍。又有前、後、左、右將軍。’”劉昭注引蔡質《漢儀》曰：“漢興，置大將軍、驃騎，位次丞相，車騎、衛將軍、左、右、前、後，皆金紫，位次上卿。典京師兵衛，四夷屯警。”東漢末，置左、右車騎將軍。　三司：太尉、司空、司徒。本書卷六《順帝紀》：“今刺史、二千石之選，歸任三司。”李賢注：“三司，三公也，即太尉、司空、司徒也。”

太后欲久專國政，貪立幼年，與顯等定策禁中，[1]迎濟北惠王子北鄉侯懿，[2]立爲皇帝。顯忌大將軍耿寶[3]位尊權重，威行前朝，[4]乃風有司奏寶及其黨與中常侍樊豐、虎賁中郎將謝惲、惲弟侍中篤、篤弟大將軍長史宓、[5]侍中周廣、阿母野王君王聖、聖女永、永壻黄門侍郎樊嚴等，[6]更相阿黨，互作威福，探刺禁省，更爲唱和，皆大不道。[7]豐、惲、廣皆下獄死，家屬徙比景；[8]宓、嚴減死，[9]髡鉗；[10]貶寶爲則亭侯，遣就國，自殺；王聖母子徙鴈門。[11]於是景爲衛尉，[12]耀城門校尉，[13]晏執金吾，[14]兄弟權要，威福自由。

[1]【今注】禁中：宫中或臨時居址中帝、后起居坐卧的地方。《漢書》卷七《昭帝紀》："共養省中。"顏師古注引伏嚴曰："蔡邕云本爲禁中，門閤有禁，非侍御之臣不得妄入。行道豹尾中亦爲禁中。孝元皇后父名禁，避之，故曰省中。"顏師古曰："省，察也，言入此中皆當察視，不可妄也。"所謂"行道豹尾中亦爲禁中"，指皇帝車駕中殿後的豹尾車之前，也被稱爲"禁中"。《太平御覽》卷六八〇《儀式部一·豹尾》引《獨斷》曰："大駕屬車八十一乘，最後一車懸豹尾，豹尾已前皆省中。"根據皇帝處理政務和生活起居地以及相應的宿衛制度，可將整個皇宫區分爲"宫中""殿中""省中""禁中"等區域。

[2]【李賢注】惠王名壽，章帝子也。【今注】濟北：國名。本書卷四《和帝紀》載，永元二年（90），"夏五月庚戌，分太山爲濟北國……丙辰，封皇弟壽爲濟北王"。據本書《郡國志三》記載，濟北國下轄五縣，分别爲盧縣、蛇丘縣、成縣、茌平縣、剛縣。本書卷五五《章帝八王傳·濟北惠王壽》載："建安十一年，

國除。” 惠王：劉壽，東漢章帝子，母申貴人。和帝永元二年立，安帝永寧元年（120）三月丁酉薨，謚“惠”。傳見本書卷五五。 北鄉侯：劉懿，濟北惠王劉壽子，章帝孫。安帝永寧元年，封爲鄉侯，別食泰山郡邑。延光四年（125），安帝卒，閻太后與兄車騎將軍定策禁中立爲皇帝，三月乙酉即位，十月辛亥薨，謚少帝。

［3］【李賢注】耿弇之弟舒之孫。【今注】大將軍：官名。位或在公上，或在公下，因任職者地位而定。外主征伐，内掌國政。東漢專政之外戚多任此職。 耿寶：扶風茂陵（今陜西興平市東北）人。牟平侯耿舒孫、耿襲子，母爲東漢明帝女隆慮公主劉迎。妹耿姬爲清河孝王劉慶妃。延平元年（106）殤帝崩，鄧太后與其兄鄧騭定策立清河孝王與左姬所生子劉祜爲帝，是爲安帝。建光元年（121），鄧太后崩，安帝追尊清河孝王爲孝德皇，生母左姬爲孝德皇后，清河孝王元妃耿姬爲甘陵大貴人。耿寶以帝之元舅而被授予重任，位至大將軍。曾與樊豐等一起讒陷太尉楊震，又譖廢安帝太子劉保爲濟陰王。延光四年，安帝南巡途中病，任命耿寶行太尉事。安帝崩，北鄉侯即位，耿寶爲閻太后策免，貶爵爲亭侯，遣就國，於道中自殺。

［4］【今注】前朝：上一個帝王時期，此指東漢安帝朝。

［5］【李賢注】《善文》曰：“惲字伯周。宓字仲周，篤字季周。”【今注】虎賁中郎將：官名。秩比二千石。屬光禄勳。西漢武帝建元三年（前138）置期門，掌執兵送從，秩比郎，無員，多至千人，置僕射，秩比千石。平帝元始元年（1）更名爲“虎賁郎”，置中郎將。本書《百官志二》劉昭注補：“虎賁舊作‘虎奔’，言如虎之奔也，王莽以古有勇士孟賁，故名焉。孔安國曰：‘若虎賁獸’，言其甚猛。” 謝惲：字伯周。錢大昕《廿二史考異》卷一〇《後漢書一·安帝紀》：“據《后妃傳》，惲爲虎賁中郎將，非侍中也，侍中當是加官。”此外，本書卷一五《來歷傳》、卷五四《楊震傳》亦作“侍中”。 大將軍長史：官名。秩千石。

大將軍屬官。《漢官儀》:“長史，衆史之長。”

［6］【今注】阿母：乳母。《史記》卷一〇五《扁鵲倉公列傳》:“故濟北王阿母自言足熱而懣。”《索隱》:“是王之嬭母也。”《正義》:“服虔云：‘乳母也。’鄭云：‘慈己者。’”本書卷六一《左雄傳》:“初，帝廢爲濟陰王，乳母宋娥與黄門孫程等共議立帝，帝後以娥前有謀，遂封爲山陽君，邑五千户……雄復諫曰：‘……臣伏見詔書顧念阿母舊德宿恩，欲特加顯賞。案尚書故事，無乳母爵邑之制，唯先帝時阿母王聖爲野王君。’”

［7］【今注】大不道：大逆不道。漢代“不道”罪包括大逆、誣罔、罔上、迷國、誹謗、狡猾、惑衆、虧恩、奉使無狀、巫蠱、祝詛上、匿反者、妖言、毆辱鳩杖主、上僭等罪行。其中以大逆不道最嚴重，指具有以下特徵的行爲：一是取代現在的天子，或加害於天子身體的企圖及行爲；二是破壞宗廟及器物；三是危害天子後繼者的企圖及行爲〔參見［日］大庭脩著，林劍鳴等譯《秦漢法制史研究》，上海人民出版社 1991 年版，第 81—135 頁；鄔文玲《漢代赦免制度研究》，博士學位論文，中國社會科學院研究生院，2003 年，第 77 頁〕。

［8］【李賢注】比景，縣名，屬日南郡。《前書音義》曰：“日中於頭上（中，殿本誤作‘居’），景在己下，故名之。”【今注】比景：縣名。治所在今越南廣平省争江口。

［9］【今注】減死：減免死罪。《漢書·高惠高后文功臣表》:“侯獲嗣，永始元年，坐使奴殺人，減死，完爲城旦。”《漢書》卷一一《哀帝紀》:“丞相博、御史大夫玄、孔鄉侯晏有罪。博自殺，玄減死二等論，晏削户四分之一。”《漢書》卷七七《何並傳》:“（故）〔過〕辭鍾廷尉，廷尉免冠爲弟請一等之罪，願蚤就髡鉗。”顔師古注：“如淳曰：‘減死罪一等。’”《漢書》卷七二《鮑宣傳》:“上遂抵宣罪減死一等，髡鉗。宣既被刑，乃徙之上黨。”本書《和帝紀》載，永元八年八月，“詔郡國中都官繫囚減死一

等，詣敦煌戍”。

［10］【今注】髡鉗：刑罰名。《漢書·刑法志》：“臣謹議請定律曰：諸當完者，完爲城旦舂；當黥者，髡鉗爲城旦舂。”《史記》卷六《秦始皇本紀》“令下三十日不燒，黥爲城旦”。《集解》：“如淳曰：‘《律説》：論决爲髡鉗，輸邊築長城，晝日伺寇虜，夜暮築長城。’”居延漢簡40·1：“望□苑髡鉗鈦左右止大奴馮宣，年廿七八歲，中壯，髮長五六寸，青黑色，毋須，衣皁袍、白布綔，履白革舄，持劍亡”（謝桂華、李均明、朱國炤：《居延漢簡釋文合校》，文物出版社1987年版，第68頁）。懸泉漢簡Ⅰ90DXT0116②：118A：“沙頭髡鉗鈦左右止城旦休閆敗康居國坐盜”〔甘肅博物館等：《懸泉漢簡（壹）》，中西書局2019年版，第565頁〕。髡，《説文·髟部》：“鬄髮也。”唐慧琳《一切經音義》卷六二：“髡，刑名，髡去其髮也。”居延新簡E. P. S4. T2·100：“以兵刃、索繩它物可以自殺者予囚，囚以自殺、殺人，若自傷、傷人，而以辜二旬中死，予者髡爲城旦舂”（馬怡、張榮强主編：《居延漢簡釋校》，天津古籍出版社2013年版，第891頁）。鉗，《説文·金部》：“鉗，以鐵有所劫束也。”《漢書》卷一下《高帝紀下》：“郎中田叔、孟舒等十人自髡鉗爲王家奴，從王就獄。”顔師古注：“鉗，以鐵束頸也。”《史記》卷一二二《酷吏列傳》：“武帝即位，徙爲内史。外戚多毀成之短，抵罪髡鉗。是時九卿罪死即死，少被刑，而成極刑，自以爲不復收，於是解脱，詐刻傳出關歸家。”解脱，《索隱》：“謂脱鉗鈦。”《説文·金部》：“鈦，鐵鉗也。”段玉裁注：“鐵，《御覽》作‘脛’。”《史記·平準書》：“鈦左趾。”《集解》：“韋昭曰：‘鈦，以鐵爲之，著左趾以代刖也。’”《索隱》：“《三蒼》云‘鈦，踏脚鉗也’……張斐《漢晉律序》云‘狀如跟衣，著（足）〔左〕足下，重六斤，以代臏，至魏武改以代刖也’。”

［11］【今注】鴈門：郡名。治陰館縣（今山西朔州市東南）。

［12］【今注】衛尉：官名。秩中二千石。掌宫門衛士，宫中徼循事。秦官，西漢景帝初更名爲中大夫令，後元元年（前143）

復爲衛尉。屬官有公車司馬令一人，六百石；南宮衛士令一人，六百石；北宮衛士令一人，六百石；左右都候各一人，六百石；宮掖門司馬，比千石。

［13］【今注】城門校尉：官名。秩比二千石。負責雒陽十二城門的守衛。

［14］【今注】執金吾：官名。秩中二千石。主要負責京師内皇宮外的保衛及武庫兵器管理等工作，皇帝出行時還要擔任護衛和儀仗隊。此官承秦而設，原名“中尉”，西漢武帝太初元年（前104）更名爲“執金吾”。王莽時更名爲“奮武”。東漢復名“執金吾”。西漢時，執金吾屬官有中壘令、寺互令、武庫令、都船令、式道左右中候、左右京輔都尉等。東漢僅保留武庫令，其他皆省。

少帝立二百餘日而疾篤，顯兄弟及江京等皆在左右。京引顯屏語曰：“北鄉侯病不解，國嗣宜時有定。前不用濟陰王，今若立之，後必當怨，人何不早徵諸王子，[1]簡所置乎？”[2]顯以爲然。及少帝薨，京白太后，徵濟北、河間王子。[3]未至，而中黄門孫程合謀殺江京等，[4]立濟陰王，是爲順帝。顯、景、晏及黨與皆伏誅，遷太后於離宮，[5]家屬徙比景。明年，太后崩。在位十二年，合葬恭陵。[6]

［1］【今注】案，人，大德本、殿本作“又”，底本誤。

［2］【今注】簡：選。本書卷三一《賈琮傳》：“琮即移書告示，各使安其資業，招撫荒散，蠲復傜役，誅斬渠帥爲大害者，簡選良吏試守諸縣，歲間蕩定，百姓以安。”

［3］【今注】濟北：濟北惠王劉壽於安帝永寧元年（120）薨，此時濟北王應爲劉壽子節王劉登。劉登於順帝陽嘉四年（135）七

月己亥薨。 河間王：劉開。傳見本書卷五五。

［4］【今注】中黄門：官名。秩比百石，後增比三百石。名義上隸屬於少府。無員，宦者爲之。掌給事禁中。 孫程：字稚卿，涿郡新城（今河北保定市徐水區西）人。傳見本書卷七八。

［5］【今注】離宫：正宫之外，供皇帝外出巡行時居住的宫室。《漢書》卷五一《賈山傳》："秦非徒如此也，起咸陽而西至雍，離宫三百，鐘鼓帷帳，不移而具。"顔師古注："凡言離宫者，皆謂於别處置之，非常所居也。"

［6］【今注】恭陵：東漢安帝陵。本書卷五《安帝紀》載，延光四年（125）四月"己酉，葬孝安皇帝于恭陵。廟曰恭宗"。李賢注："在今洛陽東北二十七里。"本書《禮儀志下》注引《古今注》："安帝恭陵，山周二百六十步，高十五丈。無周垣，爲行馬，四出司馬門。石殿、鐘虡在行馬内。寢殿、園吏舍在殿北。隄封田一十四頃五十六畝。《帝王世記》曰：'高十一丈。在雒陽西北，去雒陽十五里。'"洛陽東漢帝陵分爲南、北兩個陵區，北陵區位於洛陽城北的邙山之上，今河南孟津縣境内，葬有五帝，分别爲光武帝原陵、安帝恭陵、順帝憲陵、沖帝懷陵、靈帝文陵；南陵區位於洛陽城南的萬安山北麓，今洛陽市伊濱區、偃師市境内，葬有六帝，分别爲明帝顯節陵、章帝敬陵、和帝順陵、殤帝康陵、質帝静陵、桓帝宣陵。目前顯節陵的具體位置，學界尚有争議。東漢帝陵的考古發現與研究等相關情况，參閲嚴輝《洛陽東漢帝陵地望問題研究綜述》（《中原文物》2019年第5期），韓國河、張鴻亮《東漢陵園建築布局的相關研究》（《考古與文物》2019年第6期）等文。

帝母李氏瘞在洛陽城北，[1]帝初不知，莫敢以聞。及太后崩，左右白之，帝感悟發哀，親到瘞所，更以禮殯，上尊謚曰恭愍皇后，葬恭北陵，爲策書金匱，藏于世祖廟。[2]

［1］【今注】瘞：本義爲掩埋，埋藏。《説文・土部》："瘞，幽薶也。"這裏指墳墓。　洛陽城：在今河南洛陽市東，地處洛陽市郊區、孟津縣、偃師市結合部（中國社會科學院考古研究所洛陽漢魏城隊：《漢魏洛陽故城城垣試掘》，《考古學報》1998 年第 3 期）。

［2］【李賢注】在恭陵之北，因以爲名。《漢官儀》曰："置陵園令、食監各一人，秩皆六百石。"金匱（金，底本殘，據紹興本、大德本、殿本補），緘之以金。【今注】世祖廟：光武帝劉秀廟。本書《祭祀志下》："光武皇帝崩，明帝即位，以光武帝撥亂中興，更爲起廟，尊號曰世祖廟。"

順烈梁皇后諱妠，[1]大將軍商之女，[2]恭懷皇后弟之孫也。[3]后生，有光景之祥。少善女工，[4]好史書，[5]九歲能誦《論語》，[6]治《韓詩》，[7]大義略舉。常以《列女》圖畫置於左右，以自監戒。[8]父商深異之，竊謂諸弟曰："我先人全濟河西，[9]所活者不可勝數。[10]雖大位不究，[11]而積德必報。若慶流子孫者，儻興此女乎？"

［1］【李賢注】《謚法》曰："執德尊業曰烈。"《聲類》曰："妠妠（當衍一'妠'字），娶也，音納。"

［2］【今注】商：梁商，字伯夏，安定烏氏（今寧夏固原市東南）人。恭懷皇后弟乘氏侯梁雍子。賜謚忠侯。傳見本書卷三四。

［3］【今注】恭懷皇后：東漢章帝梁貴人，梁竦女。紀見本書卷一〇上。

［4］【今注】女工：也作"女紅""女功"。《周禮・地官・酇長》："趨其耕耨，稽其女功。"鄭玄注："女功，絲枲之事。"指婦

女從事的紡織、刺綉、縫紉等事務。

［5］【今注】史書：隸書。《説文解字·叙》："尉律：學童十七已上，始試諷籀書九千字，乃得爲吏。又以八體試之，郡移太史。並課最者，以爲尚書史。書或不正。輒舉劾之。"《漢書·藝文志》小學家云："漢興，蕭何草律，亦著其法，曰：太史試學童，能諷書九千字以上，乃得爲史。又以六體試之，課最者以爲尚書御史史書令史。吏民上書，字或不正，輒舉劾。"《漢書》卷九《元帝紀》："元帝多材藝，善史書。"顏師古注引應劭曰："周宣王太史史籀所作大篆。"錢大昕《三史拾遺》卷二《漢書·元帝紀》："應説非也。漢律，太史試學童，能諷書九千字以上，乃得爲史。《貢禹傳》：武帝時，盗賊起，郡國擇便巧史書者，以爲右職，俗皆曰：'何以禮義爲？史書而仕宦。'《酷吏傳》：嚴延年'善史書，所欲誅殺奏成於手，中主簿親近史不得聞知'。蓋史書者，令史所習之書，猶言隸書也。善史書者，謂能識字作隸書耳，豈皆盡通史籀十五篇乎？《外戚傳》：許皇后聰慧'善史書'。《西域傳》：楚主侍者'馮嫽能史書'。《王尊傳》：'少善史書。'《後漢書·安帝紀》：'年十歲，好學史書。'《皇后紀》：鄧皇后'六歲能史書'，梁皇后'少好史書'。《章八王傳》：安帝所生母左姬'善史書'。《齊武王傳》：北海敬王睦'善史書，當世以爲楷則'。《明八王傳》：樂成靖王黨'善史書，喜正文字'。諸所稱善史書者，無過諸王后妃嬪侍之流，略知隸楷已足成名，非真精通篆籀也。《魏志·管寧傳》：潁川胡昭'善史書'，與鍾繇、邯鄲淳、衛凱、韋誕並有尺牘之迹。動見模楷，則'史書'之即隸書明矣。"張家山漢簡《二年律令·史律》："史、卜子年十七歲學。史、卜、祝學童學三歲，學佴將詣大史、大卜、大祝，郡史學童詣其守，皆會八月朔日試之。［試］史學童以十五篇，能風（諷）書五千字以上，乃得爲史。有（又）以八膿（體）試之，郡移其八膿（體）課大史，大史誦課，取宷（最）一人以爲其縣令史，殿者勿以爲史。三歲壹并課，取宷（最）一人以爲尚書卒史。［卜學］童能風（諷）書史書三千字，誦卜書

三千字，卜六發中一以上，乃得爲卜，以爲官□。其能誦三萬以上者，以爲卜，上計六更。缺，試脩法，以六發中三以上者補之。以祝十四章試祝學童，能誦七千言以上者，乃得爲祝，五更。大祝試祝，善祝、明祠事者，以爲冗祝，冗之。不入史、卜、祝者，罰金四兩，學佴二兩。”〔張家山二四七號漢墓竹簡整理小組：《張家山漢墓竹簡［二四七號墓］（釋文修訂本）》，文物出版社 2006 年版，第 80—81 頁〕

［6］【今注】論語：記載孔子及其弟子言論的典籍。《漢書·藝文志》：“《論語》者，孔子應答弟子、時人及弟子相與言而接聞於夫子之語也。當時弟子各有所記。夫子既卒，門人相與輯而論纂，故謂之《論語》。”漢代，《論語》有《魯論》《齊論》兩家。江西南昌西漢海昏侯劉賀墓出土了可能與今本《論語》及其源頭“魯論”屬於不同系統的《齊論》（江西省文物考古研究院等：《江西南昌西漢海昏侯劉賀墓出土簡牘》，《文物》2018 年第 11 期）。漢人學習的順序，首先是小學，其次爲《孝經》《論語》，然後一經（參見王國維《漢魏博士考》，載《觀堂集林》，中華書局 1959 年版，第 181 頁；朱鳳瀚主編《海昏簡牘初論》，北京大學出版社 2020 年版）。

［7］【李賢注】韓嬰所傳詩也。【今注】韓詩：西漢時傳授《詩》的四家之一。《詩》，五經之一，一百零五篇，傳爲孔子删定。《詩》博士有齊、魯、韓三家。《史記》卷一二一《儒林列傳》：“言《詩》於魯則申培公，於齊則轅固生，於燕則韓太傅。”《索隱》：“韓嬰也。爲常山王太傅也。”東漢時未有增損。除立爲博士官的齊、魯、韓三家今文《詩》外，還有古文經學派的《毛詩》，《漢書·藝文志》著録有《毛詩故訓傳》三十卷，並曰：“又有毛公之學，自謂子夏所傳，而河間獻王好之，未得立。”西漢《毛詩》，傳爲魯國人毛亨所傳（一説毛萇，本書卷七九下《儒林傳下》：“趙人毛萇傳《詩》，是爲《毛詩》，未得立。”）考古出土了不少戰國、西漢時期的《詩經》，如安徽阜陽雙古堆西漢汝陰侯

墓西漢早期《詩經》殘簡、湖北荆州夏家臺墓地戰國楚簡《詩經·邶風》、安徽大學藏戰國竹簡《詩經》、江西南昌西漢海昏侯劉賀墓《詩經》等（安徽省文物工作隊等：《阜陽雙古堆西漢汝陰侯墓發掘簡報》，《文物》1978 年第 8 期；田勇、王明欽：《湖北荆州劉家臺與夏家臺墓地發現大批戰國墓葬》，《中國文物報》2016 年 4 月 8 日；黄德寬：《安徽大學藏戰國竹簡概述》，《文物》2017 年第 9 期；徐在國：《安徽大學藏戰國竹簡〈詩經〉詩序與異文》，《文物》2017 年第 9 期；江西省文物考古研究院等：《江西南昌西漢海昏侯劉賀墓出土簡牘》，《文物》2018 年第 11 期；朱鳳瀚主編：《海昏簡牘初論》）。

［8］【李賢注】劉向撰《列女傳》八篇，圖畫其象。

［9］【今注】河西：就自然地理而言，指今甘肅、寧夏黄河以西地區；就行政區劃而言，以西漢武帝開河西地後，所置武威、張掖、酒泉、敦煌四郡之地。關於河西四郡始置時間，學界頗多争議，周振鶴認爲武帝元狩二年（前 121）置酒泉郡，元鼎六年（前 111）析酒泉郡新置張掖、敦煌二郡，宣帝地節三年（前 67）置武威郡。另，昭帝始元六年（前 81）置金城郡。（周振鶴、李曉傑、張莉：《中國行政區劃通史·秦漢卷》，復旦大學出版社 2017 年版，第 478 頁）竇融統治河西時期，包括武威、張掖、酒泉、敦煌、金城五郡。如本書卷二三《竇融傳》："是時酒泉太守梁統、金城太守厙鈞、張掖都尉史苞、酒泉都尉竺曾、敦煌都尉辛肜，並州郡英俊，融皆與厚善。及更始敗，融與梁統等計議曰：'今天下擾亂，未知所歸。河西斗絶在羌胡中，不同心戮力則不能自守；權鈞力齊，復無以相率。當推一人爲大將軍，共全五郡，觀時變動。'議既定，而各謙讓，咸以融世任河西爲吏，人所敬向，乃推融行河西五郡大將軍事。"

［10］【李賢注】商曾祖統，更始二年補中郎將、酒泉太守，使安集涼州。時西河擾亂（西河，當作"河西"），衆議以統素

有威信，乃推統與竇融共完全五郡。

［11］【今注】大位：顯達的官位。

永建三年，[1]與姑俱選入掖庭，時年十三。相工茅通見后，[2]驚，再拜賀曰：[3]“此所謂日角偃月，[4]相之極貴，臣所未嘗見也。”太史卜兆得壽房，[5]又筮得《坤》之《比》，[6]遂以爲貴人。常特被引御，從容辭於帝曰：“夫陽以博施爲德，陰以不專爲義，螽斯則百，福之所由興也。[7]願陛下思雲雨之均澤，[8]識貫魚之次序，[9]使小妾得免罪謗之累。”[10]由是帝加敬焉。

［1］【今注】永建：東漢順帝劉保年號（126—132）。

［2］【今注】相工：以身體面相特徵判定命運吉凶的人。與“卜”占之術相關聯，亦有稱“卜相工”者，如本書卷一二《王昌傳》：“王昌，一名郎，趙國邯鄲人也。素爲卜相工，明星歷，常以爲河北有天子氣。”本書卷四八《翟酺傳》：“四世傳《詩》。酺好《老子》，尤善圖緯、天文、歷筭。以報舅讎，當徙日南，亡於長安，爲卜相工，後牧羊涼州。”

［3］【今注】再拜：拜了又拜。

［4］【今注】日角：額骨中央部分隆起，形狀如日。本書卷一上《光武帝紀上》：“身長七尺三寸，美須眉，大口，隆準，日角。”李賢注引鄭玄《尚書中候》注云：“日角，謂庭中骨起，狀如日。”偃月：額骨如偃月之形。《戰國策·中山策》：“若乃其眉目、準頞、權衡、犀角、偃月，彼乃帝王之后，非諸侯之姬也。”鮑彪注：“偃月，額骨。”清于鬯《香草校書》卷四六《國語三》：“日角，猶犀角，犀角即角犀。偃月者言其角犀圓滿，即豐盈之象也，則角犀豐盈爲王后之相明矣。”

［5］【今注】太史：官名。太常卿屬官。太史令一人，秩六百石。掌天時、星曆。凡歲將終，奏新年曆。凡國祭祀、喪、娶之事，掌奏良日及時節禁忌。凡國有瑞應、災異，掌記之。《漢官儀》："太史待詔三十七人，其六人治曆，三人龜卜，三人廬宅，四人日時，三人《易》筮，二人典禳，九人籍氏、許氏、典昌氏，各三人，嘉法、請雨、解事各二人，醫一人。"　壽房：兆形。王鳴盛《蛾術編》卷七四《説制十二》迮鶴壽案曰："《龜經》有壽房兆，棲鶴兆。房者下房，象后宫也。鶴者介焉，象高人也。一説壽房象神，即古之瓦兆。"

［6］【李賢注】《易·坤卦》六五爻，變而之比，比九五《象》曰（大德本、殿本無後"比"字）："顯比之吉，位正中也。"九五居得其位，下應於二（二，紹興本、殿本誤作"上"），故吉。【今注】坤之比：筮時，坤卦的六五爻爲六，六爲老陰，變而爲陽，故六五爲九五，初六、六二、六三、六四、上六等爻均爲八，八爲少陰，爲不變爻，所以坤卦變爲比卦。《易》占變爻，故以比卦之九五爻推算吉凶。比卦九五爻之爻辭曰："九五，顯比；王用三驅，失前禽，邑人不誡，吉。"九五，爲上卦正中之陽位得陽爻，故九五爻之《象》曰："顯比之吉，位正中也。"亦所謂"九五居得其位"也。比卦《彖》曰："比，輔也，下順從也。"朱熹曰："比，親輔也。九五以陽剛居上之中而得其正，上下五陰，比而從之，以一人而撫萬邦，以四海而仰一人之象。"

［7］【李賢注】《詩·國風·序》曰："言后妃若螽斯不妒忌，則子孫衆多也。"《詩·大雅》曰"太姒嗣徽音，則百斯男"也。

［8］【今注】陛下：君主的尊稱。蔡邕《獨斷》卷上："陛下者：陛，階也，所由升堂也。天子必有近臣執兵陳於陛側，以戒不虞。謂之陛下者，群臣與天子言，不敢指斥天子，故呼在陛下者而告之，因卑達尊之意也。上書亦如之。及群臣士庶相與言曰殿下、閤下、執事之屬，皆此類也。"

［9］【李賢注】《易》曰："雲行雨施，品物流形。"《剥卦》曰："貫魚，以宫人寵，無不利。"《剥》，坤下艮上，五陰而一陽，衆陰在下，駢頭相次，似貫魚也。【今注】貫魚：依次排列。

［10］【今注】小妾：謙稱。

陽嘉元年春，[1]有司奏立長秋宫，[2]以乘氏侯商先帝外戚，[3]《春秋》之義，娶先大國，[4]梁小貴人宜配天祚，[5]正位坤極。[6]帝從之，乃於壽安殿立貴人爲皇后。[7]后既少聰惠，深覽前世得失，雖以德進，不敢有驕專之心，每日月見讁，[8]輒降服求愆。[9]

［1］【今注】陽嘉：東漢順帝劉保年號（132—135）。

［2］【今注】長秋宫：皇后所居宫，此代指皇后。《漢書》卷九九上《王莽傳上》："皇帝即位三年，長秋宫未建，液廷媵未充。"

［3］【李賢注】商祖姑，章帝貴人，生和帝也。

［4］【李賢注】《公羊傳》曰，天子娶於紀。紀本子爵也，先褒爲侯，言王者不娶於小國也。【今注】春秋之義娶先大國：《春秋》桓公二年："秋七月，紀侯來朝。"《公羊傳》："稱侯者，天子將娶於紀，與之奉宗廟，傳之無窮，重莫大焉，故封之百里。"《白虎通》卷一〇《嫁娶・論天子必娶大國》："王者之娶，必先選於大國之女，禮儀備，所見多。《詩》云：'大邦有子，俔天之妹，文定厥祥，親迎於渭。'明王者必娶大國也。《春秋傳》曰：'紀侯來朝。'紀子以嫁女於天子，故增爵稱侯。至數十年之間，紀侯無他功，但以子爲天王后，故爵稱侯。知雖小國者，必封以大國，明其尊所不臣也。"

［5］【今注】天祚：指天子。

［6］【李賢注】正其内位，居陰德之極也。《易》曰"女正位乎内"也。

［7］【李賢注】壽安是德陽宮内殿名。

［8］【李賢注】讁，責也。《禮記》云："陽事不得，讁見於天，日爲之食。陰事不得，讁見於天，月爲之食。"

［9］【今注】降服：素服。《左傳》文公四年："楚人滅江，秦伯爲之降服。"杜預注："降服，素服也。"《左傳》成公五年："山有朽壤而崩，可若何？國主山川。故山崩川竭，君爲之不舉，降服，乘縵，徹樂，出次，祝幣，史辭以禮焉。其如此而已。"杜預注降服："損盛服。"楊伯峻注："即不着平常華麗衣服。據《周禮・春官・司服》：'大裁素服。'鄭玄注：'降服'爲'素服縞冠'，即着白色衣、戴白絹帽。《穀梁傳》作'君親素縞'是也。"（楊伯峻編著：《春秋左傳注》，中華書局 1990 年版，第 823 頁）

建康元年，[1]帝崩。后無子，美人虞氏子炳立，[2]是爲沖帝。[3]尊后爲皇太后，太后臨朝。沖帝尋崩，復立質帝，[4]猶秉朝政。

［1］【今注】建康：東漢順帝劉保年號（144）。

［2］【今注】美人：東漢後宮女官稱號。本書卷一〇上《皇后紀上》："及光武中興，斲彫爲朴，六宫稱號，唯皇后、貴人。貴人金印紫綬，奉不過粟數十斛。又置美人、宫人、采女三等，並無爵秩，歲時賞賜充給而已。"

［3］【今注】沖帝：漢順帝子。建康元年，立爲皇太子，八月庚午即皇帝位，年僅兩歲。永憙元年（145）正月戊戌崩。紀見本書卷六。

［4］【今注】質帝：劉纘。漢沖帝崩，梁太后與梁冀定策，徵立爲皇帝，正月丁巳日即位，年八歲。本初元年（146），閏六月甲申，爲梁冀暗中鴆殺，年九歲。紀見本書卷六。

時揚、徐劇賊寇擾州郡，[1]西羌、鮮卑及日南蠻夷攻城暴掠，[2]賦斂煩數，官民困竭。太后夙夜勤勞，推心杖賢，委任太尉李固等，[3]拔用忠良，務崇節儉。其貪叨罪慝，多見誅廢。[4]分兵討伐，群寇消夷。故海内肅然，宗廟以寧。而兄大將軍冀鴆殺質帝，[5]專權暴濫，忌害忠良，數以邪説疑誤太后，遂立桓帝而誅李固。[6]太后又溺於宦官，多所封寵，以此天下失望。

［1］【今注】揚：揚州刺史部。據本書《郡國志》，揚州下轄九江郡、丹陽郡、廬江郡、會稽郡、吴郡、豫章郡六郡。刺史治歷陽縣（今安徽和縣）。　徐：徐州刺史部。據本書《郡國志》，徐州下轄東海郡、琅邪國、彭城國、廣陵郡、下邳國五郡國。刺史治郯縣（今山東郯城縣西北）。

［2］【今注】西羌：族名。主要分布於中國的西南、西北部，今甘肅、青海、四川、西藏、陝西等地，故被稱爲西羌，其部族或支系部落衆多，東漢時期的西羌，參見本書卷八七《西羌傳》。鮮卑：部族名。東胡的一支。傳因起源地爲鮮卑山而得名。鮮卑初依附於匈奴，漢和帝永元三年（91），東漢擊破北匈奴，迫其西遷，故地爲鮮卑占據，匈奴餘種十餘萬落皆自號鮮卑，鮮卑由此逐漸强盛起來。桓帝時，檀石槐統一各部，在高柳（今山西陽高縣）以北三百餘里的彈汗山歠仇水上立庭，將其地分爲三部，從右北平以東到遼東爲東部，從右北平以西到上谷爲中部，從上谷至敦煌、烏孫爲西部，各部設大人統領。檀石槐死，再度陷入分裂。　日南：郡名。治西卷縣（今越南廣治省東河市）。下轄西卷、朱吾、盧容、比景及象林五縣。本書卷八六《南蠻傳》："永和二年，日南象林徼外蠻夷區憐等數千人攻象林縣，燒城寺，殺長吏。交阯刺史樊演發交阯、九真二郡兵萬餘人救之。兵士憚遠役，遂反，攻其府。二郡雖擊破反者，而賊埶轉盛。會侍御史賈昌使在日南，即與州郡並力

討之，不利，遂爲所攻。圍歲餘而兵穀不繼，帝以爲憂。”後采納大將軍從事中郎李固建議，任用祝良爲九真太守，張喬爲交阯刺史，采用撫慰政策，據本書卷六《順帝紀》記載，至永和三年（138），“降之，嶺外平”。史未明言象林縣是否收復，“故可推知，象林縣自永和二年後，漢廷被迫放棄，此時日南郡實僅領四縣之地。《續漢志》日南郡仍領有象林縣，乃永和二年以前狀況之反映”（周振鶴、李曉傑、張莉：《中國行政區劃通史·秦漢卷》，第1021頁）。

[3]【今注】李固：字子堅，漢中南鄭（今陝西漢中市）人。傳見本書卷六三。

[4]【李賢注】貪財曰叨。慝，惡也。

[5]【今注】冀：梁冀，字伯卓，安定烏氏（今寧夏固原市東南）人。傳見本書卷三四。

[6]【今注】桓帝：東漢桓帝劉志，公元146年至167年在位。紀見本書卷七。

和平元年春，[1]歸政於帝，太后寢疾遂篤，乃御輦幸宣德殿，[2]見宫省官屬及諸梁兄弟。詔曰：“朕素有心下結氣，從間以來，加以浮腫，逆害飲食，寖已沈困，[3]比使内外勞心請禱。私自忖度，日夜虚劣，不能復與群公卿士共相終竟。援立聖嗣，恨不久育養，見其終始。今以皇帝、將軍兄弟委付股肱，其各自勉焉。”後二日而崩。在位十九年，年四十五。合葬憲陵。[4]

[1]【今注】和平：東漢桓帝劉志年號（150）。

[2]【今注】宣德殿：南宫屬殿，劉秀曾於此辦公，但此後不

見記載，陳蘇鎮認爲漢和帝時改名爲安福殿，順帝時又改爲玉堂殿。故此，桓帝時應無宣德殿之名，此處宣德殿可能是嘉德殿之誤，嘉德殿爲東漢太后所居西宫之正殿，梁太后"宫省官署及諸梁兄弟"在此協助處理政務，遵照"薨于路寢"之指，梁太后在臨終前移居嘉德前殿。（參見陳蘇鎮《東漢的"東宫"與"西宫"》，《"中央"研究院歷史語言研究所集刊》，第八九本第三分，第515—538頁）

［3］【李賢注】寖，漸也。【今注】案，已，大德本、殿本作"以"，二字同。

［4］【今注】憲陵：東漢順帝陵。本書卷六《沖帝紀》：建康元年"九月丙午，葬孝順皇帝于憲陵"。李賢注："在洛陽西十五里，陵高八丈四尺，周三百步。"本書《禮儀志下》注引《古今注》："順帝憲陵，山方三百步，高八丈四尺。無周垣，爲行馬，四出司馬門。石殿、鐘虡在行馬内。寢殿、園省寺吏舍在殿東。隄封田十八頃十九畝三十步。《帝王世紀》曰：'在雒陽西北，去雒陽十五里。'"

虞美人者，以良家子年十三選入掖庭，[1]又生女舞陽長公主。[2]自漢興，母氏莫不尊寵。順帝既未加美人爵號，而沖帝早夭，大將軍梁冀秉政，忌惡佗族，故虞氏抑而不登，但稱"大家"而已。[3]

［1］【李賢注】《續漢志》曰："美人父詩爲郎中，詩父衡屯騎校尉。"【今注】良家子：漢代特定階層稱謂。《史記》卷一〇九《李將軍列傳》："孝文帝十四年，匈奴大入蕭關，而廣以良家子從軍擊胡。"司馬貞《索隱》："如淳云'非醫、巫、商賈、百工也。'"陳直指出，良家子是男女之通稱，女子除良家子外，亦可稱良家女。西北漢簡中的良家子，不冠以"戍卒"或"田卒"字

樣，其身份當比戍田卒爲高，是一種資歷名稱，非形容之名詞（參見陳直《史記新證》，中華書局 2006 年版，第 103、164 頁）。宋艷萍認爲："良家子是指有一定資產，不在商、醫、巫、百工之列，没有家族犯罪史，能遵循倫理道德，品行端正的人家。"（參見宋艷萍《漢代"良家子"考》，《南都學壇》2012 年第 1 期）

［2］【今注】舞陽長公主：劉永，東漢順帝永和四年（139）封。

［3］【今注】大家：對女子的尊稱，如曹大家。

陳夫人者，家本魏郡，[1]少以聲伎入孝王宫，[2]得幸，生質帝。亦以梁氏故，榮寵不及焉。

［1］【今注】魏郡：治鄴縣（今河北臨漳縣西南）。本書《郡國志二》載，下轄鄴、繁陽、内黄、魏、元城、黎陽、陰安、館陶、清淵、平恩、沙、斥丘、武安、曲梁、梁期十五縣。

［2］【今注】孝王：勃海孝王劉鴻。東漢建初四年（79），章帝封子伉爲千乘王。和帝永元五年（93）伉薨，子寵嗣。永元七年，改千乘國爲樂安國。安帝建光元年（121）寵薨，子鴻嗣。安帝崩，就國。質帝立，本初元年（146），改封爲勃海王。桓帝建和元年（147）薨。

熹平四年，[1]小黄門趙祐、[2]議郎卑整上言：[3]"《春秋》之義，母以子貴。[4]隆漢盛典，尊崇母氏，凡在外戚，莫不加寵。今沖帝母虞大家，質帝母陳夫人，皆誕生聖皇，而未有稱號。夫臣子雖賤，尚有追贈之典，況二母見在，不蒙崇顯之次，無以述遵先世，垂示後世也。"帝感其言，乃拜虞大家爲憲陵貴人，陳夫人爲渤海孝王妃，[5]使中常侍持節授印綬，[6]遣太常以三牲告憲陵、懷陵、静陵焉。[7]

［1］【今注】熹平：東漢靈帝劉宏年號（172—178）。

［2］【李賢注】《續漢志》曰：“小黄門，六百石，宦者，無員，掌侍左右，受尚書事。上在内宫，關通中外，及中宫以下衆事，諸公主及王大妃等疾苦（殿本無‘王大’二字），則使問之。”【今注】小黄門：官名。名義上隸屬於少府。秩六百石。宦者，無員。

［3］【李賢注】《風俗通》曰：“卑氏，鄭大夫卑諶之後，漢有卑躬，爲北平太守。”【今注】議郎：官名。名義上隸屬於光禄勳。秩六百石。掌顧問應對。

［4］【李賢注】《公羊傳》曰：“桓公幼而貴，隱公長而卑。桓何以貴？母貴也。母貴則子何以貴？子以母貴，母以子貴。”

［5］【李賢注】孝王名鴻，章帝子千乘貞王伉之孫。鴻生質帝，帝立，徙勃海焉。

［6］【今注】節：古代使者所持的憑證。《史記》卷八《高祖本紀》《索隱》引《釋名》：“節爲號令賞罰之節也。又節毛上下相重，取象竹節。”《漢書》卷一上《高帝紀上》顔師古注：“節以毛爲之，上下相重，取象竹節，因以爲名，將命者持之以爲信。”本書卷一上《光武帝紀上》李賢注：“節，所以爲信也，以竹爲之，柄長八尺，以旄牛尾爲其毦三重。”

［7］【李賢注】懷陵，沖帝陵。静陵，質帝陵。【今注】太常：官名。秩中二千石。主宗廟禮儀及博士弟子的選拔、教育及補吏等，屬官有太史令、博士祭酒、太祝令、太宰令、太予樂令、高廟令、世祖廟令、園令、食官令等。　三牲：祭祀時，使用牛、羊、豕三種犧牲。　懷陵：東漢沖帝陵。本書卷六《質帝紀》載，永憙元年（145）正月“己未，葬孝沖皇帝于懷陵”。李賢注：“在

洛陽西北十五里。伏侯《古今注》曰：‘高四丈六尺，周百八十三步。’”本書《禮儀志下》注引《古今注》：“沖帝懷陵，山方百八十三步，高四丈六尺。爲寢殿行馬，四出門。園寺吏舍在殿東。隄封田五頃八十畝。《帝王世記》曰：‘（在雒陽）西北，去雒陽十五里。’” 静陵：東漢質帝陵。本書卷七《桓帝紀》載，本初元年（146）“秋七月乙卯，葬孝質皇帝于静陵”。李賢注：“在洛陽東南三十里，陵高五丈五尺，周百三十八步。”本書《禮儀志下》注引《古今注》：“質帝静陵，山方百三十六步，高五丈五尺。爲行馬，四出（司馬）門。寢殿、鐘虡在行馬中，園寺吏舍在殿北。隄封田十二頃五十四畝。因寢爲廟。《帝王世記》曰：‘在雒陽東，去雒陽三十二里。’”

孝崇匽皇后諱明，[1]爲蠡吾侯翼媵妾，[2]生桓帝。桓帝即位，明年，追尊翼爲孝崇皇，陵曰博陵，以后爲博園貴人。和平元年，梁太后崩，乃就博陵尊后爲孝崇皇后。遣司徒持節奉策授璽綬，齋乘輿器服，備法物。[3]宫曰永樂。置太僕、少府以下，[4]皆如長樂宫故事。[5]又置虎賁、羽林衛士，[6]起宫室，分鉅鹿九縣爲后湯沐邑。[7]在位三年，元嘉二年崩。[8]以帝弟平原王石爲喪主，[9]斂以東園畫梓壽器、玉匣、飯含之具，禮儀制度比恭懷皇后。[10]使司徒持節，大長秋奉弔祠，賻錢四千萬，[11]布四萬匹，中謁者僕射典護喪事，[12]侍御史護大駕鹵簿。[13]詔安平王豹、河間王建、勃海王悝，[14]長社、益陽二長公主，[15]與諸國侯三百里内者，及中二千石、二千石、令、長、相，[16]皆會葬。將作大匠復土，[17]繕廟，合葬博陵。

［1］【李賢注】匽音偃。

［2］【李賢注】蠡吾侯翼，河閒王開子，和帝孫。【今注】蠡吾侯：劉翼，河閒孝王開子。東漢殤帝延平元年（106），封皇兄劉勝（漢和帝長子）爲平原王，安帝永初七年（113）薨，謚懷，無子。鄧太后立樂安夷王劉寵（章帝孫，千乘貞王伉子，和帝侄子，劉勝堂兄弟）子劉得爲平原王，奉劉勝後。元初六年（119），劉得薨，謚哀，又無子。永寧元年（120），鄧太后又立都鄉侯劉翼爲平原王嗣。劉翼實爲和帝侄子，但李賢注"和帝孫"，故有學者指出"翼乃和帝之侄，非'和帝孫'也，章懷注誤"（曹金華：《後漢書稽疑》，中華書局2014年版，第206頁）。但據本書卷五五《章帝八王傳·河閒孝王開》"元初六年鄧太后徵濟北、河閒王諸子詣京師，奇翼美儀容，故以爲平原懷王後焉"，拋開自然血緣關係，從宗法角度講，劉翼被鄧太后立爲劉勝後，自然就是和帝孫。建光元年（121），鄧太后薨，遭安帝乳母王聖、中常侍江京等構陷，被貶爲都鄉侯，遣歸河閒國。永建五年（130），河閒王劉開上書願分蠡吾縣以封劉翼，順帝遂封劉翼爲蠡吾侯。蠡吾，縣名。治所在今河北博野縣西南。　媵妾：陪嫁女子。《漢書》卷一二《平帝紀》："其出媵妾，皆歸家得嫁，如孝文時故事。"顏師古注："媵妾，謂從皇后俱來者。媵之言送。"

［3］【今注】法物：儀仗、祭祀所用器物。本書卷一下《光武帝紀下》："益州傳送公孫述瞽師、郊廟樂器、葆車、輿輦，於是法物始備。"李賢注："法物謂大駕鹵簿儀式也。"

［4］【今注】太僕：官名。秩中二千石。掌車馬。屬官主要有考工令、車府令、未央廄令等。　少府：官名。秩中二千石。少府機構龐雜，職屬者有太醫令、太官令、守宫令、上林苑令等；名義上隸屬者有侍中、中常侍、黄門侍郎、小黄門、黄門令、黄門署長、畫室署長、玉堂署長、丙署長、中黄門冗從僕射、中黄門、掖庭令、永巷令、御府令、祠祀令、鈎盾令、中藏府令、内者令、尚

方令、尚書令、尚書僕射、尚書、符節令、御史中丞、蘭臺令史等。

[5]【李賢注】《漢官儀》曰："帝祖母稱長信宫，帝母稱長樂宫，故有長信少府、長樂少府及職吏，皆宦者爲之。"

[6]【今注】虎賁：西漢武帝建元三年（前138）置期門負責執兵送從，平帝元始元年（1）更名爲"虎賁"，東漢時有虎賁中郎，比六百石；虎賁侍郎，比四百石；虎賁郎中，比三百石；節從虎賁，比二百石。皆無常員，多至千人。　羽林：羽林郎，比三百石，掌宿衞侍從。西漢武帝太初元年（前104）置，名曰"建章營騎"，後更名爲"羽林騎"。無常員，選漢陽、隴西、安定、北地、上郡、西河等六郡良家子擔任。

[7]【今注】鉅鹿：郡名。西漢時鉅鹿郡治鉅鹿縣（今河北平鄉縣西南），本書《郡國志》鉅鹿郡首縣爲廮陶，疑漢明帝永平三年（60）置廣平國時，鉅鹿縣亦别屬之，故徙治於廮陶（今河北寧晉縣西南）（参見周振鶴、李曉傑、張莉《中國行政區劃通史·秦漢卷》，第786頁）。　湯沐邑：皇帝、皇后、皇太后、公主等收取賦税的私邑。

[8]【今注】元嘉：東漢桓帝劉志年號（151—153）。

[9]【李賢注】石，蠡吾侯翼子，桓帝兄。【今注】帝弟平原王石：李賢注"桓帝兄"，中華本校勘記云："正文云'帝弟平原王石'，此云'桓帝兄'，必有一誤。"本書卷七《桓帝紀》載，建和二年（148）"夏四月丙子，封帝弟（顧）〔碩〕爲平原王，奉孝崇皇祀"。中華本校勘記："按：《河間王開傳》作'帝兄都鄉侯碩'，《孝崇匽王后紀》又作'帝弟平原王石'。《校補》引侯康説，謂作'碩'者是，'顧'則形近之誤，'石'則聲近之誤也。作'帝弟'者是，桓帝是蠡吾侯長子，不得有兄也。今據改。"本書卷五五《河間孝王開傳》："建和二年，更封帝（兄）〔弟〕都鄉侯碩爲平原王。"校勘記："'兄'當依《桓帝紀》作'弟'，《桓帝紀

校補》引侯康説，謂《東觀記》稱桓帝爲蠡吾侯長子，則帝不得有兄也。今據改。”曹金華《後漢書稽疑》云：“‘石’當作‘碩’，‘兄’當作‘弟’”（第205頁）。《後漢紀·桓帝紀》載，建和二年“四月丙子，立都鄉侯子爲平原王”。周天游校注：“又《通鑑》‘碩’作‘顧’。侯康以爲‘碩’是，‘石’乃聲近之誤。‘按《袁紀》上卷言封帝弟名爲都鄉侯，此又言名子爲平原王，與《范書》《通鑑》又異，未知屬是。’”（晉·袁宏撰，周天游校注：《後漢紀校注》，天津古籍出版社1987年版，第565頁）“石”“名”當爲形近而誤。立平原王的原因，本書《桓帝紀》曰“奉孝崇皇祀”，《河間王開傳》謂“留博陵，奉翼後”。從宗法和年齡的角度講，所立者當爲劉翼子，桓帝弟。　喪主：喪禮的主持者。從宗法的角度講，主持喪禮的當爲逝者的後子，一般應爲嫡長子或嫡長孫。無後者，習俗上會從宗族内血緣關係較近者過繼。

［10］【李賢注】東園，署名，屬少府，掌爲棺器。梓木爲棺，以漆畫之。稱壽器者，欲其久長也，猶如壽堂、壽宫、壽陵之類也。《漢舊儀》曰：“梓棺長二丈，崇廣四尺（殿本無‘崇’字）。”玉匣者，腰已下爲柙（柙，紹興本作“匣”），至足亦縫，以黄金爲鏤。飯含者，以珠玉實口。

［11］【李賢注】《公羊傳》曰：“貨財曰賻。”【今注】賻：《説文·貝部》：“賻，助也。”贈送財物給喪者家人以幫助辦理喪事。

［12］【今注】中謁者僕射：官名。本書《禮儀志下》載，大喪，“謁者二人，中謁者僕射、中謁者副將作，油緹帳以覆坑”。

［13］【李賢注】《漢官儀》曰：“天子車駕次第謂之鹵簿。有大駕、法駕、小駕。大駕公卿奉引，大將軍參乘，太僕御，屬車八十一乘，備千乘萬騎，侍御史在左駕馬，詢問不法者。”今儀比車駕，故以侍御史監護焉。【今注】侍御史：官名。秩六百石。御史中丞屬官。員十五人，掌監察。

［14］【李賢注】悝音恢。【今注】安平王豹：中華本校勘記云："《校補》引錢大昕説，謂'豹'疑當作'續'。"本書卷五〇《樂成靖王黨傳》："延光元年，以河間孝王子得嗣靖王後。以樂成比廢絶，故改國曰安平，是爲安平孝王。立三十年薨，子續立。"中華本校勘記云："汲本'續'作'績'。"本書卷七《桓帝紀》載，元嘉二年，"夏四月甲寅，孝崇皇后匽氏崩。庚午，常山王豹薨。五月辛卯，葬孝崇皇后于博陵"。曹金華《後漢書稽疑》認爲"安平王豹"的"豹"字，因涉《桓帝紀》而誤（第206頁）。可從。　河間王建：河間孝王開孫，惠王政子。順帝永和六年（141）三月"（丁）〔乙〕巳，河間王政薨"。子建嗣，桓帝元嘉元年二月"甲午，河間王建薨"，謚"貞"，子河間安王劉利嗣。本書卷七《桓帝紀》載，元嘉二年"夏四月甲寅，孝崇皇后匽氏崩"，與《皇后紀》記載相同。故此處的河間王當爲劉利（參見曹金華《後漢書稽疑》，第206頁）。　勃海王悝：劉悝，漢桓帝母弟。事見本書卷五五《千乘貞王伉傳》。

［15］【李賢注】長社公主，桓帝姊，耿弇弟霸玄孫援尚焉。益陽公主，桓帝妹，侍中寇榮從兄子尚焉。【今注】長社益陽二長公主：皆桓帝妹。本書卷一九《耿弇傳》："隃麋侯霸卒，子文金嗣。文金卒，子喜嗣。喜卒，子顯嗣，爲羽林左監。顯卒，子援嗣。尚桓帝妹長社公主，爲河東太守。"本卷："其後安帝、桓帝妹亦封長公主，同之皇女。"李賢注"長社、益陽公主，桓帝妹也"，可證。（參見曹金華《後漢書稽疑》，第206頁）惠棟《後漢書補注》："長社公主，桓帝姊，注以爲桓帝妹，譌。"不知何據。

［16］【今注】中二千石：秩名。月俸百八十斛。此處代指秩中二千石的官員。　二千石：秩名。月俸百二十斛。此處代指秩二千石的官員。　令長：官名。萬户以上縣設縣令，不足萬户設縣長。縣令秩千石。縣長秩四百石或三百石。　相：官名。列侯所食縣爲侯國，置相一人，秩各隨本縣。

[17]【今注】將作大匠：官名。秩二千石。主皇室土木工程建設。秦官。原名將作少府。西漢景帝中元六年（前 144）更名將作大匠。東漢時，屬官有左校令、右校令等。

桓帝懿獻梁皇后諱女瑩，[1]順烈皇后之女弟也。帝初爲蠡吾侯，梁太后徵，欲與后爲婚，未及嘉禮，[2]會質帝崩，因以立帝。明年，有司奏太后曰："《春秋》迎王后于紀，在塗則稱后。[3]今大將軍冀女弟，膺紹聖善。[4]結婚之際，有命既集，[5]宜備禮章，時進徵幣。[6]請下三公、太常案禮儀。"[7]奏可。於是悉依孝惠皇帝納后故事，聘黄金二萬斤，納采鴈璧乘馬束帛，[8]一如舊典。[9]建和元年六月始入掖庭，[10]八月立爲皇后。

[1]【李賢注】《謚法》曰："温和聖善曰懿，聰明叡知曰獻。"

[2]【李賢注】嘉禮，婚禮。

[3]【李賢注】《公羊傳》曰："祭公來逆王后于紀。"傳曰："祭公者何？天子之三公。其稱王后何？王者無外，其辭成矣。"

[4]【李賢注】膺，當也。紹，嗣也。聖善謂母也，言娶妻當嗣親也。《詩》云："母氏聖善。"

[5]【李賢注】謂太后先有令許結親也。《詩》云"天監在下，有命既集"也。

[6]【李賢注】徵，成也。納幣以成婚。

[7]【今注】三公：西漢成帝綏和元年（前 8），改御史大夫爲大司空，大司馬驃騎大將軍爲大司馬，哀帝元壽二年（前 1），改丞相爲大司徒，三公制度正式形成。三公制爲王莽和光武帝繼承，並有所發展。建武二十七年（51），改大司馬爲太尉，去"大司

徒”“大司空”之“大”字，爲“司徒”“司空”。

［8］【今注】納采：古代婚禮六禮之一。古人婚姻一般要經過納采（男方給女方送一些求親的象徵性禮物，如一隻雁等）、問名（男方通過書信形式委託媒人詢問女子的名字和出生年月，以便占卜凶吉）、納吉（男方在祖廟占卜得吉兆後，備禮到女方報喜，決定締結婚姻）、納徵（納吉之後，擇日具書，送聘禮到女方家，宣布訂婚，聘禮較重，送幣帛等，故又稱納幣。婚姻已定，又稱文定）、請期（男方占卜得到結婚的吉日，使媒人到女方家告知結婚日期，因是向女方徵求意見，故曰請期）、親迎（結婚當日，男子到女方家迎娶女子）六個環節。

［9］【李賢注】《漢書舊儀》（“書”字當爲衍文）：“娉皇后，黄金萬斤。”吕后爲惠帝娶魯元公主女，故特優其禮也。《儀禮》曰：“納采用鴈。”鄭玄注曰：“納其采擇之禮。用鴈，取順陰陽往來也。”《周禮》：“王者穀圭以聘女。”鄭玄注云：“士大夫已上，乃以玄纁束帛，天子加以穀圭，諸侯加以大璋。”然禮稱以圭，此云用璧，形制雖異，爲玉同也。乘馬，四匹馬也。《雜記》曰：“納幣一束，束五兩，兩五尋。”然則每端二丈也。

［10］【今注】建和：東漢桓帝劉志年號（147—149）。

時太后秉政而梁冀專朝，故后獨得寵幸，自下莫得進見。后藉姊兄廕埶，恣極奢靡，宫幄彫麗，服御珍華，巧飾制度，兼倍前世。及皇太后崩，恩愛稍衰。后既無子，潛懷怨忌，每宫人孕育，鮮得全者。帝雖迫畏梁冀，不敢譴怒，然見御轉稀。至延熹三年，[1]后以憂恚崩，在位十三年，葬懿陵。其歲，誅梁冀，廢懿陵爲貴人冢焉。

[1]【今注】延熹：東漢桓帝劉志年號（158—167）。　案，三，殿本作“二”。

桓帝鄧皇后諱猛女，[1]和熹皇后從兄子鄧香之女也。[2]母宣，初適香，生后。改嫁梁紀，紀者，大將軍梁冀妻孫壽之舅也。后少孤，隨母爲居，因冒姓梁氏。冀妻見后貌美，永興中進入掖庭，[3]爲采女，絶幸。[4]明年，封兄鄧演爲南頓侯，[5]位特進。[6]演卒，子康嗣。及懿獻后崩，梁冀誅，立后爲皇后。帝惡梁氏，改姓爲薄，封后母宣爲長安君。[7]四年，有司奏后本郎中鄧香之女，[8]不宜改易它姓，於是復爲鄧氏。追封贈香車騎將軍安陽侯印綬，[9]更封宣、康大縣，宣爲昆陽君，[10]康爲沘陽侯，[11]賞賜巨萬計。[12]宣卒，賵贈葬禮，皆依后母舊儀。以康弟統襲封昆陽侯，位侍中；統從兄會襲安陽侯，爲虎賁中郎將；又封統弟秉爲淯陽侯。[13]宗族皆列校、郎將。[14]

[1]【今注】桓帝鄧皇后諱猛女：本書卷三四《梁冀傳》：“初，掖庭人鄧香妻宣生女猛，香卒，宣更適梁紀。”《東觀漢記》卷六《孝桓鄧皇后傳》：“孝桓帝鄧后，字猛，父香，早死，猛母宣改嫁爲掖庭民梁紀妻。”本書《天文志下》：“元嘉元年二月戊子，太白晝見。永興二年閏月丁酉，太白晝見。時上幸後宫采女鄧猛，明年，封猛兄演爲南頓侯。後四歲，梁皇后崩，梁冀被誅，猛立爲皇后，恩寵甚盛。”《太平御覽》卷一三七《皇親部三·東漢》引《續漢書》曰：“孝桓鄧皇后，字猛女，母宣本微，初適郎中鄧香，生后，後適梁紀。”《太平御覽》所引《續漢書》及本紀所載“猛女”與《梁統傳》“生女猛”相涉而誤。

［2］【今注】從兄：堂兄。

［3］【今注】永興：東漢桓帝劉志年號（153—154）。

［4］【李賢注】采，擇也，以因采擇而立名。【今注】采女：漢代後宮女官稱號，因采自民間故曰“采女”。應劭《風俗通義·陰教》：“六宫采女凡數千人。案采者，擇也，天子以歲八月，遣中大夫與掖庭丞、相工，率於洛陽鄉中閱視童女，年十三以上，二十以下，長壯皎潔有法相者，因載入後宫，故謂之采女也。” 絶幸：言寵幸之極也。絶，極也。曹金華《後漢書稽疑》：“《梁統傳》作‘入掖庭，見幸，爲貴人’，《御覽》卷一四四引《東觀記》作‘入掖庭，得寵爲貴人’，此謂‘采女’，下稱‘立爲皇后’，恐有脱文，不當以采女立爲皇后也。”（第207頁）史未言耳。

［5］【今注】南頓：縣名。治所在今河南項城市西。

［6］【今注】特進：官名。位三公下，二千石上。多授予功德俱重的大臣，以示恩寵。

［7］【今注】長安：縣名。治所在今陝西西安市西北。

［8］【今注】郎中：官名。光禄勳屬官。秩比三百石。分屬於五官中郎將、左中郎將、右中郎將、虎賁中郎將等。

［9］【今注】安陽：縣名。治所在今河南正陽縣南。

［10］【今注】昆陽：縣名。治所在今河南業縣。

［11］【今注】沘陽：縣名。本書《郡國志四》作“比陽”。治所在今河南泌陽縣。案，沘，殿本作“泚”。

［12］【李賢注】巨，大也。大萬謂萬萬也。

［13］【今注】淯陽：縣名。《漢書·地理志》、本書《郡國志四》作“育陽”。治所在今河南南陽市宛城區瓦店鎮。

［14］【今注】列校郎將：諸校尉與中郎將，如屯騎校尉、越騎校尉、步兵校尉、長水校尉、射聲校尉與五官中郎將、左中郎將、右中郎將、虎賁中郎將、羽林中郎將等，皆宿衛侍從官。

帝多内幸，博採宫女至五六千人，及駈役從使，[1]復兼倍於此。而后恃尊驕忌，與帝所幸郭貴人更相譖訴。八年，詔廢后，送暴室，以憂死。[2]立七年。葬於北邙。[3]從父河南尹萬世及會皆下獄死。[4]統等亦繫暴室，免官爵，歸本郡，[5]財物没入縣官。

［1］【今注】案，駈，大德本、殿本作“驅”，二字同。

［2］【李賢注】《漢官儀》曰：“暴室在掖庭内，丞一人，主宫中婦人疾病者。其皇后、貴人有罪，亦就此室也。”【今注】暴室：官署名，屬掖庭。本書《百官志三》：“掖庭令一人，六百石。本注曰：宦者。掌後宫貴人采女事。左右丞、暴室丞各一人。本注曰：宦者。暴室丞主中婦人疾病者，就此室治；其皇后、貴人有罪，亦就此室。”暴室主要功用：一曝曬洗染織物；二治療宫中婦女疾病；三囚禁犯人（參見宋傑《漢代監獄制度研究》，中華書局2013年版，第42—53頁）。《漢書》卷八《宣帝紀》：“既壯，爲取暴室嗇夫許廣漢女。”顔師古注：“應劭曰：‘暴室，宫人獄也，今曰薄室。許廣漢坐法腐爲宦者，作嗇夫也。’師古曰：‘暴室者，掖庭主織作染練之署，故謂之暴室，取暴曬爲名耳。或云薄室者，薄亦暴也。今俗語亦云薄曬。蓋暴室職務既多，因爲置獄主治其罪人，故往往云暴室獄耳。然本非獄名，應説失之矣。嗇夫者，暴室屬官，亦猶縣鄉之嗇夫也。’”宋傑認爲：“史書中關於西漢暴室獄的記録很少，僅限於前引《漢書·外戚傳》所載成帝時一例。看來它建立得比較晚，有可能是在太初元年（前104）永巷改稱掖庭並置獄之後纔出現的。”（參見宋傑《漢代監獄制度研究》，第43頁）

［3］【今注】北邙：邙山。因在雒陽北，故名。

［4］【今注】河南尹：官名。秩中二千石。以今洛陽爲中心的黄河以南地區，古稱河南。秦時因黄河、洛河、伊河流經該地，而置三川郡。西漢高祖二年（前205）改置河南郡。東漢時，因都城

在洛陽，建武元年（25）改名爲河南尹。〔譚其驤：《〈兩漢州制考〉跋》，《長水集（上）》，人民出版社 2001 年版，第 46 頁〕這裏指河南尹的長官。

［5］【今注】本郡：鄧氏皆東漢開國功臣鄧禹之後，祖籍南陽郡新野縣（今河南南陽市新野縣）。

桓思竇皇后諱妙，章德皇后從祖弟之孫女也。[1]父諱武。[2]延熹八年，鄧皇后廢，后以選入掖庭爲貴人，其冬，立爲皇后，而御見甚稀，帝所寵唯采女田聖等。永康元年冬，[3]帝寢疾，遂以聖等九女皆爲貴人。及崩，無嗣，后爲皇太后。太后臨朝定策，立解犢侯宏，[4]是爲靈帝。[5]

［1］【今注】章德皇后從祖弟之孫女也：曹金華《後漢書稽疑》云："此説繆矣。《皇后紀》載：'章德皇后諱某，扶風平陵人，大司空融之曾孫也。祖穆，父勳，坐事死，事在《竇融傳》。'《竇融傳》：'融長子穆……穆子勳……十四年，封勳弟嘉爲安豐侯……嘉卒，子萬全嗣。萬全卒，子會宗嗣。萬全弟子武，别有傳。'《竇武傳》：'竇武字游平，扶風平陵人，安豐戴侯融之玄孫也。父奉，定襄太守……延熹八年，長女選入掖庭，桓帝以爲貴人，拜武郎中。其冬，貴人立爲皇后。'據此，竇皇后妙乃章德皇后從父嘉之曾孫女也。"（第 208 頁）《漢書·禮樂志》："六親和睦。"顔師古注引如淳曰："六親，《賈誼書》以爲父也，子也，從父昆弟也，從祖昆弟也，曾祖昆弟也，族昆弟也。"根據《皇后紀》《竇融傳》《竇武傳》，章德竇后與桓思竇后的世系，分别爲竇融生穆、穆生勳、勳生章德后，穆生嘉、嘉生奉、奉生武、武生桓思后，即桓思后爲鄧奉孫女，鄧奉是章德后同祖昆弟、從父昆弟，故原文應校正爲"章德皇后從父弟之孫女也"。

［2］【今注】案，父諱武，據紹興本補。

［3］【今注】永康：東漢桓帝劉志年號（167）。

［4］【今注】案，紹興本、殿本“侯”前有“亭”字，是。

［5］【今注】靈帝：東漢靈帝劉宏，公元168年至189年在位。紀見本書卷八。

太后素忌忍，積怒田聖等，桓帝梓宮尚在前殿，[1]遂殺田聖。又欲盡誅諸貴人，中常侍管霸、蘇康苦諫，[2]乃止。時太后父大將軍武謀誅宦官，[3]而中常侍曹節等矯詔殺武，[4]遷太后於南宮雲臺，[5]家屬徙比景。

［1］【今注】梓宮：皇帝、皇后的棺材。《漢書》卷六八《霍光傳》：“賜金錢，繒絮，繡被百領，衣五十篋，璧珠璣玉衣，梓宮、便房、黄腸題湊各一具，樅木外臧椁十五具。東園温明，皆如乘輿制度。”顏師古注：“服虔曰：‘棺也。’師古曰：‘以梓木爲之，親身之棺也。爲天子制，故亦稱梓宮。’”　前殿：正殿。《文選》揚雄《甘泉賦》：“前殿崔巍兮，和氏瓏玲。”李善注：“前殿，正殿也。諸宮皆有之。《漢書》曰：‘未央宮立前殿。’”桓帝崩於北宮德陽前殿。

［2］【今注】管霸：宦官。頗有才略，東漢桓帝延熹八年（165），曾受命前往苦縣，祠老子。因專制省内，排擠陷害忠良，被竇武奏誅。　蘇康：宦官。因專制省内，排擠陷害忠良，被竇武奏誅。

［3］【今注】武：竇武，字游平，扶風平陵（今陝西咸陽市西北）人。傳見本書卷六九。

［4］【今注】曹節：字漢豐，南陽新野（今河南新野縣）人。傳見本書卷七八。

［5］【今注】雲臺：殿名。

竇氏雖誅，帝猶以太后有援立之功，建寧四年十月朔，[1]率群臣朝于南宮，親饋上壽。黄門令董萌[2]因此數爲太后訴怨，帝深納之，供養資奉有加於前。中常侍曹節、王甫疾萌附助大后，[3]誣以謗訕永樂宫，[4]萌坐下獄死。熹平元年，太后母卒於比景，后感疾而崩。[5]立七年。合葬宣陵。[6]

[1]【今注】建寧：東漢靈帝劉宏年號（168—172）。　朔：每月初一。《説文解字·月部》："朔，月一日始蘇也。"

[2]【李賢注】《漢官儀》曰："黄門令秩六百石。"【今注】黄門令：官名。名義上隸屬於少府。一人，秩六百石。主省中宦者。本書《百官志三》劉昭注："董巴曰：'禁門曰黄闥，以中人主之，故號曰黄門令。'"

[3]【今注】王甫：宦官。本書卷六七《范滂傳》："桓帝使中常侍王甫以次辨詰，滂等皆三木囊頭，暴於階下。"然而本書卷七八《曹節傳》記載，桓帝去世後，靈帝建寧元年（168），竇武欲盡誅中官，事泄，曹節、朱瑀等十七人矯詔以長樂食監王甫爲黄門令，將兵誅竇武、陳蕃等，事後，王甫遷中常侍，但仍然擔任黄門令一職。因此，《范滂傳》中所謂"桓帝使中常侍王甫"，當爲史家追記。建寧四年，黄門令爲董萌。但是，本書卷五四《楊彪傳》："光和中，黄門令王甫使門生於郡界辜榷官財物七千餘萬，彪發其姦，言之司隸。司隸校尉陽球因此奏誅甫，天下莫不愜心。"本書卷八《靈帝紀》載，光和二年（179）四月"辛巳，中常侍王甫及太尉段熲並下獄死"。本書卷七七《陽球傳》："時中常侍王甫、曹節等姦虐弄權，扇動外内……王甫休沐里舍，球詣闕謝恩，奏收甫及中常侍淳于登、袁赦、封昻、中黄門劉毅、小黄門寵訓、朱禹、齊盛等，及子弟爲守令者，姦猾縱恣，罪合滅族。"這表明王甫被誅前又以中常侍兼任黄門令一職。

[4]【李賢注】靈帝母所居也。訕，謗毁也。【今注】永樂宫：東漢靈帝母孝仁董皇后所居之南宫嘉德殿，這裏代指孝仁董皇后。

[5]【今注】案，“后”前當據殿本補“太”字。

[6]【今注】宣陵：東漢桓帝陵。本書卷八《靈帝紀》載，建寧元年“二月辛酉，葬孝桓皇帝于宣陵，廟曰威宗”。李賢注：“在洛陽東南三十里，高十二丈，周三百步。”本書《禮儀志下》注引《古今注》：“桓帝宣陵，《帝王世記》曰：‘山方三百步，高十二丈。在雒陽東，去雒陽三十里。’”

孝仁董皇后諱某，河間人。[1]爲解犢侯萇夫人，[2]生靈帝。建寧元年，帝即位，追尊萇爲孝仁皇，陵曰慎陵，以后爲慎園貴人。及竇氏誅，明年，帝使中常侍迎貴人，并徵貴人兄寵到京師，[3]上尊號曰孝仁皇后，居南宫嘉德殿，[4]宫稱永樂。拜寵執金吾。後坐矯稱永樂后屬請，[5]下獄死。

[1]【今注】河間：國名。東漢和帝永元二年（90）封劉開爲河間王，都樂成縣（今河北獻縣東南）。

[2]【李賢注】萇，河間孝王開孫淑之子也。【今注】案，解犢，中華本校勘記：“王先謙謂‘犢’當作‘瀆’。”可從。《祭祀志》《五行志一》《五行志二》均作“犢”；本書卷八《靈帝紀》、卷五五《河間孝王開傳》、卷六九《竇武傳》、卷七八《宦者傳·吕强》，《後漢紀》卷二二、卷二三，皆作“瀆”。杜佑《通典》卷一七八《州郡八·古冀州上·博陵郡》、《水經注》卷一一《滱水》、《元和郡縣圖志》卷一八《河北道三·定州·義豐》、《太平寰宇記》卷六二《河北道十一·定州·蒲陰縣》、《讀史方輿紀要》

卷一二《北直三·保定府·祁州》皆作“瀆”。 萇：劉萇。劉淑子。淑以河間孝王開子獲封，卒，萇嗣。關於此條李賢注，曹金華《後漢書稽疑》曰：“‘河間孝王開孫’當逗開。”（第208頁）甚確。案，紹興本、殿本“侯”前有“亭”字，是。

［3］【今注】京師：東漢都城雒陽。故址在今河南洛陽市東。

［4］【李賢注】嘉德殿在九龍門内。

［5］【今注】屬請：請託。

及竇太后崩，始與朝政，使帝賣官求貨，自納金錢，盈滿堂室。[1]中平五年，[2]以后兄子衛尉脩侯重[3]爲票騎將軍，[4]領兵千餘人。初，后自養皇子協，[5]數勸帝立爲太子，而何皇后恨之，[6]議未及定而帝崩。何太后臨朝，重與太后兄大將軍進權埶相害，[7]后每欲參干政事，太后輒相禁塞。后忿恚詈言曰：“汝今輈張，怙汝兄耶？[8]當勑票騎斷何進頭來。”何太后聞，以告進。進與三公及弟車騎將軍苗等奏：[9]“孝仁皇后使故中常侍夏惲、永樂太僕封諝等交通州郡，[10]辜較在所珍寶貨賂，悉入西省。[11]蕃后故事不得留京師，[12]輿服有章，膳羞有品。請永樂后遷宫本國。”奏可。何進遂舉兵圍驃騎府，收重，免官自殺。[13]后憂怖，疾病暴崩，在位二十二年。[14]民間歸咎何氏。喪還河間，合葬慎陵。

［1］【今注】案，本書卷八《靈帝紀》載，光和元年（178）“初開西邸賣官，自關内侯、虎賁、羽林，入錢各有差。私令左右賣公卿，公千萬，卿五百萬”。

［2］【今注】中平：東漢靈帝劉宏年號（184—189）。

［3］【李賢注】脩，今德州縣也，故城在縣南。“脩”今作“蓨”，音條（條，殿本作“修”，“條”可讀爲“修”）。【今注】脩：縣名。治所在今河北景縣南。

［4］【今注】票騎將軍：官名。金印紫綬。位比三公，在大將軍後，車騎將軍、衛將軍前。本書《百官志一》：“將軍，不常置。本注曰：‘掌征伐背叛。比公者四：第一大將軍，次驃騎將軍，次車騎將軍，次衛將軍。又有前、後、左、右將軍。’”劉昭注引蔡質《漢儀》曰：“漢律，置大將軍、驃騎，位次丞相，車騎、衛將軍、左、右、前、後，皆金紫，位次上卿。典京師兵衛，四夷屯警。”案，票，大德本、殿本作“驃”，本段下同。

［5］【今注】協：東漢獻帝劉協，公元189年至220年在位。紀見本書卷九。

［6］【今注】案，大德本無“之”字。

［7］【今注】進：何進，字遂高，南陽宛（今河南南陽市卧龍區）人。傳見本書卷六九。

［8］【李賢注】輈張猶彊梁也。

［9］【今注】苗：何苗。何進弟，曾任越騎校尉、河南尹等職。中平四年（187），以平滎陽農民起義軍功封濟陽侯，拜車騎將軍。中平六年，何進部曲將吴匡怨何苗不與進同心誅宦官，領兵與董卓弟奉車都尉董旻一起攻殺之。關於何苗、何進、何皇后之間血緣關係，本書《何進傳》中華本校勘記：“按：李慈銘謂何后本屠家，其父真早死，舞陽君改適朱氏，生苗，及何氏貴，苗亦冒姓何氏，幸《續志》偶存其本姓耳。”曹金華《後漢書稽疑》曰：“據李説，似舞陽君爲何真妻，先生何后，復嫁朱氏生苗，則苗當爲何后同母弟，不當稱‘皇后異父兄’也。本傳載何后爲何進‘異母女弟’，《五行一》云‘皇后同父兄何進爲大將軍，同母弟苗爲車騎將軍’，《五行二》作‘皇后兄何進，異父兄朱苗，皆爲將軍’，

《後漢紀》卷二四載何后‘父真早卒，異母兄進爲河南尹，進弟苗越騎校尉’，《魏志·董卓傳》注引《續漢書》云何進‘太后異母兄也。進本屠家子，父曰真。真死後，進以妹倚黄門得入掖庭’。據此，進與何后爲同父異母兄妹，即何真先有一妻生進，復娶舞陽君生何后也。然若如此，前謂苗爲何后‘異父兄’，又謂爲后‘同母弟’，則異。依李説，何真死後，舞陽君改適朱氏，生苗，則苗當爲皇后之弟，而非‘異父兄’也。《後漢紀》卷二五亦云‘太后母舞陽君及弟車騎將軍苗’。而據《魏志·董卓傳》注引《英雄記》云‘苗，太后之同母兄，先嫁朱氏之子’，《五行五》亦謂‘皇后二兄’‘二兄秉權’，似是舞陽君先嫁朱氏，生苗，然後改適何真，而生何后也。故余以爲，何真先娶妻某生進，舞陽君先嫁朱氏生苗，及後改適何真生后，進、苗爲后之二兄也。若謂苗爲何后‘同母弟’，則殊非可解。”（第905—906頁）可從。

［10］【李賢注】《漢官儀》曰：“永樂太僕，用中人爲之。”【今注】夏惲：宦者。東漢靈帝時爲中常侍，封列侯。國名不可考。中平元年，黄巾起義爆發後，惲誣陷建議靈帝誅殺身邊貪濁者的中常侍吕强。　封諝：宦者。曾任中常侍。因同徐奉一起與黄巾起義組織者馬元義約在京師裹應外合起事，誅。

［11］【李賢注】辜較，解見《靈紀》。西省，即謂永樂宫之司。【今注】辜較：搜刮、聚斂。亦作“辜榷”“估較”“酤榷”等。《資治通鑑》卷五四《漢紀》孝桓皇帝延熹三年：“辜較百姓。”胡三省注：“較，與榷同，音角。”《漢書》卷八四《翟方進傳》：“貴戚近臣子弟賓客多辜榷爲姦利者。”顔師古注：“榷，專也。辜榷者，言己自專之，它人取者輒有辜罪。”本書卷八《靈帝紀》：“豪右辜搉。”李賢注：“《前書音義》曰：‘辜，障也。搉，專也。謂障餘人賣買而自取其利。’”《史記》卷一二〇《汲鄭列傳》：“莊任人賓客爲大農僦人，多逋負。”《集解》：“徐廣曰：一作‘人’。一云賓客爲大農僦人，僦人蓋興生財利，如今方宜矣。駰

案：晉灼曰‘當時爲大農，而任使其賓客辜較任僦也’。瓚曰‘任人謂保任見舉者’。”《索隱》：“僦音即就反。辜較音姑角。按：謂當時作大農，任賓客就人取庸直也。或者貰物以應官取庸，故下云‘多逋負’。‘辜較’字亦作‘酤榷’。榷者，獨也。言國家獨榷酤也。此云‘辜較’，亦謂令賓客任人專其利，故云辜較也。”郭嵩燾《史記札記》卷四《三十世家》：“《漢書·武帝紀》‘初榷酒酤’，顔師古《注》：‘禁民酤釀，獨官開置，如道路設木爲榷，獨取利也。’韋昭據《説文》‘榷，水上横木，所以渡也’，謂惟横木處可渡，其他皆不可渡，故取義於‘禁他家’。其實‘榷’‘課’字音義相近，《唐書·職官志》：‘凡賦人之利：一曰租；二曰調；三曰役；四月課。’《廣韻》：‘課，税也。’會，如《周禮》之‘要會’，鄭康成《注》：‘會，謂計最之簿書也。’榷會者，記籍其物值而税之。《漢書》‘豪民猾吏，辜而榷之’，辜榷，即估課也，《晉書·南蠻傳》作‘估較’，蓋謂權量其物值也。《孝經·疏》‘蓋者辜較之辭’，辜較亦權量意。唐時方言其原亦出於此，韋昭之言誤也。”王念孫《讀書雜志·漢書十六》：“今案辜榷雙聲字也。《廣雅》曰：‘辜榷，都凡也。’故總括財利謂之辜榷。”《字詁義府合按·義府下》：“商賈殖貨，必估計較量而後賣買。諸書辜榷，皆謂勢家貴戚漁獵百姓，奪商賈之利耳。”

［12］【李賢注】蕃后謂平帝母衛姬。時王莽攝政，恐其專權，后不得留在京師，故云故事也。

［13］【今注】案，大德本、殿本“免”前復有一“重”字，是。

［14］【今注】案，在位二十二年，曹金華《後漢書稽疑》曰：“‘二十二’，《集解》本作‘二十三’，皆誤。《靈帝紀》載建寧二年尊慎園董貴人爲孝仁皇后，中平六年孝仁皇后董氏崩，董后在位前後二十一年。”（第208頁）

靈帝宋皇后諱某，扶風平陵人也，肅宗宋貴人之從曾孫也。[1]建寧三年，選入掖庭爲貴人。明年，立爲皇后。父酆，執金吾，封不其鄉侯。[2]

［1］【今注】肅宗：漢章帝廟號。　宋貴人：清河孝王劉慶母，爲章德竇皇后所誣，自殺。

［2］【李賢注】不其，縣，屬琅邪郡，故城在今萊州即墨縣西南，蓋其縣之鄉也。其音基。《決録注》："酆字伯遇。"【今注】不其：縣名。原屬琅邪郡，可能於東漢安帝元初六年（119）屬東萊郡（周振鶴、李曉傑、張莉：《中國行政區劃通史·秦漢卷》，第742—743頁），治所在今山東青島市即墨區西南。　鄉侯：列侯種類名。本書《百官志五》："列侯，所食縣爲侯國。本注曰：承秦爵二十等，爲徹侯，金印紫綬，以賞有功。功大者食縣，小者食鄉、亭，得臣其所食吏民。後避武帝諱，爲列侯。武帝元朔二年，令諸王得推恩分衆子土，國家爲封，亦爲列侯。舊列侯奉朝請在長安者，位次三公。中興以來，唯以功德賜位特進者，次車騎將軍；賜位朝侯，次五校尉；賜位侍祠侯，次大夫。其餘以肺附及公主子孫奉墳墓於京都者，亦隨時見會，位在博士、議郎下。"

后無寵而居正位，後宫幸姬衆，共譖毁。初，中常侍王甫枉誅勃海王悝及妃宋氏，[1]妃即后之姑也。甫恐后怨之，及與太中大夫程阿共構言皇后挾左道祝詛，[2]帝信之。光和元年，[3]遂策收璽綬。后自致暴室，以憂死。在位八年。父及兄弟並被誅。諸常侍、小黄門在省闥者，[4]皆憐宋氏無辜，共合錢物，收葬廢后及酆父子，歸宋氏舊塋皋門亭。[5]

［1］【李賢注】熹平元年，王甫譖悝與中常侍鄭颯交通，欲迎立悝，悝自殺，妃死獄中也。

［2］【李賢注】《禮記》曰："執左道以亂衆，殺無赦。"鄭玄注云："左道，若巫蠱也。"【今注】太中大夫：官名。名義上隸屬於光禄勳。秩千石，無員。 案，后，紹興本誤作"右"。 左道：巫蠱邪術等。《禮記·王制》："執左道以亂政，殺。"鄭玄注："左道，若巫蠱及俗禁。" 祝詛：漢代的巫蠱常常與"祝詛"和"祠祭"兩項活動同時進行。祝詛是在埋偶人的同時對攻擊對象實施詛咒。祠祭則是祈求鬼神佑助巫蠱術的成功。（參見胡新生《論漢代巫蠱術的歷史淵源》，《中國史研究》1997年第3期）

［3］【今注】光和：東漢靈帝劉宏年號（178—184）。

［4］【今注】省闥：禁中。

［5］【李賢注】《詩》云："迺立皋門。"注云："王之郭門曰皋門。"《漢官儀》曰："十二門皆有亭。"

帝後夢見桓帝怒曰："宋皇后有何罪過，而聽用邪孽，使絶其命？勃海王悝既已自貶，又受誅斃。今宋氏及悝自訴於天，上帝震怒，[1]罪在難救。"夢殊明察。帝既覺而恐，以事問於羽林左監許永[2]曰："此何祥？其可攘乎？"[3]永對曰："宋皇后親與陛下共承宗廟，母臨萬國，歷年已久，海内蒙化，過惡無聞。而虚聽讒妒之説，以致無辜之罪，身嬰極誅，禍及家族，天下臣妾，[4]咸爲怨痛。勃海王悝，桓帝母弟也。處國奉藩，未嘗有過。陛下曾不證審，遂伏其辜。昔晉侯失刑，亦夢大厲被髮屬地。[5]天道明察，鬼神難誣。宜並改葬，以安冤魂。反宋后之徙家，復勃海之先封，以消厥咎。"帝弗能用，尋亦崩焉。

[1]【李賢注】上帝，天也。震，動也（也，底本殘，據紹興本、大德本、殿本補）。《書》曰"帝乃震怒"也（怒，底本殘，據紹興本、大德本、殿本補）。

[2]【李賢注】《續漢志》曰："羽林左監一人，秩六百石，主羽林左騎。右亦如之。""永"或作"詠"。【今注】羽林左監：官名。屬羽林中郎將。秩六百石。主羽林左騎。

[3]【李賢注】攘謂除也（攘，大德本作"禳"）。【今注】案，攘，大德本作"禳"。"攘"假借爲"禳"。禳，除癘殃之祀。

[4]【今注】臣妾：奴隸的統稱，男曰臣，女曰妾。這裏泛指天下人。

[5]【李賢注】《左傳》曰："晉侯夢大厲，被髮及地，搏膺而踊曰：'殺余孫，不義，余得請于帝矣。'"杜預注曰："厲鬼，趙氏之先祖也。晉侯先殺趙同、趙括，故怒也。"

靈思何皇后諱某，南陽宛人。家本屠者，以選入掖庭。[1]長七尺一寸。生皇子辯，[2]養於史道人家，號曰史侯。[3]拜后爲貴人，甚有寵幸。性彊忌，後宮莫不震慴。

[1]【李賢注】《風俗通》曰：漢以八月筭人。后家以金帛賂遺主者以求入也。

[2]【今注】辯：劉辯。中平六年（189）四月，靈帝崩，少帝劉辯即位，年十七。何太后臨朝，太后兄大將軍何進輔政，與太尉袁隗共録尚書事。何進謀盡誅中官久拖不決，反爲宦官張讓等人斬於嘉德殿前。九月，董卓廢劉辯爲弘農王，立劉協爲帝。初平元年（190），劉辯被董卓殺害。本書無紀，事見卷八《靈帝紀》、卷九《獻帝紀》。

[3]【李賢注】道人謂道術之人也。《獻帝春秋》曰："靈帝

數失子，不敢正名，養道人史子眇家，號曰史侯。”

光和三年，立爲皇后。明年，追號后父真爲車騎將軍、舞陽宣德侯，[1]因封后母興爲舞陽君。時王美人任娠，[2]畏后，乃服藥欲除之，而胎安不動，又數夢負日而行。四年，生皇子協，后遂酖殺美人。帝大怒，欲廢后，諸宦官固請得止。董大后自養協，[3]號曰董侯。

［1］【今注】舞陽：縣名。治所在今河南葉縣東南。

［2］【李賢注】《左傳》曰："邑姜方娠。"杜預注曰："懷胎爲娠。"音之刃反，一音身。

［3］【今注】案，協，底本殘，據紹興本、大德本、殿本補。

王美人，趙國人也。[1]祖父苞，五官中郎將。[2]美人豐姿色，聰敏有才明，能書會計，[3]以良家子應法相選入掖庭。[4]帝愍協早失母，又思美人，作《追德賦》《令儀頌》。

［1］【今注】趙國：都邯鄲（今河北邯鄲市），轄邯鄲、易陽、襄國、柏人、中丘五縣。

［2］【今注】五官中郎將：官名。光禄勳屬官。秩比二千石。主五官郎。

［3］【李賢注】會計謂總會其數而算。

［4］【今注】法相：後宮嬪妃、宮女的標準相貌。漢應劭《風俗通義·陰教》："六宮采女凡數千人。案采者，擇也，天子以歲八月，遣中大夫與掖庭丞、相工，率於洛陽鄉中閲視童女，年十三以

上，二十以下，長壯皎潔有法相者，因載入後宮，故謂之采女也。”

中平六年，帝崩，皇子辯即位，尊后爲皇太后。太后臨朝。后兄大將軍進欲誅宦官，反爲所害；舞陽君亦爲亂兵所殺。并州牧董卓被徵，[1]將兵入洛陽，陵虐朝庭，遂廢少帝爲弘農王而立協，[2]是爲獻帝。扶弘農王下殿，北面稱臣。太后鯁涕，群臣含悲，莫敢言。董卓又議太后蹴迫永樂宮，至令憂死，逆婦姑之禮，[3]乃遷於永安宮，[4]因進酖，弑而崩。在位十年。董卓令帝出奉常亭舉哀，[5]公卿皆白衣會，不成喪也。[6]合葬文昭陵。[7]

[1]【今注】并州：東漢并州所屬諸郡變化較大，屢有徙復省廢。本書《郡國志五》載有上黨、太原、上郡、西河、五原、雲中、定襄、雁門、朔方等九郡國。　牧：西漢武帝元封五年（前106），設十三刺史部，作爲監察區，刺史秩六百石。成帝綏和元年（前8），改刺史爲州牧，秩二千石。哀帝建平二年（前5）復爲刺史，元壽二年（前1）復爲牧。新莽和東漢初年，沿用州牧舊稱。光武帝建武十八年（42），罷州牧，復置刺史。東漢刺史，秩亦六百石。靈帝中平元年（184），黄巾起義爆發，復改刺史爲州牧，成爲郡以上的一級行政組織。　董卓：字仲穎，隴西臨洮（今甘肅岷縣）人。傳見本書卷七二。

[2]【今注】弘農：郡國名。屬司隸校尉部。本書《郡國志一》載，下轄弘農、陝、黽池、新安、宜陽、陸渾、盧氏、湖、華陰九縣。

[3]【今注】婦姑：婆媳。

[4]【今注】永安宮：本書卷九《獻帝紀》李賢注：“《洛陽宮

殿名》曰：‘永安宫周迴六百九十八丈，故基在洛陽故城中。’”《資治通鑑》卷五八《漢紀》孝靈皇帝中平元年：“上嘗欲登永安候臺。”胡三省注：“據《續漢志》：‘永安宫在北宫東北，宫中有候臺。《洛陽宫殿名》曰：永安宫，周回六百九十八丈，故基在洛陽故城中。’”《河南志》：“永安宫，《洛陽宫殿名》曰：周回六百九十八丈。《洛陽宫殿簿》曰：宫内有景福殿、安昌殿、延休殿。有園。《東京賦》曰：永安離宫，修竹冬青。又永安有候臺。”（清·徐松輯，高敏點校：《河南志》，中華書局1994年版，第52頁）。

［5］【李賢注】華延儁《洛陽記》曰：“城内有奉常亭。”

［6］【李賢注】有凶事素服而朝，謂之白衣會。《左傳》曰：“不書葬，不成喪。”

［7］【今注】案，“昭”字爲衍文。本書卷八《靈帝紀》：“葬孝靈皇帝于文陵。”本書卷七二《董卓傳》：“及何后葬，開文陵，卓悉取藏中珍物。”

初，太后新立，當謁二祖廟，［1］欲齋，輒有變故，如此者數，竟不克。時有識之士心獨怪之，後遂因何氏傾没漢祚焉。［2］

［1］【今注】二祖廟：漢高帝高廟與光武帝世祖廟。

［2］【今注】祚：班固《東都賦》：“王莽作逆，漢祚中缺。”《文選》李善注引賈逵《國語注》曰：“祚，位也。”

明年，山東義兵大起，［1］討董卓之亂。卓乃置弘農王於閣上，使郎中令李儒進酖，［2］曰：“服此藥，可以辟惡。”王曰：“我無疾，是欲殺我耳！”不肯飲。强飲之，不得已，乃與妻唐姬及宫人飲讌别。酒行，王悲歌曰：“天道易兮我何艱！棄萬乘兮退守蕃。[3]逆臣見迫兮命不延，逝將去汝兮適幽玄！”[4]因令唐姬起舞，姬抗袖而歌[5]曰：“皇天崩兮后土穨，[6]身爲帝兮命夭摧。死生路異兮從此乖，奈我煢獨兮心中哀！”因泣下嗚咽，坐者皆歔欷。王謂姬曰：“卿王者妃，埶不復爲吏民妻。自愛，從此長辭！”遂飲藥而死。時年十八。

[1]【今注】山東：區域名稱。一指崤山或華山以東地區；二指太行山以東地區；三指泰山以東地區，泛稱指齊魯大地。這裏是第一義。

[2]【今注】郎中令：王國官名。秩千石。掌王大夫、郎中宿衞。

[3]【今注】萬乘：古代一輛兵車由四馬一車組成，稱爲一乘。戰國時，大諸侯國稱爲萬乘之國，小諸侯國稱爲千乘之國。據周制天子地方千里可以出兵車萬乘，故萬乘亦是天子的代稱。千乘則代指割據一方的諸侯。

[4]【今注】幽玄：幽冥。陰間。

[5]【李賢注】抗，舉也（舉，底本殘，據紹興本補）。

[6]【李賢注】《史記》，周烈王崩，周人謂齊威王曰“天崩地坼”也。

唐姬，潁川人也。[1]王薨，歸鄉里。父會稽太守瑁欲嫁之，[2]姬誓不許。及李傕破長安，[3]遣兵鈔關東，[4]略得姬。傕因欲妻之，固不聽，而終不自名。[5]尚書賈詡知之，[6]以狀白獻帝。帝聞感愴，乃下詔迎姬，置園中，使侍中持節拜爲弘農王妃。

［1］【今注】潁川：郡名。治陽翟縣（今河南禹州市）。

［2］【今注】會稽：郡名。治吴縣（今江蘇蘇州市姑蘇區）。東漢順帝永建四年（129）分會稽置吴郡，會稽郡徙治山陰縣（今浙江紹興市越城區）。據考證，本書《郡國志》所載會稽郡屬縣當爲十五個，即山陰、鄮、烏傷、諸暨、餘暨、太末、上虞、剡、餘姚、句章、䲔、永寧、候官、東冶、章安（周振鶴、李曉傑、張莉：《中國行政區劃通史·秦漢卷》，第996頁）。　太守：官名。秦時，郡長官稱郡守，西漢景帝中元二年（前148）更名太守。秩一般爲二千石，因此文獻多以二千石代稱之。

［3］【今注】李傕：字稚然，北地（今寧夏吴忠市西南）人。董卓部將。董卓被誅後，爲了自保，李傕與郭汜、樊稠等攻破長安，吕布外逃。李傕自爲楊武將軍，又與郭汜、樊稠等殺王允，遷車騎將軍、開府、領司隸校尉，假節。封侯。李傕、郭汜、樊稠共掌朝政，但三人互相猜忌，李傕刺殺樊稠，又與郭汜相攻，李傕劫持天子，郭汜劫持公卿。興平二年（195），李傕自爲大司馬。後張濟從中斡旋，二人暫歸於好，並同意獻帝東歸洛陽。建安三年（198），獻帝詔關中諸將討伐李傕，夷三族。事見本書卷七二《董卓傳》、傳見《三國志》卷六。　長安：縣名。治所在今陝西西安市西北。

［4］【今注】關東：函谷關以東地區。函谷關原位於今河南靈寶市函谷關鎮，西漢武帝元鼎三年（前114）“廣關”，將函谷關遷至今河南新安縣城關鎮。新安縣函谷關遺址情況，可參看洛陽市文物考古研究院、新安縣文物管理局：《河南新安縣漢函谷關遺址2012—2013年考古調查與發掘》（《考古》2014年第11期）。

［5］【李賢注】不自名少帝之姬也。《袁宏紀》曰：“爲傕所略，不敢自言。”

［6］【李賢注】《魏志》曰：“詡字文和，武威姑臧人。少時漢陽閻忠見而異之，曰：‘詡有良、平之才’。”【今注】賈詡：字

文和，武威姑臧（今甘肅武威市）人。察孝廉爲郎，以病去官。少帝昭寧元年（189），董卓入洛陽，以太尉掾爲平津都尉，遷討虜校尉。卓敗，獻計李傕等，令共攻長安。後爲左馮翊，李傕欲封其爲侯，不受。拜爲尚書，典選舉。因母喪去官，拜光禄大夫。後又爲李傕奏請爲宣義將軍。獻帝東歸洛陽，賈詡脱離李傕依附同郡人段煨，因遭猜忌，往以南陽張繡。官渡之戰，賈詡勸張繡往依曹操，曹操表奏賈詡爲執金吾，封都亭侯，遷冀州牧，留爲參司空軍事。河北平，曹操領冀州牧，徙賈詡爲太中大夫。延康元年（220），曹丕即魏王位，以賈詡爲太尉，進爵爲魏壽鄉侯。黄初四年（223），薨，年七十七，謚肅侯。

初平元年二月，[1]葬弘農王於故中常侍趙忠成壙中，[2]謚曰懷王。

[1]【今注】初平：東漢獻帝劉協年號（190—193）。

[2]【李賢注】趙忠先有成壙，因而葬焉。

帝求母王美人兄斌，斌將妻子詣長安，賜第宅田業，拜奉車都尉。[1]

[1]【今注】奉車都尉：官名。秩比二千石。名義上隸屬於光禄勳。無固定員數。掌御乘輿車。

興平元年，[1]帝加元服。[2]有司奏立長秋宫。詔曰："朕稟受不弘，遭值禍亂，未能紹先，以光故典。皇母前薨，未卜宅兆，禮章有闕，中心如結。[3]三歲之感，蓋不言吉，且須其後。"於是有司乃奏追尊王美人爲靈懷皇后，改葬文昭陵，儀比敬、恭二陵，[4]使光禄大夫持節行司空事奉璽綬，[5]斌與河南尹駱業復土。[6]

［1］【今注】興平：東漢獻帝劉協年號（194—195）。

［2］【今注】元服：冠禮。《漢書》卷七《昭帝紀》載，元鳳"四年春正月丁亥，帝加元服"。如淳曰："元服，謂初冠加上服也。"顔師古曰："如氏以爲衣服之服，此説非也。元，首也。冠者，首之所著，故曰元服。其下《汲黯傳序》云'上正元服'，是知謂冠爲元服。"

［3］【李賢注】《詩》云："心如結兮。"

［4］【李賢注】敬，章帝陵。恭，安帝陵。【今注】案，王先謙《後漢書集解》引陳景雲謂"如恭懷梁后葬敬西陵，恭愍李后葬恭北陵之禮，不言西、北者，省文耳，注非。"

［5］【今注】光禄大夫：官名。秩比二千石。名義上隸屬於光禄勳。無固定員數。無常事，唯詔令所使。掌顧問應對及吊問諸國嗣之喪。　行司空事：兼理司空的職事。行某某事，漢代職官常用語。

［6］【今注】復土：放下棺槨之後，用挖掘墓穴所出之土封填墓穴、修建陵墓。本書卷二《明帝紀》："司空魴將校復土。"李賢注："《前書音義》曰：'復土，主穿壙填塞事也。言下棺訖，復以土爲墳，故言復土。'"

斌還，遷執金吾，封都亭侯，[1]食邑五百户。病卒，贈前將軍印綬，[2]謁者監護喪事。長子端襲爵。

［1］【李賢注】凡言都亭者，並城内亭也。漢法，大縣侯位視三公，小縣侯位視上卿，鄉侯、亭侯視中二千石也。

［2］【今注】前將軍：官名。金印紫綬，位次上卿。典京師兵

衞及征伐，常事訖則罷。

獻帝伏皇后諱壽，琅邪東武人，[1]大司徒湛之八世孫也。[2]父完，沈深有大度，襲爵不其侯，尚桓帝女陽安公主，[3]爲侍中。

[1]【李賢注】東武，今密州諸城縣。【今注】琅邪：國名。本書《郡國志三》載下轄開陽、東武、琅邪、東莞、西海、諸、莒、東安、陽都、臨沂、即丘、繒、姑幕等縣邑。

[2]【今注】湛：伏湛，字惠公，琅邪東武（今山東諸城市）人。傳見本書卷二六。

[3]【李賢注】陽安，縣，屬汝南郡，故城在今豫州朗山縣東北。【今注】陽安公主：劉華。陽安，縣名，治所在今河南駐馬店市南。

初平元年，從大駕西遷長安，后時入掖庭爲貴人。興平二年，立爲皇后，完遷執金吾。帝尋而東歸，李傕、郭汜等追敗乘輿於曹陽，[1]帝乃潛夜度河走，[2]六宮皆步行出營。[3]后手持縑數匹，董承使符節令孫徽以刃脅奪之，[4]殺傍侍者，血濺后衣。[5]既至安邑，[6]御服穿敝，唯以棗栗爲糧。建安元年，[7]拜完輔國將軍，[8]儀同三司。完以政在曹操，[9]自嫌尊戚，乃上印綬，拜中散大夫，[10]尋遷屯騎校尉。[11]十四年卒，子典嗣。

[1]【今注】郭汜：一名多。張掖（今甘肅張掖市西北）人。

董卓部將。董卓被誅後，爲了自保，郭汜與李傕、樊稠等攻破長安，吕布外逃。郭汜自爲揚烈將軍，又與李傕、樊稠等殺王允，遷後將軍，封侯。郭汜、李傕、樊稠共掌朝政，但三人互相猜忌。後李傕加郭汜開府。李傕刺殺樊稠後，郭汜與李傕開始互相攻殺不止，李傕劫持天子，郭汜則劫持公卿。興平二年（195），張濟從中斡旋，二人暫歸於好，並同意獻帝東歸洛陽，郭汜遷車騎將軍。後爲部將伍習所殺。事見本書卷七二《董卓傳》、傳見《三國志》卷六。　曹陽：地名。《史記》卷四八《陳涉世家》："周文敗，走出關，止次曹陽二三月。"《索隱》："晉灼云：'亭名也，在弘農東十二里。'小顔云'曹水之陽也。其水出陝縣西南峴頭山，北流入河。魏武帝謂之好陽'也。"《正義》："《括地志》云：'曹陽故亭亦名好陽亭，在陝州桃林縣東南十四里。崔浩云：'曹陽，阬名，自南出，北通於河'。按：魏武帝改曰好陽也。"本書卷九《獻帝紀》："幸曹陽，露次田中。"李賢注："曹陽，澗名，在今陝州西南七里，俗謂之七里澗。崔浩云：'自南山北通於河。'"曹陽，在今河南靈寶市東北。

［2］【李賢注】度所在今陝州陝縣北。《水經》曰銅翁仲所没處，是獻帝東遷潛度所。

［3］【李賢注】《周禮》曰："王后率六宫之人。"鄭玄注曰："六宫之人，夫人以下，分居后之六宫者。"【今注】六宫：《周禮·内宰》："以陰禮教六宫。"鄭玄注："六宫，謂后也。婦人稱寢曰宫。宫，隱蔽之言。后象王，立六宫而居之，亦正寢一，燕寢五。"《禮記·昏義》："古者，天子后立六宫，三夫人、九嬪、二十七世婦、八十一御妻，以聽天下之内治，以明章婦順，故天下内和而家理。"鄭玄注："天子六寢，而六宫在後，六官在前，所以承副施外内之政也。"

［4］【今注】董承：興平二年（195），獻帝東歸，董承爲安集將軍。東歸途中，諸將互相混戰，董承等曾擊敗李傕、郭汜追軍。

後封衛將軍。建安元年（196），獻帝入洛陽，封爲列侯。建安四年，爲車騎將軍。建安五年，受密詔誅曹操，事洩，爲曹操所殺，夷三族。　符節令：官名。秩六百石。名義上隸屬於少府。符節臺長官，主符節事。　孫徽：中華本校勘記云："《御覽》八一八引華嶠《後漢書》，'徽'作'微'，《袁紀》作'儼'。"

［5］【李賢注】濺音子見反。

［6］【今注】安邑：縣名。治所在今山西夏縣西北。

［7］【今注】建安：東漢獻帝劉協年號（196—220）。

［8］【今注】輔國將軍：官名。雜號將軍。始於伏完。

［9］【今注】曹操：字孟德，小名阿滿。沛國譙（今安徽亳州市譙城區）人。紀見《三國志》卷一。

［10］【今注】中散大夫：官名。秩六百石。名義上隸屬於光禄勳。無固定員數。無常事，主顧問應對，承擔皇帝詔令派遣的特定職事。

［11］【今注】屯騎校尉：官名。西漢武帝所置八校尉之一，掌騎士。東漢沿置，秩比二千石，爲北軍中候所屬五校尉之一。下置司馬一人，秩千石。有員吏百二十八人，統領士七百人。

自帝都許，[1]守位而已，宿衛兵侍，莫非曹氏黨舊姻戚。議郎趙彦嘗爲帝陳言時策，曹操惡而殺之。其餘内外，多見誅戮。操後以事入見殿中，帝不任其憤，因曰："君若能相輔，則厚；不爾，幸垂恩相捨。"操失色，俛仰求出。舊儀，三公領兵朝見，令虎賁執刃挾之。操出，顧左右，汗流浹背，[2]自後不敢復朝初。[3]董承女爲貴人，操誅承而求貴人殺之。帝以貴人有妊，[4]累爲請，不能得。后自是懷懼，乃與父完書，言曹操殘逼之狀，令密圖之。完不敢發。至十九年，事乃露泄。操追大怒，遂逼帝廢后，假爲策曰："后壽，[5]得由卑賤，登顯尊極，自處椒房，[6]二紀于兹。[7]既無任、姒徽音之美，[8]又乏謹身養己之福，[9]而陰懷妒害，苞藏禍心，弗可以承天命，奉祖宗。今使御史大夫郗慮持節策詔，[10]其上皇后璽綬，[11]退避中宫，[12]遷于它館。嗚呼傷哉！自壽取之，未致于理，爲幸多焉。"又以尚書令華歆爲郗慮副，[13]勒兵入宫收后。閉户藏壁中，歆就牽后出。時帝在外殿，引慮於坐。后被髮徒跣行泣過訣曰："不能復相活邪？"帝曰："我亦不知命在何時！"顧謂慮曰："郗公，天下寧有是邪？"遂將后下暴室，以幽崩。所生二皇子，皆酖殺之。后在位二十年，兄弟及宗族死者百餘人，母盈等十九人徙涿郡。[14]

[1]【今注】許：縣名。治所在今河南許昌市建安區東。

[2]【李賢注】浹，徹也，音子協反。

[3]【今注】案，初，紹興本、大德本、殿本作"請"，底本誤。

[4]【李賢注】《説文》曰："娠，孕也。"音仁蔭反。

[5]【今注】案，紹興本、殿本"后"前有"皇"字，是。

[6]【李賢注】《漢官儀》曰："皇后稱椒房，取其蕃實之義也。"《詩》云："椒聊之實，蕃衍盈升（升，紹興本誤作'并'）。"

[7]【今注】二紀：二十年。紀，十年。《國語·周語上》："若國亡，不過十年，數之紀也。"韋昭注："數起於一，終於十，十則更，故曰紀也。"

[8]【李賢注】大任，文王母。大姒，武王母。徽，美也。

《詩》云："大姒嗣徽音。"

［9］【李賢注】《左傳》曰："人受天地之中而生（而，殿本作'以'，是），謂之命。能者養之以福，不能者敗以取禍。"

［10］【今注】御史大夫：西漢成帝綏和元年（前8）更名大司空，哀帝建平二年（前5）復爲御史大夫，元壽二年（前1）更名爲大司空，東漢光武帝建武二十七年（51）更名爲司空，職權轉變爲專主水土。東漢末年，因曹操專權，復更名爲御史大夫。本書《百官志一》"司空"條劉昭補注："獻帝建安十三年，又罷司空，置御史大夫。御史大夫郗慮，慮免，不得補。荀綽《晉百官表注》曰：'獻帝置御史大夫，職如司空，不領侍御史。'"本書《百官志一》"司徒"條劉昭補注："獻帝初，董卓自太尉進爲相國，而司徒不省。及建安末，曹公爲丞相，郗慮爲御史大夫，則罷三公官。"本書卷九《獻帝紀》載，建安"十三年春正月，司徒趙温免。夏六月，罷三公官，置丞相、御史大夫。癸巳，曹操自爲丞相……八月丁未，光禄勳郗慮爲御史大夫。" 郗慮：字鴻豫，山陽高平（今山東鄒城市西南）人。少受學於鄭玄，建安初爲侍中。建安十三年（208），以光禄勳爲御史大夫。曹操嫌忌孔融，郗慮與融不睦，捏造融罪，遂殺融，並夷三族。

［11］【李賢注】蔡邕《獨斷》曰："皇后赤綬玉璽。"《續漢志》曰："乘輿黄赤綬，四綵黄赤縹紺，淳黄圭，綬長二丈九尺九寸，五百首。太皇太后、皇太后，其綬皆與乘輿同。"

［12］【今注】中宫：皇后宫，亦代指皇后。《漢書》卷九七下《外戚傳下》："常紿我言從中宫來，即從中宫來，許美人兒何從生中？"顔師古注："中宫，皇后所居。"《周禮·天官·内宰》："以陰禮教六宫。"鄭玄注："六宫謂后也。若今稱皇后爲中宫矣。"

［13］【李賢注】《魏志》曰："華歆字子魚，平原高唐人。代荀彧爲尚書令。慮字鴻預，山陽高平人。"【今注】尚書令：官名。秩千石。名義上隸屬於少府。尚書臺長官。主贊奏，總典綱紀。

華歆：字子魚，平原高唐（今山東禹城市西南）人。東漢靈帝崩，何進徵拜尚書郎。董卓遷都長安，求下邽令，病不行。太傅馬日磾安集關東，辟爲掾，拜爲豫章太守。孫策略地江東，幅巾奉迎，策待以上賓之禮。後徵爲議郎，參司空軍事，入爲尚書，轉侍中，代荀彧爲尚書令。傳見《三國志》卷一三。

［14］【今注】涿郡：治涿縣（今河北涿州市）。本書《郡國志五》載其下轄涿、迺、故安、范陽、良鄉、北新城、方城七縣邑。

獻穆曹皇后諱節，[1]魏公曹操之中女也。[2]建安十八年，操進三女憲、節、華爲夫人，聘以束帛玄纁五萬匹，[3]小者待年於國。[4]十九年，並拜爲貴人。及伏皇后被弒，明年，立節爲皇后。魏受禪，[5]遣使求璽綬，后怒不與。如此數輩，后乃呼使者入，親數讓之，以璽綬抵軒下，[6]因涕泣橫流曰："天不祚爾！"左右皆莫能仰視。后在位七年。魏氏既立，以后爲山陽公夫人。[7]自後四十一年，魏景初元年薨，[8]合葬禪陵，[9]車服禮儀皆依漢制。

［1］【李賢注】《謚法》曰："布德執義曰穆。"【今注】案，節，底本殘，據紹興本、大德本、殿本補。

［2］【今注】魏公曹操：本書卷九《獻帝紀》載，建安十八年（213）"夏五月丙申，曹操自立爲魏公，加九錫"。

［3］【今注】束帛：捆成一束的五匹帛。《周禮·春官·大宗伯》："孤執皮帛。"鄭玄注："皮帛者，束帛而表以皮爲之飾。皮，虎豹皮；帛，如今璧色繒也。"賈公彦疏："束者十端，每端丈八尺，皆兩端合卷，總爲五匹，故云束帛也。"　玄纁：黑色和淺紅色的布帛。

［4］【李賢注】留住於國，以待年長。

［5］【今注】魏受禪：東漢延康元年（220），獻帝禪位於曹丕。

［6］【李賢注】抵，擲也。軒，闌板也。【今注】案，紹興本、大德本無“綬”字。

［7］【今注】山陽公：漢獻帝禪位後的封號。《三國志》卷二《魏書・文帝紀》：“黄初元年十一月癸酉，以河内之山陽邑萬户奉漢帝爲山陽公，行漢正朔，以天子之禮郊祭，上書不稱臣，京都有事于太廟，致胙；封公之四子爲列侯。”本書卷九《獻帝紀》載，延康元年“冬十月乙卯，皇帝遜位，魏王丕稱天子。奉帝爲山陽公，邑一萬户，位在諸侯王上，奏事不稱臣，受詔不拜，以天子車服郊祀天地，宗廟、祖、臘皆如漢制，都山陽之濁鹿城。四皇子封王者，皆降爲列侯”。

［8］【今注】景初：魏明帝曹叡年號（237—239）。

［9］【今注】禪陵：東漢獻帝陵。《三國志》卷三《魏書・明帝紀》載，青龍二年（234），“三月庚寅，山陽公薨，帝素服發哀，遣使持節典護喪事。乙酉，大赦。夏四月，大疫。崇華殿災。丙寅，詔有司以太牢告祠文帝廟。追謚山陽公爲漢孝獻皇帝，葬以漢禮”。本書卷九《獻帝紀》：“魏青龍二年三月庚寅，山陽公薨。自遜位至薨，十有四年，年五十四，謚孝獻皇帝。八月壬申，以漢天子禮儀葬于禪陵，置園邑令丞。”李賢注：“《帝王紀》曰：禪陵在濁鹿城西北十里，在今懷州脩武縣北二十五里。陵高二丈，周回二百步。”本書《禮儀志下》注引《古今注》：“獻帝禪陵，《帝王世記》曰：‘不起墳，深五丈，前堂方一丈八尺，後堂方一丈五尺，角廣六尺。在河内山陽之濁城西北，去濁城直行十一里，斜行七里，去懷陵百一十里，去山陽五十里，南去雒陽三百一十里。’”其陵位於今河南修武縣方莊鎮古漢村。

論曰：漢世皇后無謚，皆因帝謚以爲稱。雖吕氏專政，上官臨制，亦無殊號。[1]中興，[2]明帝始建光烈之稱，其後並以德爲配，至於賢愚優劣，混同一貫，故馬、竇二后俱稱德焉。其餘唯帝之庶母及蕃王承統，以追尊之重，特爲其號，如恭懷、孝崇之比是也。初平中，蔡邕始追正和熹之謚，[3]其安思、順烈以下，皆依而加焉。

［1］【李賢注】上官，昭帝后也。

［2］【今注】中興：《南唐書》卷一五《蕭儼傳》："儼獨建言：'帝王，己失之，己得之，謂之反正；非己失之，自己復之，謂之中興。'"光武帝劉秀本爲漢宗室，國號仍爲"漢"，故曰"中興"。這裏代指東漢。

［3］【李賢注】蔡邕《集謚議》曰："漢世母氏無謚，至于明帝始建光烈之稱，是後轉因帝號加之以德，上下優劣，混而爲一，違禮'大行受大名，小行受小名'之制。《謚法》'有功安人曰熹'。帝后一體，禮亦宜同。大行皇太后謚宜爲和熹。"【今注】蔡邕：字伯喈，陳留圉（今河南杞縣）人。傳見本書卷六〇下。

贊曰：坤惟厚載，陰正乎内。[1]詩美好逑，[2]《易》稱歸妹。[3]祁祁皇孋，言觀貞淑。[4]媚兹良哲，承我天禄。班政蘭闈，宣禮椒屋。[5]既云德升，亦曰幸進。[6]身當隆極，族漸河潤。[7]視景争暉，方山並峻。乘剛多阻，行地必順。[8]咎集驕滿，福協貞信。慶延自己，禍成誰釁。

［1］【李賢注】《易》曰："坤厚載物。"又曰："女正位乎内，男正位乎外。"

［2］【李賢注】逑，匹也。《詩》云："窈窕淑女，君子好逑。"言后妃有《關雎》之德，爲君子好匹。

［3］【李賢注】兑下震上，歸妹卦也。婦人謂嫁曰歸，妹爲少女之稱。兑爲少陰，震爲長陽，少陰而承長陽，悦以動之，嫁妹之象也。以六五與九二相應，五爲王侯，故《易》言"帝乙歸妹"。

［4］【李賢注】祁祁，衆多也。孋亦儷也。觀，示也。言諸后皆示其貞淑，配皇爲儷。案，字書無"孋"字，相傳音麗，蕭該音離。

［5］【李賢注】班固《西都賦》曰："後宫則掖庭椒房，后妃之室。蘭林蕙草，披香發越。"蘭林，殿名，故言蘭閨。椒屋即椒房也。【今注】椒屋：椒房殿。漢代後宫妃嬪所住的宫室，因用花椒和泥塗壁而得名。

［6］【李賢注】德升謂馬、鄧等也。幸進謂閻、何之類也。

［7］【李賢注】《公羊傳》曰"河海潤千里"也。

［8］【李賢注】《易·屯卦·象》曰："六二之難，乘剛也。"又《坤卦》曰："牝馬地類，行地無疆。"王弼注云："地之所以得無疆者，以卑順行之故也。"【今注】乘剛多阻：《周易》一卦由六爻組成，上爻乘淩下爻，稱之爲"乘"，而陰爻乘陽爻，又被稱爲"乘剛"。阻，難也。《周易·屯·象》曰："屯，剛柔始交而難生。"古人認爲屯卦爲陰陽相交，萬物始生的混沌狀態，故有所阻塞鬱結。同卦《象》曰："六二之難，乘剛也。"屯卦的下卦爲震，上卦爲坎，其爻位"初"爲陽爻，"二"爲陰爻，故曰"乘剛"。以"乘剛"喻婦人主政。　行地必順：《周易·坤·象》："牝馬地類，行地无疆，柔順利貞，君子攸行。"古人認爲坤卦的卦德爲順，其象之一爲地。牝馬代表坤順，它能够在無邊際的大地上馳騁，是

因爲能够堅守"柔順利貞"的坤之德。馬爲乾之象，乾卦的卦德爲健，牝馬自然應爲乾健所約束，必須順承乾健。

漢制，皇女皆封縣公主，儀服同列侯。[1]其尊崇者，加號長公主，儀服同蕃王。[2]諸王女皆封鄉、亭公主，儀服同鄉、亭侯。[3]肅宗唯特封東平憲王蒼、琅邪孝王京女爲縣公主。[4]其後安帝、桓帝妹亦封長公主，同之皇女。[5]其皇女封公主者，所生之子襲母封爲列侯，[6]皆傳國於後。鄉、亭之封，則不傳襲。其職僚品秩，事在《百官志》。[7]不足别載，故附于《后紀》末。

［1］【李賢注】漢法，大縣侯視三公。

［2］【李賢注】蔡邕曰："帝女曰公主，姊妹曰長公主。"建武十五年，封舞陽公主爲長公主（舞，紹興本、大德本、殿本誤作"武"），即是帝女尊崇亦爲長，非惟姊妹也。《輿服志》曰"長公主赤罽軿車，與諸侯同綬"也。

［3］【李賢注】鄉、亭侯視中二千石。

［4］【李賢注】《東平王傳》曰："封蒼女五人爲縣公主。"孝王女，傳不見其數。【今注】東平憲王蒼：東漢光武帝劉秀子，明帝永平五年（62）就國。章帝建初六年（81）薨。傳見本書卷四二。　琅邪孝王京：東漢光武帝劉秀子，建武十五年（39）封琅邪公，十七年進爵爲王。傳見本書卷四二。

［5］【李賢注】案：鄧禹玄孫少府褒尚舞陰長公主，耿弇曾孫侍中良尚漢陽長公主（漢陽長公主，當爲"濮陽長公主"），岑彭玄孫魏郡守熙尚涅陽長公主，來歙玄孫虎賁中郎將定尚平氏長公主，並安帝妹也。長社、益陽公三（三，紹興本、殿本作

"主"，底本誤)，桓帝妹也。解見上。【今注】安帝：東漢安帝劉祜，公元106年至125年在位。紀見本書卷五。　桓帝：東漢桓帝劉志，公元146年至167年在位。紀見本書卷七。

[6]【李賢注】馮定，獲嘉公主子，襲封獲嘉侯；馮奮，平陽公主子，襲封平陽侯。此其類也。

[7]【李賢注】沈約《謝儼傳》曰："范曄所撰十志，一皆託儼。搜撰垂畢，遇曄敗，悉蠟以覆車。宋文帝令丹陽尹徐湛之就儼尋求，已不復得，一代以爲恨。其志今闕。"《續漢志》曰："諸公主家令一人，六百石；丞一人，三百石；其餘屬吏，增減無常。"《漢官儀》曰"長公主傅一人，私府長一人，食官一人，永巷長一人，家令一人，秩皆六百石，各有員吏。而鄉公主傅一人，秩六百石，僕一人，六百石，家丞一人，三百石"也。

皇女義王，建武十五年封舞陽長公主，[1]適延陵鄉侯太僕梁松。[2]松坐誹謗誅。

[1]【今注】舞陽：縣名。當爲"舞陰"，治所在今河南泌陽縣北。案，舞，大德本誤作"武"。

[2]【李賢注】舞陽，縣，屬潁川郡。松，梁統之子。其《傳》云："尚光武女舞陰公主。"又《鄧訓傳》："舞陰公主子梁扈，有罪，訓與交通。"此云舞陽（陽，底本殘，據紹興本、大德本、殿本補），孰是（據紹興本、大德本、殿本當改爲"誤也"）。【今注】梁松：字伯孫，安定烏氏（今寧夏固原市東南）人。梁統子，襲爵陸鄉侯。傳見本書卷三四。

皇女中禮，十五年封涅陽公主，[1]適顯親侯大鴻臚竇固，[2]肅宗尊爲長公主。

［1］【今注】涅陽：縣名。治所在今河南鄧州市東北。

［2］【李賢注】涅陽，屬南陽郡。顯親，縣，屬漢陽郡。固，竇融子。【今注】顯親：縣名。治所在今甘肅秦安縣西北。　大鴻臚：官名。秩中二千石。掌諸侯及四方歸義蠻夷。　竇固：字孟孫，扶風平陵（今陝西咸陽市西北）人。傳見本書卷二三。

皇女紅夫，十五年封館陶公主，[1]適駙馬都尉韓光。[2]光坐與淮陽王延謀反誅。[3]

［1］【今注】館陶：縣名。治所在今河北館陶縣。

［2］【今注】駙馬都尉：官名。秩比二千石。西漢武帝初置。《漢書·百官公卿表上》："駙馬都尉掌駙馬。"顔師古注："駙，副馬也。非正駕車，皆爲副馬。一曰駙，近也，疾也。"即掌副車之馬。

［3］【今注】淮陽王延：東漢光武帝劉秀子劉延。傳見本書卷四二。

皇女禮劉，十七年封淯陽公主，適陽安侯長樂少府郭璜。[1]璜坐與竇憲謀反誅。[2]

［1］【李賢注】璜，郭況子也。【今注】郭璜：真定稾城（今河北石家莊市藁城區西南）人。光武郭皇后弟況子。光武帝詔郭璜尚淯陽公主，除爲郎。明帝永平二年（59），襲父爵爲陽安侯。和帝時，郭璜爲長樂少府，子郭舉爲侍中兼射聲校尉。郭舉爲竇憲女婿。和帝永元四年（92），竇憲敗，郭璜與子舉俱下獄死。

［2］【今注】竇憲：字伯度，扶風平陵（今陝西咸陽市西北）人。傳見本書卷二三。

皇女綬，[1]二十一年封酈邑公主，適新陽侯世子陰豐。豐害主，誅死。[2]

[1]【李賢注】綬，一作緩。

[2]【李賢注】酈，縣，屬南陽郡，音擲亦反。新陽，縣，屬汝南郡。豐，陰就子。【今注】酈：縣名。治所在今河南内鄉縣西北。　新陽：縣名。治所在今安徽界首市北。　世子：帝王及諸侯的嫡長子。《白虎通》卷一《爵・論諸侯襲爵》："所以名之爲世子何？言欲其世世不絶也。"　陰豐：光武陰皇后母弟陰就子。酈邑公主嬌妒，而陰豐亦狷急，明帝永平二年（59），陰豐殺酈邑公主，被誅，陰就夫妻亦自殺，新陽侯國除。

世祖五女。

皇女姬，永平二年封獲嘉長公主，適楊邑侯將作大匠馮柱。[1]

[1]【李賢注】獲嘉，縣，屬河内郡。楊邑，縣，屬太原郡。柱，馮魴子（馮，紹興本誤作"馬"）。【今注】獲嘉：縣名。治所在今河南新鄉市西。　楊邑：《漢書・地理志》、本書《郡國志》皆作"陽邑"，治所在今山西晉中市榆次區東南。　馮柱：南陽湖陽（今河南唐河縣西南）人，馮魴子，少爲侍中。

皇女奴，三年封平陽公主，[1]適大鴻臚馮順。[2]

[1]【李賢注】平陽，縣，屬河東郡。【今注】平陽：縣名。治所在今山西臨汾市西南。

[2]【李賢注】馮勤子也。【今注】馮順：魏郡繁陽（今河南

内黄縣西北）人。馮勤中子，曾爲大鴻臚。

皇女迎，[1]三年封隆慮公主，[2]適牟平侯耿襲。[3]

[1]【李賢注】迎或作延。

[2]【李賢注】隆慮，縣，屬河内郡。【今注】隆慮：縣名。治所在今河南林州市。

[3]【李賢注】牟平，縣，屬東萊郡。襲，耿弇弟舒之子。【今注】牟平：縣名。治所在今山東烟臺市西北。　耿襲：扶風茂陵（今陝西興平市東北）人。牟平侯耿舒子。

皇女次，三年封平氏公主。[1]

[1]【李賢注】平氏，縣，屬南陽郡。既不言所適，不顯始終，蓋史闕之也。它皆放此（放，紹興本、大德本、殿本作"倣"，二字同）。【今注】案，三，紹興本作"二"。　平氏：縣名。治所在今河南桐柏縣西北。

皇女致，三年封沁水公主，[1]適高密侯鄧乾。[2]

[1]【李賢注】沁水，縣，屬河内郡。【今注】沁水：縣名。治所在今河南濟源市東北。

[2]【李賢注】乾，鄧震之子，禹之孫。【今注】高密：縣名。治所在今山東高密市西南。　鄧乾：南陽新野（今河南新野縣）人，鄧禹孫，鄧震子。東漢和帝永元十四年（102），坐陰皇后巫蠱事，國除。元興元年（105），復故爵土，拜侍中。

皇女小姬，十二年封平皋公主，[1]適昌安侯侍中鄧蕃。[2]

[1]【李賢注】平皋，縣，屬河内郡。【今注】平皋：縣名。治所在今河南温縣東。

[2]【李賢注】昌安，縣，屬高密國。蕃，鄧襲子，禹之孫也。【今注】昌安：縣名。治所在今山東安丘市東南。　鄧蕃：鄧禹孫，昌安侯襲子，東漢和帝時曾爲侍中。蕃，本書卷一六《鄧禹傳》作"藩"。

皇女仲，十七年封浚儀公主，[1]適軼侯[2]黄門侍郎王度。[3]

[1]【今注】浚儀：縣名。治所在今河南開封市鼓樓區。

[2]【李賢注】軼，《志》作"軑"，音伏。師古曰：又音徒系反。【今注】案，軼，大德本作"軑"，底本誤。軑，縣名，治所在今河南息縣南。

[3]【李賢注】軼，縣，屬江夏郡。度，王符子，霸之孫。【今注】王度：潁川潁陽（今河南許昌市建安區西南）人，軑侯王霸孫，王符子。

皇女惠，十七年封武安公主，[1]適征羌侯世子黄門侍郎來棱，[2]安帝尊爲長公主。

[1]【今注】武安：縣名。治所在今河北武安市西南。

[2]【李賢注】征羌，縣，屬汝南郡。棱，褒之子，歙之孫。【今注】征羌：縣名。治所在今河南商水縣西。征，大德本誤作

“西”。　來棱：南陽新野人。征羌侯來歙孫，來褒子。

皇女臣，建初元年封魯陽公主。[1]

[1]【李賢注】魯陽，縣，屬南陽郡。【今注】建初：東漢章帝劉炟年號（76—84）。　魯陽：縣名。治所在今河南魯山縣。

皇女小迎，元年封樂平公主。[1]

[1]【李賢注】樂平，太清縣，屬東郡，章帝更名。【今注】樂平：縣名。治所在今山東聊城市西。

皇女小民，元年封成安公主。[1]

[1]【李賢注】成安，縣，屬潁川郡。【今注】成安：縣名。治所在今河南汝州市東南。本書《郡國志》無此縣。有學者據建初元年（76）封成安公主事，認爲漢章帝時成安縣依舊存在，或在成安公主卒後省併（趙海龍：《〈東漢政區地理〉縣級政區補考》，《南都學壇》2016年第2期）。

顯宗十一女。
皇女男，建初四年封武德長公主。[1]

[1]【今注】武德：縣名。治所在今河南武陟縣東南。

皇女王，四年封平邑公主，[1]適黄門侍郎馮由。[2]

[1]【李賢注】平邑，縣，屬代郡，今魏郡昌樂東北又有平邑城。【今注】平邑：縣名。治所在今山西大同市東南。《漢書·地理志》作“平邑”，本書《郡國志五》作“北平邑”。本書卷二六《馮勤傳》：“奮弟由，黄門侍郎，尚平安公主。”李賢注：“《東觀記》亦云安平，《皇后紀》云由尚平邑公主，紀傳不同，未知孰是。”

[2]【今注】馮由：魏郡繁陽（今河南内黄縣）人。馮勤孫，馮順子。

皇女吉，永元五年封陰安公主。[1]

[1]【李賢注】陰安，縣，屬魏郡。【今注】永元：東漢和帝劉肇年號（89—105）。　陰安：縣名。治所在今河南清豐縣西北。

肅宗三女。

皇女保，延平元年封脩武長公主。[1]

[1]【李賢注】脩武，縣，屬河内郡。【今注】延平：東漢殤帝劉隆年號（106）。　脩武：縣名。治所在今河南獲嘉縣。

皇女成，元年封共邑公主。[1]

[1]【李賢注】共，縣，屬河内郡。【今注】共：縣名。治所在今河南輝縣市。

皇女利，元年封臨潁公主。[1]適即墨侯侍中賈建。[2]

［1］【李賢注】縣，屬潁川郡。【今注】臨潁：縣名。治所在今河南臨潁縣西北。案，潁，大德本誤作“頻”。

［2］【李賢注】即墨，縣，屬膠東國。建，賈參子，復之曾孫。【今注】即墨：縣名。治所在今山東平度市東南。　賈建：南陽冠軍（今河南南陽市鄧州市西北）人。膠東剛侯賈復曾孫，即墨侯賈宗孫，賈參子。東漢順帝時曾爲光禄勳。

皇女興，元年封聞喜公主。[1]

［1］【李賢注】聞喜，縣，屬河東郡。【今注】聞喜：縣名。治所在今山西聞喜縣。

和帝四女。[1]

［1］【今注】和帝：東漢和帝劉肇，公元 88 年至 105 年在位。紀見本書卷四。

皇女生，永和三年封舞陽長公主。[1]

［1］【今注】永和：東漢順帝劉保年號（136—141）。

皇女成男，三年封冠軍長公主。[1]

［1］【李賢注】冠軍，縣，屬南陽郡。【今注】冠軍：縣名。治所在今河南鄧州市西北。

皇女廣，永和六年封汝陽長公主。[1]

[1]【李賢注】汝陽，縣，屬汝南郡。【今注】汝陽：縣名。治所在今河南商水縣西北。

順帝三女。

皇女華，延熹元年封陽安長公主，適不其侯輔國將軍伏完。[1]

[1]【李賢注】完，伏湛五世孫（五，當爲"七"之誤）。【今注】伏完：不其侯伏湛七世孫，不其侯大司農伏質子，女爲孝獻皇后，爲曹操所殺，國除。

皇女堅，七年封潁陰長公主。[1]

[1]【李賢注】潁陰，縣，屬潁川郡。【今注】潁陰：縣名。治所在今河南許昌市魏都區。

皇女脩，九年封陽翟長公主。[1]

[1]【今注】陽翟：縣名。治所在今河南禹州市。

桓帝三女。[1]

[1]【今注】案，帝三女，底本殘，據紹興本、大德本、殿本補。

皇女某，光和三年封萬年公主。[1]

[1]【今注】萬年：縣名。治所在今陝西西安市臨潼區北。

靈帝一女。

後漢書　卷一一

列傳第一

劉玄　劉盆子

劉玄字聖公，光武族兄也，[1]弟爲人所殺，聖公結客欲報之。客犯法，[2]聖公避吏於平林。[3]吏繫聖公父子張。聖公詐死，使人持喪歸春陵，[4]吏乃出子張，聖公因自逃匿。

[1]【李賢注】《爾雅》曰："族父之子相謂爲族昆弟。"《帝王紀》曰："春陵戴侯熊渠生蒼梧太守利，利生子張，納平林何氏女，生更始。"【今注】光武：東漢皇帝劉秀謚號。本書卷一上《光武帝紀上》李賢注："《謚法》：'能紹前業曰光，克定禍亂曰武。'"　族兄：同高祖兄的稱呼。劉玄父子張，祖父利，曾祖熊渠，高祖春陵節侯買；光武帝劉秀，父欽，祖父回，曾祖外，高祖春陵侯買。故劉玄爲劉秀的族兄。

[2]【李賢注】《續漢書》曰："時聖公聚客，家有酒，請游徼飲，賓客醉歌，言'朝亨兩都尉，游徼後來，用調羹味'。游徼大怒，縛捶數百。"

［3］【今注】平林：地名。位於今湖北隨州市。

［4］【今注】春陵：鄉名。屬南陽郡蔡陽縣。故城在今湖北棗陽市西南。本書卷一下《光武帝紀下》載，光武帝建武六年（30）"改春陵鄉爲章陵縣。世世復徭役，比豐、沛，無有所豫"。西漢時爲侯國。《漢書·地理志上》顏師古注："《漢紀》云，元朔五年以零陵泠道之春陵鄉封長沙王子買爲春陵侯。"本書卷一四《城陽恭王祉傳》："買卒，子戴侯熊渠嗣。熊渠卒，子考侯仁嗣。仁以春陵地埶下溼，山林毒氣，上書求減邑内徙。元帝初元四年，徙封南陽之白水鄉，猶以春陵爲國名，遂與從弟鉅鹿都尉回及宗族往家焉。"春陵由侯國廢爲鄉，當在王莽代漢之後，本書《城陽恭王祉傳》："及莽篡立，劉氏爲侯者皆降稱子，食孤卿禄，後皆奪爵。"曹金華《後漢書稽疑》："光武帝既生於哀帝建平元年，祖籍當是南陽春陵。蓋因王莽改以爲鄉，鄉屬蔡陽，遂謂蔡陽人。"（中華書局2014年版，第1頁）

王莽末，[1]南方飢饉，人庶群入野澤，掘鳧茈而食之，更相侵奪。[2]新市人王匡、王鳳爲平理諍訟，[3]遂推爲渠帥，[4]衆數百人。於是諸亡命馬武、王常、成丹等往從之；[5]共攻離鄉聚，藏於緑林中，[6]數月間人七八千人。[7]地皇二年，[8]荆州牧某[9]發奔命二萬人攻之，[10]匡等相率迎擊於雲杜。[11]大破牧軍，殺數千人，盡獲輜重，[12]遂攻拔竟陵。[13]轉擊雲杜、安陸，[14]多略婦女，還入緑林中，至有五萬餘口，州郡不能制。

［1］【今注】王莽：字巨君，魏郡元城（今河北大名縣東北）人。西漢元帝皇后王政君侄子。父王曼早死，未得封侯，王莽因此折節向學，後被封爲新都侯。成帝綏和元年（前8），代王根任大

司馬輔政，時年三十八。哀帝即位，王莽因觸怒哀帝祖母傅太后，就國。元壽二年（前 1），哀帝崩，無子，中山王劉衎即位，年九歲，太皇太后王政君臨朝，王莽秉政。平帝元始二年（2），爲太傅，號安漢公。五年，鴆殺平帝，稱"攝皇帝"。孺子嬰居攝元年（6），立劉嬰爲皇太子，稱孺子。初始元年（8），代漢，國號爲新。新莽地皇四年（23），在未央宫滄池漸臺爲起義軍杜吴所殺，公賓就斬莽頭，被更始部將傳詣宛，懸於市。傳見《漢書》卷九九。

［2］【李賢注】《爾雅》曰："芍，鳧茈。"郭璞曰："生下田中，苗似龍鬚而細，根如指頭，黑色，可食。"芍音胡了反。鳧茈，《續漢書》作"符訾"。

［3］【今注】新市：地名。本書卷一上《光武帝紀上》："伯升於是招新市、平林兵，與其帥王鳳、陳牧西擊長聚。"李賢注："新市，縣，屬江夏郡，故城在今郢州富水縣東北。"本書《郡國志四》江夏郡有南新市侯國，治所在今湖北京山市東北。　王匡：新市（今湖北京山市）人，王莽天鳳四年（17）在緑林山起義。與王鳳、馬武等率軍北入南陽郡，號"新市兵"。更始帝更始元年（23），封爲定國上公，率軍攻拔洛陽，更始遷都之。更始二年，遷都長安，被封爲比陽王。遭更始猜忌，懼，投降赤眉軍。東漢光武帝建武元年（25），與胡殷一起降於劉秀使者尚書宗廣，東歸洛陽途中，在安邑欲亡，爲宗廣所殺。　王鳳：新市人，王莽天鳳四年在緑林山起義。與王匡、馬武等率軍北入南陽郡，號"新市兵"。更始帝更始元年，封爲成國上公。昆陽之戰，與王常留守城中。更始二年，遷都長安，被封爲宜城王。

［4］【今注】渠帥：首領。渠，大。

［5］【今注】馬武：字子張，南陽湖陽（今河南唐河縣西南）人。避仇，客居於江夏郡。參加緑林起義軍。更始立，爲侍郎，從劉秀破王尋等，拜爲振威將軍。更始遣與謝躬共攻王郎，躬死，歸

光武。傳見本書卷二二。　王常：字顔卿，潁川舞陽（今河南葉縣東南）人。傳見本書卷一五。　成丹：緑林軍將領。王鳳、王匡於緑林山中起兵，成丹往從之。新莽地皇三年，與王常領兵入南郡，號下江兵。更始帝更始元年，封水衡大將軍。二年，更始遷都長安，封襄邑王。三年，劉玄疑王匡、陳牧、成丹與張卬等造反，召入，斬之。

［6］【李賢注】離鄉聚謂諸鄉聚離散，去城郭遠者。大曰鄉，小曰聚。《前書》曰"收合離鄉置大城中"，即其義也。緑林，山，在今荆州當陽縣東北也。【今注】離鄉聚：本書《郡國志四》江夏郡南新市侯國條，劉昭注："本傳有離鄉聚、緑林。"似將離鄉聚作爲地名。　案，藏，紹興本作"臧"。"臧"古同"藏"。　緑林：山名。位於今湖北京山市緑林鎮。

［7］【今注】案，前"人"字，紹興本、大德本、殿本作"至"，可從。

［8］【李賢注】王莽年也。【今注】地皇：新莽年號（20—23）。

［9］【李賢注】史闕名也。【今注】荆州：西漢武帝元封五年（前106）設立的十三刺史部之一，下轄南陽郡、南郡、江夏郡、長沙國、桂陽郡、零陵郡、武陵郡等。刺史治索縣（今湖南常德市東北），陽嘉三年更名爲漢壽。　牧：官名。西漢武帝元封五年，設十三刺史部，作爲監察區，刺史秩六百石。成帝綏和元年，改刺史爲州牧，秩二千石。哀帝建平二年（前5）復爲刺史，元壽二年復爲牧。新莽和東漢初年，沿用州牧舊稱。東漢光武帝建武十八年，罷州牧，復置刺史。東漢刺史秩亦六百石。靈帝中平元年（184），黄巾起義爆發，復改刺史爲州牧，成爲郡以上的一級行政組織。

［10］【今注】奔命：軍隊名稱。《漢書》卷七《昭帝紀》載，始元元年（前86）夏，"益州廉頭、姑繒、牂牁談指、同並二十四

邑皆反。遣水衡都尉吕破胡募吏民及發犍爲、蜀郡犇命擊益州，大破之”。顔師古注：“應劭曰：‘舊時郡國皆有材官騎士以赴急難，今夷反，常兵不足以討之，故權選取精勇。聞命奔走，故謂之奔命。’李斐曰：‘平居發者二十以上至五十爲甲卒，今者五十以上六十以下爲奔命。奔命，言急也。’師古曰：‘應説是也。’”楊振紅認爲，奔命即聞聽軍命後奔赴前綫，奔命的主體應當從傅籍的正卒中徵發（楊振紅：《從嶽麓秦簡看秦漢時期有關“奔命警備”的法律》，載姚遠主編《出土文獻與法律史研究》，法律出版社2018年版，第24—37頁）。

［11］【李賢注】雲杜，縣名，屬江夏郡，故城在今復州沔陽縣西北。【今注】雲杜：縣名。治所在今湖北京山市。

［12］【李賢注】《續漢書》曰：“牧欲北歸隨，武等復遮擊之，鈎牧車屏泥，刺殺其騄乘（騄，紹興本、大德本、殿本作‘驂’，底本誤），然不敢殺牧也。”

［13］【李賢注】縣名，屬江夏郡，故城在今郢州長壽縣南。【今注】竟陵：縣名。治所在今湖北潛江市西北。

［14］【李賢注】安陸，郡（郡，紹興本、殿本作“縣”，底本誤），屬江夏郡，今安州縣也。【今注】安陸：縣名。治所在今湖北雲夢縣。

三年，大疾疫，死者且半，乃各分散引去。王常、成丹西入南郡，[1]號下江兵；[2]王匡、王鳳、馬武及其支黨朱鮪、張卬等[3]北入南陽，[4]號新市兵：皆自稱將軍。七月，匡等進攻隨，[5]未能下。[6]平林人陳牧、廖湛[7]復聚衆千餘人，號平林兵，以應之。聖公因往從牧等，爲其軍安集掾。[8]

［1］【今注】南郡：治江陵縣（今湖北荆州市荆州城西北）。

［2］【今注】下江兵：王莽末緑林軍的一支。新莽天鳳四年（17），荆州一帶發生飢荒，王匡、王鳳等發動起義，起義軍以緑林山爲根據地，故號稱“緑林軍”。地皇三年（22），王常、成丹等西入南郡，號“下江兵”。《漢書》卷九九下《王莽傳下》：“是時，南郡張霸、江夏羊牧、王匡等起雲杜緑林，號下江兵，衆皆萬餘人。”顏師古注：“晉灼曰：‘本起江夏雲杜縣，後分西上，入南郡，屯藍田，故號下江兵也。’”本書《郡國志四》南郡編縣有藍口聚，劉昭注：“下江兵所據。”錢大昕《十駕齋養新録》卷一一《上江下江》：“《漢書·王莽傳》：‘南郡張霸、江夏羊牧、王匡等起雲杜緑林，號曰下江兵。’是南郡以下，皆可云下江也。李密《與王慶書》：‘上江米船，皆被抄截。’《通鑑》載隋煬帝之言曰：‘朕方欲歸，正爲上江米船未至。’注：‘夏口以上爲上江。’是武昌以上皆可云上江也。”

［3］【李賢注】《續漢書》“卬”作“印”。【今注】朱鮪：淮陽（今河南淮陽縣）人。王常與南陽士大夫欲立劉縯，朱鮪與張卬等不聽，遂擁立劉玄爲帝，更始帝更始元年（23）爲大司馬。與李軼勸更始誅殺劉縯。更始二年，徙都長安，封膠東王，以非劉氏，固辭不受，徙爲左大司馬。後與李軼等守洛陽，在岑彭勸説下，東漢光武帝建武元年（25）九月辛卯，朱鮪舉城降，拜爲平狄將軍，封扶溝侯。後爲少府。　張卬：緑林軍將領。力主立劉玄爲帝，更始帝更始元年爲衛尉大將軍。更始二年，徙都長安，封淮陽王。後鎮河東，爲鄧禹所敗，還奔長安。與廖湛、胡殷、申屠建、隗囂等合謀，欲劫持更始歸南陽。謀洩，申屠建被誅，遂與廖湛、胡殷等反。後與王匡降赤眉。及更始降赤眉，又勸赤眉將謝禄殺之。

［4］【今注】南陽：郡名。治宛縣（今河南南陽市卧龍區）。

［5］【今注】隨：縣名。治所在今湖北隨州市曾都區。王莽時，南陽郡更名爲前隊郡，隨仍沿用漢舊名。

［6］【李賢注】隨，縣，屬南陽郡，今隨州縣。

[7]【李賢注】廖音力弔反。【今注】陳牧：平林（今湖北隨州市）人，緑林軍平林兵首領。更始立，拜爲大司空。更始二年，更始遷都長安，立陳牧爲陰平王。後更始懷疑陳牧與張卬等合謀劫持更始歸南陽，召入，斬之。　廖湛：平林人，緑林軍平林兵首領。更始立，拜爲執金吾大將軍。更始二年，更始遷都長安，立廖湛爲穰王。後與張卬、胡殷、申屠建、隗囂等合謀劫持更始東歸南陽。謀洩，申屠建被誅，遂與張卬、胡殷等反，降赤眉。東漢光武帝建武二年，率赤眉十八萬於谷口攻漢中王劉嘉，兵敗，被殺。

[8]【李賢注】欲其安集軍衆，故權以爲官名。【今注】案，椽，紹興本、大德本、殿本作"掾"，底本誤。掾，佐官的通稱。中央及地方各類各級官署分曹治事，置掾、史員數不等。

是時光武及兄伯升亦起舂陵，[1]與諸部合兵而進。四年正月，破王莽前隊大夫甄阜、屬正梁丘賜，[2]斬之，號聖公爲更始將軍。衆雖多而無所統一，諸將遂共議立更始爲天子。二月辛巳，設壇場於淯水上沙中，[3]陳兵大會。更始即帝位，南面立，朝群臣。素懦弱，羞愧流汗，舉手不能言。於是大赦天下，建元曰更始元年。[4]悉拜置諸將，以族父良爲國三老，[5]王匡爲定國上公，[6]王鳳成國上公，朱鮪大司馬，[7]伯升大司徒，[8]陳牧大司空，[9]餘皆九卿將軍。[10]五月，伯升拔宛。[11]六月，更始入都宛城，盡封宗室及諸將，爲列侯者百餘人。[12]

[1]【今注】伯升：劉縯，字伯升，光武帝劉秀長兄。東漢光武帝建武十五年（39），追謚爲齊武王。傳見本書卷一四。

[2]【今注】前隊：王莽天鳳元年（14）置六隊郡：前隊郡，

漢南陽郡；後隊郡，漢河内郡；左隊郡，漢潁川郡；右隊郡，漢弘農郡；祈隊郡，漢河南郡一部；兆隊郡，漢河東郡。　大夫：王莽置六尉郡與六隊郡，改太守爲大夫。　屬正：王莽置六尉郡與六隊郡，改都尉爲屬正。

［3］【今注】淯水：今稱白河。發源於河南洛陽市嵩縣白河鎮攻離山，流經嵩縣及南陽市南召縣、方城縣、宛城區、卧龍區、新野縣，於湖北襄陽市襄州區兩河口與唐河交匯爲唐白河，在襄州區張家灣注入漢水。

［4］【今注】更始：劉玄即漢皇帝位後的年號（23—25）。亦代指劉玄。

［5］【今注】良：劉良，字次伯，南陽蔡陽（今湖北棗陽市西南）人，光武帝劉秀叔父。傳見本書卷一四。　國三老：古代設"三老"以佐助教化。西漢沿置。《漢書》卷一上《高帝紀上》載高祖二年（前205）詔令："舉民年五十以上，有修行，能帥衆爲善，置以爲三老，鄉一人。擇鄉三老一人爲縣三老，與縣令丞尉以事相教，復勿繇戍。"其後又設郡三老、國三老，導民教化。

［6］【今注】上公：西漢時期，指太師、太傅及太保三職，位在大司徒、大司馬及大司空三公之上。《漢書·百官公卿表上》："太傅，古官，高后元年初置，金印紫綬。後省，八年復置。後省，哀帝元壽二年復置。位在三公上。太師、太保，皆古官，平帝元始元年皆初置，金印紫綬。太師位在太傅上，太保次太傅。"據此，西漢哀帝元壽二年（前1）復置太傅，是上公制度形成的正式標志，是西漢晚期儒家復古思潮影響的産物（參見卜憲群《秦漢官僚制度》，第85頁）。王莽以太師、太傅、國師、國將爲四輔，位上公。東漢上公衹保留太傅一職。本書《百官志一》："太傅，上公一人。本注曰：掌以善導，無常職。世祖以卓茂爲太傅，薨，因省。其後每帝初即位，輒置太傅録尚書事，薨，輒省。"王匡、王鳳有位無職。

［7］【今注】大司馬：官名。三公之一。掌四方兵事功課等。

西漢成帝綏和元年（前8），改御史大夫爲大司空，大司馬驃騎大將軍爲大司馬。哀帝元壽二年，改丞相爲大司徒，三公制度正式形成。三公制爲王莽和光武帝繼承，並有所發展。東漢光武帝建武二十七年（51），改“大司馬”爲“太尉”，去“大司徒”“大司空”之“大”字，爲“司徒”“司空”。

［8］【今注】大司徒：官名。三公之一。主教化，掌人民事等。

［9］【今注】大司空：官名。三公之一。掌水土之事等。

［10］【今注】九卿將軍：中華本句讀爲“九卿、將軍”。曹金華《後漢書稽疑》：“‘九卿將軍’不當頓開。胡三省曰：‘九卿將軍，職如九卿，各帶將軍之號，仍王莽之制也。’本傳下文‘太常將軍劉祉’‘衞尉大將軍張卬’‘廷尉大將軍王常’‘執金吾大將軍廖湛’等可證。”（第218頁）

［11］【今注】宛：縣名。南陽郡郡治。治所在今河南南陽市卧龍區。

［12］【今注】列侯：爵位名。秦漢二十等爵的第二十級。原稱“徹侯”，因避西漢武帝劉徹諱，改爲列侯。享有食邑户數不等，根據張家山漢簡《二年律令·户律》記載，西漢初，徹侯受一百零五宅。列侯以下的爵位分别是：第十九級關内侯、第十八級大庶長、第十七級駟車庶長、第十六級大上造、第十五級少上造、第十四級右更、第十三級中更、第十二級左更、第十一級右庶長、第十級左庶長、第九級五大夫、第八級公乘、第七級公大夫、第六級官大夫、第五級大夫、第四級不更、第三級簪裹、第二級上造、第一級公士。〔參見張家山二四七號漢墓竹簡整理小組《張家山漢墓竹簡［二四七號墓］（釋文修訂本）》，文物出版社2006年版，第52頁〕

更始忌伯升威名，遂誅之，以光禄勳劉賜爲大司徒。[1]前鍾武侯劉望起兵，[2]略有汝南。[3]時王莽納言將軍嚴尤、秩宗將軍陳茂既敗於昆陽，[4]往歸之。八月，望遂自立爲天子，以尤爲大司馬，茂爲丞相。[5]王莽使太師王匡、國將哀章守洛陽。[6]更始遣定國上公王匡攻洛陽，西屏大將軍申屠建、丞相司直李松攻武關，[7]三輔震動。[8]是時海内豪桀翕然響應，[9]皆殺其牧守，自稱將軍，用漢年號，以待詔命，旬月之閒，徧於天下。

［1］【今注】光禄勳：官名。秩中二千石。掌宿衛宫殿門户，典謁署郎更直執戟，宿衛門户，考其德行而進退之。郊祀之事，掌三獻。原名“郎中令”，秦官，西漢武帝太初元年（前 104）更名。下轄五官中郎將、左中郎將、右中郎將、虎賁中郎將、羽林中郎將、羽林左監、羽林右監等，名義上隸屬官有奉車都尉、駙馬都尉、騎都尉、光禄大夫、太中大夫、中散大夫、諫議大夫、議郎、謁者僕射等。　劉賜：字子琴，南陽蔡陽（今湖北棗陽市西南）人。光武帝劉秀族兄。傳見本書卷一四。

［2］【今注】鍾武侯：據《漢書·王子侯表下》，鍾武節侯劉度是長沙頃王子，以西漢宣帝元康元年（前 65）正月癸卯初封，孝侯劉宣嗣。哀侯劉霸嗣，無後。成帝元延二年（前 11），節侯劉則以劉霸叔父紹封。王先謙《漢書補注》卷一五下《王子侯表下》補注曰：“錢大昭曰：《後漢書·劉聖公傳》‘前鍾武侯劉望起兵略汝南，遂自立爲天子’。未知度幾世孫，表未載。先謙曰：鍾武，江夏縣。”《漢書·地理志上》零陵郡、江夏郡皆有鍾武，後者注侯國。大約鍾武先由長沙别屬零陵，繼而遷往江夏。零陵原鍾武縣仍保留，未予省併，故兩郡皆有鍾武。前者治今湖南衡陽縣西，後者治今河南信陽市東南。（周振鶴、李曉傑、張莉：《中國行政區劃

通史·秦漢卷》，復旦大學出版社 2016 年版，第 435 頁）

［3］【今注】案，略，大德本誤作“久”。　汝南：郡名。治平輿縣（今河南平輿縣北）。

［4］【今注】納言將軍：官名。王莽改大司農爲“羲和”，後更爲“納言”。莽制，九卿各帶將軍號，故曰“納言將軍”。　嚴尤：王莽將領。曾以討穢將軍出漁陽擊匈奴。封武建伯，代陳茂爲大司馬。後與陳茂擊破下江兵，在淯陽被劉縯擊敗，又於昆陽爲劉秀所敗，歸劉望，爲更始奮威大將軍劉信擊殺。　秩宗將軍：官名。西漢景帝中元六年（前 144）更名秦官“奉常”爲“太常”，王莽又改爲“秩宗”。平帝元始四年（4）更名秦官“宗正”爲“宗伯”。王莽將宗伯併入秩宗。莽制，九卿各帶將軍號，故稱“秩宗將軍”。　陳茂：王莽將領。曾任大司馬，後與嚴尤擊破下江兵，在淯陽被劉縯擊敗，又於昆陽爲劉秀所敗，歸劉望，爲更始奮威大將軍劉信擊殺。　昆陽：縣名。治所在今河南葉縣。

［5］【今注】丞相：官名。掌丞天子理萬機。相，起源甚早，春秋戰國時期各諸侯國設置有相國或丞相。秦置左、右丞相。西漢高祖即皇帝位後，置一丞相，高祖十一年（前 196），更名爲相國。惠帝、高后置左右丞相。文帝二年（前 178），復置一丞相。哀帝元壽二年（前 1），改丞相爲“大司徒”。除置大司徒外，更始政權還繼承了西漢前期丞相制度，設立了左右丞相。東漢光武帝建武二十七年（51），去“大”字，稱“司徒”。靈帝中平六年（189），董卓自爲相國，司徒官並存。獻帝建安十三年（208），曹操爲丞相。

［6］【李賢注】《風俗通》曰：“哀姓，魯哀公之後，因謚以爲姓（“之後因”三字，底本殘，據紹興本、大德本、殿本補）。”【今注】太師：官名。上公之一。《漢書·百官公卿表上》：“太傅，古官，高后元年初置，金印紫綬。後省，八年復置。後省，哀帝元壽二年復置。位在三公上。太師、太保，皆古官，平帝元始元年皆

初置，金印紫綬。太師位在太傅上，太保次太傅。”西漢平帝元始元年（1），以太師、太傅、太保、少傅爲四輔。新莽始建國元年（9），王莽以太師、太傅、國師、國將爲四輔，位上公。　王匡：王莽從弟王舜子，王莽代漢，王舜病逝，王莽以褒新侯王匡爲太師將軍。後與哀章守洛陽。王莽死，更始攻拔洛陽，與哀章一起被斬。　國將：官名。王莽四輔之一。《漢書》卷九九中《王莽傳中》：“又按金匱，輔臣皆封拜。以太傅、左輔、驃騎將軍安陽侯王舜爲太師，封安新公；大司徒就德侯平宴爲太傅，就新公；少阿、羲和、京兆尹紅休侯劉歆爲國師，嘉新公；廣漢梓潼哀章爲國將，美新公；是爲四輔，位上公。”　哀章：廣漢梓潼（今四川梓潼縣）人，游學京師，素無行，好爲大言。見王莽居攝，造作銅匱與兩檢，兩檢分别署曰“天帝行璽金匱圖”“赤帝行璽某傳予黄帝金策書”，以奉迎王莽達到投機取巧的目的。後爲王莽四輔之一。與太師王匡鎮守洛陽，新莽地皇四年（23），城陷被殺。　洛陽：即雒陽。東漢都城，故址在今河南洛陽市東。

［7］【今注】西屏大將軍：將軍號。更始政權創置。更始政權稱大將軍者甚多，非常制。　申屠建：更始部將。更始帝更始元年，以西屏大將軍與李松等入長安，傳王莽首詣更始，懸宛市。二年，更始遷都長安，立爲平氏王。三年，與張卬、胡殷、廖湛、隗囂等合謀劫持更始東歸南陽。謀洩，被誅。　丞相司直：官名。秩比二千石。西漢武帝元狩五年（前 118）初置，掌佐丞相舉不法。　李松：南陽宛（今河南南陽市卧龍區）人，李通從弟。更始帝更始元年，任丞相司直，入長安。更始二年，奉引更始遷都長安，與棘陽人趙萌説更始封諸功臣爲王。更始以李松爲丞相。三年正月，平陵人方望立劉嬰爲天子，李松與討難將軍蘇茂等擊破，皆斬之。赤眉入關，更始敗，李松戰死。　武關：關隘名。“關中”之名，即因南武關、北蕭關、東函谷關、西散關而得名。武關在今陜西商洛市丹鳳縣武關鎮。（参見王子今《武關・武候・武關候：論戰國秦漢武關位置與武關道走向》《中國歷史地理論叢》2018 年第 1

輯）。

［8］【今注】三輔：京兆尹、左馮翊和右扶風三個郡級行政區，因治所同在長安城中，故稱“三輔”。内史，周官，秦因之。西漢景帝二年（前155）分置左内史。武帝太初元年將右内史更名爲“京兆尹”，左内史更名爲“左馮翊”。主爵都尉，原爲秦官，西漢景帝中元六年更名爲“都尉”，武帝太初元年更名爲“右扶風”。東漢初年，京兆尹治長安縣（今陝西西安市西北），左馮翊治遷至高陵（今陝西西安市高陵區），右扶風治遷至槐里（今陝西興平市東南）。本書《郡國志一》“左馮翊”條劉昭注引潘岳《關中記》曰：“三輔舊治長安城中，長吏各在其縣治民。光武東都之後，扶風出治槐里，馮翊出治高陵。”

［9］【今注】案，桀，大德本、殿本作“傑”，二字通。

長安中起兵攻未央宫。[1]九月，東海人公賓就斬王莽於漸臺，[2]收璽綬，傳首詣宛。更始時在便坐黄堂，[3]取視之，喜曰：“莽不如是，當與霍光等。”[4]寵姬韓夫人笑曰：“若不如是，帝焉得之乎？”更始悦，乃懸莽首於宛城市。是月，拔洛陽，生縛王匡、哀章，至，皆斬之。十月，使奮威大將軍劉信擊殺劉望於汝南，[5]并誅嚴尤、陳茂。更始遂北都洛陽，巳劉賜爲丞相。申屠建、李松自長安傳送乘輿服御，又遣中黄門從官奉迎遷都。[6]二年二月，更始自洛陽而西。初發，李松奉引，馬驚奔，觸北宫鐵柱門，[7]三馬皆死。[8]

［1］【今注】長安：西漢、新莽都城，故城位於今陝西西安市西北。長安城考古發掘概況參見劉振東《漢長安城綜論——紀念漢長安城遺址考古六十年》（《考古》2017年第1期）。　未央宫：宫

殿名。西漢高祖七年（前200），蕭何在秦章臺舊址上營建，至九年完成。從漢惠帝開始，西漢皇帝均居住於未央宫。未央宫的布局與形制，可參見劉慶柱《漢長安城未央宫布局形制初論》（《考古》1995年第12期）。

［2］【李賢注】《風俗通》曰："公賓，姓也。魯大夫公賓庚之後。"漸臺，太液池中臺也。爲水所漸潤，故以爲名。【今注】東海：郡名。治郯縣（今山東郯城縣西）。《漢書·地理志上》："莽曰沂平。"本書卷一一《劉盆子傳》："赤眉遂寇東海，與王莽沂平大尹戰。"譚其驤："元始中，莽以西羌獻地置爲西海郡，配東海、南海、北海三郡而爲四海。今三海皆仍舊名，而獨更東海爲沂平，於理不合，疑係分置，而非更名也。"〔譚其驤：《新莽職方考》，載《長水集（上）》，人民出版社2009年版，第69頁〕　公賓就：時爲校尉。王莽被杜吴殺死後，公賓就斬莽首。　漸臺：臺榭名。《三輔黄圖》卷五《臺榭》："漸，浸也，言爲池水所漸。又一説：'漸臺'，星名。法星以爲臺名。未央宫有滄池，池中有漸臺，王莽死於此。"（何清谷：《三輔黄圖校釋》，中華書局2005年版，第284頁）

［3］【今注】便坐：别室，廂房。《史記》卷一〇三《萬石張叔列傳》："子孫有過失，不譙讓，爲便坐，對案不食。"司馬貞《索隱》："蓋謂爲之不處正室，别坐他處，故曰便坐……便坐，非正坐處也。故王者所居有便殿、便房，義亦然也。"《漢書》卷八一《張禹傳》："而宣之來也，禹見之於便坐，講論經義。"顔師古注："便坐，謂非正寢，在於旁側可以延賓者也。"　黄堂：太守府正廳。本書卷二七《郭丹傳》："勑以丹事編署黄堂，以爲後法。"李賢注："黄堂，大守之廳事。"清梁章鉅《稱謂録》卷二二《知府》："《緗素雜記》：'天子曰黄闥，三公曰黄閣，給事舍人曰黄扉，太守曰黄堂。'案：太守堂塗以雌黄，厭水災也，故稱。"

［4］【今注】霍光：字子猛，河東平陽（今山西臨汾市西南）

人，霍去病同父異母弟。爲奉車都尉光禄大夫，侍奉漢武帝二十餘年，未嘗有過。西漢武帝後元二年（前87），武帝遺詔，以霍光爲大司馬大將軍，與金日磾、上官桀、桑弘羊、車千秋等人共同輔政昭帝。元平元年（前74），昭帝崩，無嗣。霍光定策立昌邑王劉賀爲帝，僅二十七日，又廢之。立衛太子劉據孫劉病已爲帝，是爲宣帝。地節二年（前68），薨。傳見《漢書》卷六八。

[5]【今注】劉信：更始部將，更始立，爲奮威大將軍。更始二年（24），封汝陰王。

[6]【今注】中黄門：官名。秩比百石，後增比三百石。名義上隸屬於少府。無員，宦者爲之。掌給事禁中。

[7]【今注】北宫：宫殿名。秦時洛陽已有南、北二宫，漢高祖、更始帝和光武帝均曾經住在洛陽南宫。本書卷二《明帝紀》載，永平三年（60），"起北宫及諸官府"，永平八年，"北宫成"。此後，東漢皇帝或居南宫或居北宫，南北二宫的政治地位根據皇帝居住與否發生變化（參見陳蘇鎮《東漢的南宫和北宫》，《文史》2018年第1輯）。　案，紹興本無"門"字。中華本校勘記："《續志》有'門'字。"

[8]【李賢注】《續漢書》曰："馬禍也。時更始失道，將亡之徵。"

初，王莽敗，唯未央宫被焚而已，其餘宫館一無所毁。宫女數千，備列後庭，自鍾鼓、帷帳、輿輦、器服、太倉、武庫、官府、市里，[1]不改於舊。更始既至，居長樂宫，[2]升前殿，[3]郎吏旨次列庭中。更始羞怍，俛首刮席不敢視。[4]諸將後至者，更始問虜掠得幾何，左右侍官皆宫省久吏，各驚相視。

［1］【今注】太倉：京師的糧倉。蕭何所造。《史記》卷八《高祖本紀》："蕭丞相營作未央宫，立東闕、北闕、前殿、武庫、太倉。"　武庫：位於未央宫東、長樂宫西。武庫遺址全面勘探和重點發掘情況，參見中國社會科學院考古研究所編著《漢長安城武庫》（文物出版社2005年版）。

［2］【今注】長樂宫：宫殿名。原爲秦興樂宫，西漢高祖五年（前202），劉邦接受婁敬建議遷都長安，開始擴建，改名長樂宫，至七年成。漢高祖用作皇宫，惠帝以後，是西漢太后所居宫殿。長樂宫遺址的發掘情況，參見劉振東、張建鋒《西漢長樂宫遺址的發現與初步研究》（《考古》2006年第10期）。

［3］【今注】前殿：正殿。《文選》揚雄《甘泉賦》："前殿崔巍兮，和氏玲瓏。"李善注："前殿，正殿也，諸宫皆有之。"

［4］【李賢注】怍，顔色變也。俛，俯也。

李松與棘陽人趙萌説更始，[1]宜悉王諸功臣。朱鮪争之，以爲高祖約，非劉氏不王。更始乃先封宗室太常將軍劉祉爲定陶王，[2]劉賜爲宛王，劉慶爲燕王，[3]劉歙爲元氏王，[4]大將軍劉嘉爲漢中王，[5]劉信爲汝陰王；[6]後遂立王匡爲比陽王，[7]王鳳爲宜城王，[8]朱鮪爲膠東王，[9]衛尉大將軍張卬爲淮陽王，[10]廷尉大將軍王常爲鄧王，[11]執金吾大將軍廖湛爲穰王，[12]申屠建爲平氏王，[13]尚書胡殷爲隨王，[14]柱天大將軍李通爲西平王，[15]五威中郎將李軼爲舞陰王，[16]水衡大將軍成丹爲襄邑王，[17]大司空陳牧爲陰平王，[18]驃騎大將軍宋佻爲潁陰王，[19]尹尊爲郾王。[20]唯朱鮪辭曰："臣非劉宗，不敢干典。"遂讓不受。乃徙鮪爲左大司馬，劉賜爲前大司馬，使與李軼、李通、王常等鎮撫關東。[21]㠯李松爲丞相，趙萌爲右大司馬，共秉内任。

［1］【今注】棘陽：縣名。治所在今河南新野縣東北。

［2］【今注】太常：官名。掌宗廟禮儀。西漢景帝中元六年（前144）更名秦官“奉常”爲“太常”，王莽改爲“秩宗”。東漢復稱“太常”。中二千石。屬官有太史令、博士祭酒、太祝令、太宰令、大予樂令、高廟令、世祖廟令、先帝陵園令、先帝陵食官令等，均六百石。　劉祉：字巨伯，南陽蔡陽（今湖北棗陽市西南）人。光武族兄，舂陵侯劉敞子。傳見本書卷一四。　定陶：國名。西漢多以濟陰郡爲基礎置定陶國，周邊接壤他郡國之諸縣或來屬或别屬。定陶國都與濟陰郡治在定陶縣（今山東菏澤市定陶區西北）。王莽時，更濟陰郡爲濟平郡。

［3］【今注】劉慶：舂陵侯劉敞同産弟。更始降赤眉時，爲亂兵所殺。　燕：國名。西漢高祖劉邦曾先後立臧荼、盧綰、子劉建爲燕王。武帝元朔元年（前128）國除，爲廣陽郡。元狩六年（前117），武帝封子劉旦爲燕王。昭帝元鳳元年（前80），國除。西漢燕國都薊，今北京市。從更始政權所控制的區域而言，所封諸王多爲虚封，劉慶之燕王亦如之。

［4］【今注】劉歙：字經孫，南陽蔡陽（今湖北棗陽市西南）人。光武族父。傳見本書卷一四。　元氏：縣名。治所在今河北元氏縣西北。王莽時，常山郡更名“井關郡”，元氏更名“井關亭”。

［5］【今注】劉嘉：字孝孫，南陽蔡陽（今湖北棗陽市西南）人。光武族兄。曾與劉縯一同在長安求學，習《尚書》《春秋》。傳見本書卷一四。　漢中：郡名。治南鄭縣（今陝西漢中市）。

［6］【今注】汝陰：縣名。即《漢書·地理志上》“女陰”，治所在今安徽阜陽市潁州區。王莽時，汝南郡更名“汝汾郡”，女陰縣更名“汝墳”。

［7］【今注】比陽：縣名。治所在今河南泌陽縣。王莽時，南

陽郡更名“前隊郡”，比陽仍沿用漢舊名。

［8］【今注】宜城：縣名。治所在今湖北宜城市南。王莽時，南郡更名“南順郡”，宜城仍沿用漢舊名。

［9］【今注】膠東：郡國名。西漢時，膠東或爲郡或爲國，屬縣亦常有變動，國都或郡治在即墨（今山東平度市東南）。王莽時，膠東國更名“郁秩郡”。

［10］【今注】衞尉：官名。秩中二千石。掌宫門衞士，宫中徼循事。秦官，西漢景帝初更名爲中大夫令，後元元年（前143）復爲衞尉。屬官有公車司馬令一人，六百石；南宫衞士令一人，六百石；北宫衞士令一人，六百石；左右都候各一人，六百石；宫掖門司馬，比千石。　淮陽：郡國名。西漢時，淮陽或爲郡或爲國，屬縣亦常有變動，國都或郡治在陳（今河南淮陽縣）。王莽時，淮陽國更名“新平郡”。

［11］【今注】廷尉：官名。秦官。西漢景帝中元六年更名“大理”。武帝建元四年（前137）復爲“廷尉”。宣帝地節三年（前67），初置左右平，秩皆六百石。哀帝元壽二年（前1），復更名爲“大理”。王莽時，更名爲“作士”。東漢時，秩中二千石。掌平獄，奏當所應。凡郡國讞疑罪，皆處當以報。屬官有廷尉正、廷尉左監、廷尉平，秩六百石。　鄧：縣名。治所在今湖北襄陽市襄州區西北。王莽時，南陽郡更名“前隊郡”，鄧仍沿用漢舊名。

［12］【今注】執金吾：官名。秩中二千石。主要負責京師内皇宫外的保衞及武庫兵器管理等工作，皇帝出行時還要擔任護衞和儀仗隊。此官承秦而設，原名“中尉”，西漢武帝太初元年（前104）更名爲“執金吾”。王莽時更名爲“奮武”。東漢復名“執金吾”。西漢時，執金吾屬官有中壘令、寺互令、武庫令、都船令、式道左右中候、左右京輔都尉等。東漢僅保留武庫令，其他皆省。　穰：縣名。治所在今河南鄧州市。據《漢書·地理志上》，王莽時，穰更名爲“農穰”。《水經注·淯水》曰：“王莽更名曰豐穰也。”出土新莽封泥有“豐穰印印章”，孫博《新莽政區地理研究》

認爲豐穰郡當以南陽郡南部置（周振鶴、李曉傑、張莉：《中國行政區劃通史·秦漢卷》，第 593 頁）。

［13］【今注】平氏：縣名。治所在今河南桐柏縣西北。王莽時，平氏更名“平善”。

［14］【今注】尚書：官名。六百石。其執掌主要有三：臣民給君主的章奏由尚書平處呈上；君主給臣民的詔令由尚書製作發下；所有呈上發下文件之應歸檔者均由尚書保存（參見楊鴻年《漢魏制度叢考》，武漢大學出版社 1985 年版，第 74 頁）。 胡殷：更始部將，初爲尚書，更始二年（24）立爲隨王。三年，與張卬、申屠建、廖湛、隗囂等合謀劫持更始東歸南陽。謀洩，叛更始。東漢光武帝建武元年，與王匡詣光武使臣尚書宗廣降，歸洛陽途中，在安邑欲亡，爲宗廣所斬。

［15］【李賢注】西平，縣，屬汝南郡，故城在今豫州郾城縣南也。【今注】李通：字次元，南陽宛（今河南南陽市卧龍區）人。傳見本書卷一五。 西平：縣名。治所在今河南西平縣西。王莽時，汝南郡更名“汝汾郡”，西平更名“新亭”。

［16］【今注】李軼：南陽宛人，李通從弟，與李通、劉秀密謀於南陽起兵。更始立，爲五威中郎將，與朱鮪共勸更始帝殺劉縯。更始二年，從入關，封舞陰王。與大司馬朱鮪等屯洛陽，劉秀令馮異守孟津以拒之。馮異與李軼通書往來，劉秀故意洩露李軼書，朱鮪怒而使人刺殺之。 舞陰：縣名。治所在今河南泌陽縣北。王莽時，南陽郡更名“前隊郡”，舞陰仍沿用漢舊名。

［17］【今注】水衡：官名。即水衡都尉。西漢武帝元鼎二年（前 115）初置，掌上林苑，設有五丞協助水衡都尉。屬官如下：上林令，有八丞十二尉，主上林苑禽獸；均輸令，有四丞，主均輸事；御羞令，有兩丞，主膳羞原料；禁圃令，有兩尉，主園藝；輯濯令，主船舶；鍾官令，主鑄錢；技巧令，主刻錢範；六厩令，主養馬；辯銅令，主鑄錢原料；衡官，主平其税入；水司空，主治水

和罪人；都水，有三丞，主平水和漁税；農倉長，主藏穀；等等。西漢成帝建始二年（前31），省技巧、六厩官。王莽時，水衡都尉更名“予虞”。東漢，水衡都尉併入少府。僅在立秋貙劉時，暫置之，事訖則罷之。　襄邑：縣名。治所在今河南睢縣。王莽時，陳留郡仍沿用漢舊名，襄邑更名“襄平”。

［18］【李賢注】陰平，縣，屬廣漢國。【今注】陰平：縣名。治所在今山東棗莊市嶧城區西南。王莽時，東海郡更名“沂平郡”，陰平仍沿用漢舊名。

［19］【今注】宋佻：本書卷一上《光武帝紀上》作“宗佻”，《後漢紀》卷一《光武帝紀》作“宗佻”、卷二《光武帝紀》作“宋佻”（參見周天游《後漢紀校注》，天津古籍出版社1987年版，第17、39頁）。　潁陰：縣名。治所在今河南許昌市。王莽時，潁川郡更名“左隊郡”，潁陰仍沿用漢舊名。

［20］【今注】尹尊：東漢光武帝建武二年，執金吾賈復率軍擊郾王尹尊，降之，悉定其地。本書《光武帝紀上》作“尹遵”。　郾：縣名。治所在今河南漯河市郾城區南。王莽時，潁川郡更名“左隊郡”，郾仍沿用漢舊名。

［21］【今注】關東：函谷關以東地區。函谷關原位於今河南靈寶市函谷關鎮，西漢武帝元鼎三年“廣關”，將函谷關遷至今河南新安縣城關鎮。新安縣函谷關遺址情況，可參見洛陽市文物考古研究院、新安縣文物管理局《河南新安縣漢函谷關遺址2012—2013年考古調查與發掘》（《考古》2014年第11期）。

更始納趙萌女爲夫人，有寵，遂委政於萌，日夜與婦人飲讌後庭。群臣欲言事，輒醉不能見，時不得已，乃令侍中帷内與語。[1]諸將識非更始聲，出皆怨曰：“成敗未可知，遽自縱放若此！”韓夫人尤嗜酒，每侍宴，[2]見常侍奏事，輒怒曰：“帝方對我飲，正用此時持事來乎！”起，抵破書案。[3]趙萌專權，威福自己。郎吏有説萌放縱者，更始怒，拔劍擊之。自是無復敢言。萌私忿侍中，引下斬之，更始救請，不從。時李軼、朱鮪擅命山東，[4]王匡、張印横暴三輔。其所授官爵者，皆群小賈豎，或有膳夫庖人，多著繡面衣、錦袴、襜褕、諸于，罵詈道中。[5]長安爲之語曰："竈下養，中郎將。爛羊胃，騎都尉。爛羊頭，關内侯。"[6]

［1］【今注】侍中：官名。秩比二千石，加官，無員，名義上隸屬於少府。掌侍左右，贊導衆事，顧問應對。　案，紹興本、大德本、殿本"中"後有"坐"字。

［2］【今注】案，宴，紹興本、大德本、殿本作"飲"。

［3］【李賢注】抵，擊也。

［4］【今注】山東：區域名稱，一指崤山或華山以東地區；二指太行山以東地區；三指泰山以東地區，泛稱指齊魯大地。這裏是第一義。

［5］【李賢注】襜褕、諸于見《光武紀》。《續漢志》曰"時智者見之，㠯爲服之不中，身之災也，乃奔入邊郡避之。是服妖也。其後爲赤眉所殺"也。

［6］【李賢注】《公羊傳》曰："炊亨爲養（亨，殿本作'烹'，二字同）。"【今注】騎都尉：官名。秩比二千石，名義上隸屬於光禄勳，無常員，掌監羽林騎。西漢武帝太初元年（前104），置建章營騎，後更名爲"羽林騎"。宣帝令中郎將、騎都尉監羽林。關内侯：秦漢二十等爵的第十九級，僅次於列侯。除一般被封予的食邑户數外，據張家山漢簡《二年律令·户律》載，西漢初年關内侯還受田九十五頃，受宅九十五宅〔張家山二四七號漢墓竹簡整理小組：《張家山漢墓竹簡［二四七號墓］（釋文修訂本）》，第

25頁〕。

軍帥將軍豫章李淑上書諫曰：[1]“方今賊寇始誅，王化未行，百官有司宜慎其任。夫三公上應台宿，九卿下括河海，[2]故天工人其代之。陛下定業，[3]雖因下江、平林之埶，斯蓋臨時濟用，不可施之既安。宜釐改制度，更延英俊，因才授爵，以匡王國。今公卿大位莫非戎陳，尚書顯官皆出庸伍，資亭長、賊捕之用，[4]而當輔佐綱維之任。唯名與器，聖人所重。今以所重加非其人，望其毗益萬分，興化致理，譬猶緣木求魚，升山採珠。[5]海内望此，有以闚度漢祚。臣非有憎疾以求進也，但爲陛下惜此舉厝。敗材傷錦，所宜至慮。[6]惟割既往謬妄之失，思隆周文濟濟之美。”[7]更始怒，繫淑詔獄。自是關中離心，四方怨叛。諸將出征，各自專置牧守，州郡交錯，不知所從。

［1］【今注】案“軍帥將軍”當作“軍師將軍”。中華本校勘記：“《刊誤》謂‘帥’當作‘師’，是時多置軍師，《鄧禹傳》亦作‘軍師將軍’。”《後漢紀》卷一《光武帝紀》：“不得已乃聘平陵人方望爲軍帥。”周天游：“軍帥，他書均作‘軍師’。《袁紀》乃避晉諱也。”（參見周天游《後漢紀校注》，第22頁）　豫章：郡名。治南昌縣（今江西南昌市東湖區）。

［2］【李賢注】《春秋漢含孳》曰：“三公在天爲三台，九卿爲比斗（比，紹興本、殿本作‘北’，是；大德本誤作‘地’。大德本無‘斗’字，但所在位置刻有豎直綫），故三公象五嶽，九卿法河海，二十七大夫法山陵（大德本無‘十七’二字，但所在位置刻有兩條豎直綫），八十一元士法谷阜，合爲帝佐，㠯匡綱

紀。”【今注】三公：西漢成帝綏和元年（前 8）改御史大夫爲“大司空”，大司馬驃騎大將軍爲“大司馬”；哀帝元壽二年（前 1），改丞相爲“大司徒”，三公制度正式形成。三公制爲王莽和光武帝繼承，並有所發展。東漢光武帝建武二十七年（51），改大司馬爲“太尉”，去“大司徒”“大司空”之“大”字，爲“司徒”“司空”。　九卿：東漢時指太常、光禄勳、衛尉、太僕、廷尉、大鴻臚、宗正、大司農、少府等九種職官。本書《百官志二》《百官志三》在這九種職官後皆云“卿一人”。關於秦漢時期的九卿，卜憲群指出，秦及西漢初年既無九卿制，也無將中央部分官僚視爲九卿的説法，九卿衹作爲儒家學説的理論存在於思想之中。文景以後始將中央部分高級官吏泛稱爲“九卿”，非特指九人，其秩次既有中二千石也有二千石。西漢末年在儒家思想影響下九卿有向實際政制轉變之趨勢。至王莽時確定了九卿九職的制度，此制被東漢所繼承。東漢的九卿是專稱而非泛稱，秩次爲中二千石。（參見卜憲群《秦漢九卿源流及其性質問題》，《南都學壇》2002 年第 6 期；卜憲群《秦漢官僚制度》，社會科學文獻出版社 2002 年版，第 129 頁）

［3］【今注】陛下：君主的尊稱。蔡邕《獨斷》卷上：“陛下者：陛，階也，所由升堂也。天子必有近臣執兵陳於陛側，以戒不虞。謂之陛下者，群臣與天子言，不敢指斥天子，故呼在陛下者而告之，因卑達尊之意也。上書亦如之。及群臣庶士相與言殿下、閤下、執事之屬，皆此類也。”

［4］【李賢注】漢法，十里一亭，亭置一長。捕賊掾，專捕盗賊也。【今注】亭長：官名。《漢書·百官公卿表上》：“大率十里一亭，亭有長。”本書《百官志五》：“亭有亭長，以禁盗賊。本注曰：亭長，主求捕盗賊，承望都尉。”　賊捕：官名。即賊捕掾。漢碑及出土簡牘中亦多有“賊捕掾”出現，如《宛令李孟初神祠碑》：“宛令……部勸農賊捕掾李龍，南部游徼。”〔［日］永田英正：《漢代石刻集成［圖版·釋文篇］》之七一，京都同朋舍 1994

年版，第 82—83 頁〕。長沙五一廣場東漢簡牘木兩行 CWJ1②：124："永初元年正月癸酉朔廿日壬辰，東部勸農賊捕掾遷、游徼尚、駟望亭長范叩頭死罪敢言之。"（長沙文物考古研究所等編：《長沙五一廣場東漢簡牘選釋》，中西書局 2015 年版，第 137 頁）。本書《百官志五》"縣令長"條，"各署諸曹掾史"，本注曰："諸曹略如郡員，五官爲廷掾，監鄉五部，春夏爲勸農掾，秋冬爲制度掾。"清俞樾讀《宛令李孟初神祠碑》曰："制度掾之名，未詳何義。今以此碑證之，疑當作春夏爲勸農掾，秋冬爲賊捕掾。蓋春夏農事方興，故宜勸之；秋冬則民間皆有蓋藏，盜賊竊發，在所不免。故即以勸農掾爲賊捕掾，事相因也。賊捕之名不美，居是職者，因有制度之號，相沿既久，遂以入史。"相關研究參見徐暢《〈續漢書·百官志〉所記"制度掾"小考》（《史學史研究》2015 年第 4 期）。

［5］【李賢注】求之非所，不可得也。孟子對梁惠王曰（梁惠，殿本作"齊宣"，底本誤）："以若所爲，求若所欲，猶緣木求魚。"

［6］【李賢注】孟子謂齊宣王曰："爲巨室，則必使工師求大木。工師得大木，則王喜，以爲能勝其任也。匠人斲而小之，則王怒，以爲不勝其任矣。"《左傳》子産謂子皮曰"子有美錦，不使人學製焉。大官大邑，身之所庇，而使學者製焉。其爲美錦，不亦重乎？未嘗操刀而使之割，其傷實多"也。

［7］【李賢注】割，絶也。《詩·大雅》曰："濟濟多士，文王以寧。"

十二月，赤眉西入關。[1]

［1］【今注】赤眉：新莽天鳳五年（18），樊崇率領百餘人在莒縣起義，後轉入泰山。隨着其他起義軍的加入，隊伍越來越大，

爲了在作戰時與敵人相互區别，起義軍將眉毛染成赤色，故曰“赤眉軍”。

三年正月，平陵人方望立前孺子劉嬰爲天子。[1]初，望見更始政亂，度其必敗，謂安陵人弓林等曰：[2]“前定安公嬰，平帝之嗣，[3]雖王莽簒奪，而嘗爲漢主。今皆云劉氏真人，當更受命，欲共定大功，何如？”林等然之，乃於長安求得嬰，將至臨涇立之。[4]聚黨數千人，望爲丞相，林爲大司馬。更始遣李松與討難將軍蘇茂等擊破，[5]皆斬之。又使蘇茂拒赤眉於弘農，[6]茂軍敗，死者千餘人。

［1］【今注】平陵：縣名。西漢昭帝置，元帝永光三年（前41），自太常改屬右扶風，治所在今陝西咸陽市西北。王莽天鳳元年（14），分三輔爲六尉郡，平陵更名爲“廣利”。　劉嬰：西漢宣帝玄孫，楚孝王劉囂曾孫，廣戚煬侯勳孫，廣戚侯劉顯子。平帝卒，無子。孺子嬰居攝元年（6）三月己丑立爲皇太子，奉平帝後，號孺子。新莽始建國元年（9），以爲定安公。更始時，被方望等人立爲天子，更始遣丞相李松等擊殺之。

［2］【今注】安陵：縣名。西漢惠帝置，元帝永光三年，自太常改屬右扶風，治所在今陝西咸陽市東北。王莽天鳳元年，分三輔爲六尉郡，安陵更名爲“嘉平”，屬京尉郡。

［3］【今注】平帝：西漢平帝劉衎，公元前1年至5年在位。紀見《漢書》卷一二。

［4］【李賢注】今涇州縣也。【今注】臨涇：縣名。治所在今甘肅鎮原縣東南。王莽時，安定郡仍沿用漢舊名，臨涇更名“監涇”。

[5]【今注】蘇茂：陳留（今河南開封市祥符區東南）人，爲更始將，任討難將軍。與朱鮪等守洛陽，後與朱鮪一起歸附光武帝。東漢光武帝建武二年（26），與蓋延共攻劉永，軍中不和，蘇茂反叛，殺淮陽太守潘蹇，依附劉永。劉永以蘇茂爲大司馬、淮陽王。建武三年，劉永爲其將慶吾所殺。蘇茂等人立劉永子劉紆爲梁王。建武五年，被張布斬殺。

[6]【今注】弘農：郡國名。西漢武帝元鼎三年（前114），析右内史、河南郡、南陽郡下轄諸縣置。王莽時，弘農郡更名"右隊郡"。弘農、宜陽、丹水、新安、商、陸渾、上雒仍沿用漢舊名，盧氏更名爲昌富，陜更名爲黄眉，黽池更名"陜亭"，析更名"君亭"。

三月，遣李松會朱鮪與赤眉戰於蓩鄉，[1]松等大敗，棄軍走，死者三萬餘人。

[1]【李賢注】蓩音莫老反。《字林》云："毒草也。"因以爲地名。《續漢志》弘農有蓩鄉。《東觀記》曰："徐宣、樊崇等入至弘農枯樅山下，與更始將軍蘇茂戰。崇北至蓩鄉，轉至湖。"湖即湖城縣也。以此而言，其蓩蓋在今虢州湖城縣之閒（王先謙《後漢書集解》引王補曰："'其蓩'，《通鑑》注作'其地'，是"）。

時王匡、張卬守河東，[1]爲鄧禹所破，[2]還奔長安。卬與諸將議曰："赤眉近在鄭、華陰閒，[3]旦暮且至。今獨有長安，見滅不久，不如勒兵掠城中以自富，轉攻所在，東歸南陽，收宛王等兵。事若不集，復入湖池中爲盜耳。"申屠建、廖湛等皆以爲然，共入説更始。更始怒不應，莫敢復言。及赤眉立劉盆子，更始使王匡、陳牧、成丹、趙萌屯新豐，[4]李松軍掫，以拒之。[5]

［1］【今注】河東：郡名。治安邑縣（今山西夏縣西北）。王莽時，河東郡更名"兆隊郡"。

［2］【今注】鄧禹：字仲華，南陽新野（今河南新野縣）人。傳見本書卷一六。

［3］【今注】鄭：縣名。治所在今陝西華縣。王莽天鳳元年（14），分三輔爲六尉郡，鄭沿用漢舊名，屬翊尉郡。　華陰：縣名。治所在今陝西華陰市東。王莽天鳳元年（14），分三輔爲六尉郡，華陰更名"華壇"，屬翊尉郡。

［4］【今注】新豐：縣名。治所在今陝西西安市臨潼區東北。王莽天鳳元年，分三輔爲六尉郡，新豐沿用漢舊名，屬翊尉郡。

［5］【李賢注】掫音子侯反。《續漢志》曰："新豐有鴻門亭。"掫城即此也（掫城即此，底本殘，據紹興本、大德本、殿本補）。

張卬、廖湛、胡殷、申屠建等與御史大夫隗囂合謀，[1]欲以立秋日貙膢時共劫更始，[2]俱成前計。侍中劉能卿知其謀，以告之。更始託病不出，召張卬等。卬等皆入，將悉誅之，唯隗囂不至。更始狐疑，使卬等四人且待於外廬。卬與湛、殷疑有變，遂突出，獨申屠建在，更始斬之。卬與湛、殷遂勒兵掠東西市。[3]昏時，燒門入，戰於宮中，更始大敗。明旦，將妻子車騎百餘，東奔趙萌於新豐。

［1］【今注】御史大夫：西漢成帝綏和元年（前8）更名大司

空，哀帝建平二年（前5）復爲御史大夫，元壽二年（前1）更名爲大司空，東漢光武帝建武二十七年（51）更名爲司空，職權轉變爲專主水土。東漢末年，因曹操專權，復更名爲御史大夫。　隗囂：字季猛，天水成紀（今甘肅静寧縣西南）人。傳見本書卷一三。

［2］【李賢注】《前書音義》曰："貙，獸。以立秋日祭獸。王者亦此日出獵，用祭宗廟。"冀州北郡以八月朝作飲食爲膢（八月朝，底本殘，據紹興本、大德本、殿本補），其俗語曰"膢臘社伏"。貙音丑于反。膢音婁。

［3］【今注】東西市：東市與西市，位於漢長安城西北，厨城門大街東西兩側（參見劉振東《漢長安城綜論——紀念漢長安城遺址考古六十年》，《考古》2017年第1期）。

更始復疑王匡、陳牧、成丹與張卬等同謀，乃並召入。牧、丹先至，即斬之。[1]王匡懼，將兵入長安，與張卬等合。李松還從更始，與趙萌共攻匡、卬於城内。連戰月餘，匡等敗走，更始徙居長信宫。[2]赤眉至高陵，[3]匡等迎降之，遂共連兵而進。更始城守，使李松出戰，敗，死者二千餘人，赤眉生得松。時松弟汎爲城門校尉，[4]赤眉使使謂之曰："開城門，活汝兄。"汎即開門。九月，赤眉入城。更始單騎走，從厨城門出。[5]諸婦女從後連呼曰："陛下，當下謝城！"更始即下拜，復上馬去。

［1］【今注】案，即斬，底本殘，據紹興本、大德本、殿本補。

［2］【李賢注】《三輔黄圖》曰，從洛門至周廟門，有長信宫

在其中（其中，底本殘，據紹興本、大德本、殿本補。紹興本重“在其”二字）。【今注】長信宫：太皇太后或太后所居宫，位於長樂宫内。《三輔黄圖》卷三《長信宫》：“后宫在西，秋之象也。秋主信，故宫殿皆以長信、長秋爲名。”何清谷校釋：“‘后宫在西’，言長信宫位於長樂宫前殿西側。”（參見《三輔黄圖校釋》，第151頁）

［3］【今注】高陵：縣名。治所在今陝西西安市高陵區。王莽天鳳元年（14），分三輔爲六尉郡，高陵更名“千秋”，屬師尉郡。

［4］【今注】城門校尉：官名。掌京師城門屯兵，下設司馬與城門候。

［5］【李賢注】《三輔黄圖》曰，洛城門，王莽改曰建子門，其内有長安厨官，俗名之爲厨城門（厨，底本殘，據紹興本、大德本、殿本補），今長安故城北面之中門是也。【今注】厨城門：漢長安城北面中門。《三輔黄圖》卷一《厨城門》：“長安城北第二門曰厨城門。長安厨在門内，因爲門名。”位於今西安未央區六村堡街道曹家堡村。

初，侍中劉恭以赤眉立其弟盆子，[1]自繫詔獄；聞更始敗，乃出，步從至高陵，止傳舍。[2]右輔都尉嚴本[3]恐失更始爲赤眉所誅，將兵在外，號爲屯衛而實囚之。赤眉下書曰：“聖公降者，封爲長沙王。[4]過二十日，勿受。”更始遣劉恭請降，赤眉使其將謝禄往受之。[5]十月更始遂隨禄肉袒詣長樂宫，上璽綬於盆子。赤眉坐更始，置庭中，將殺之。劉恭、謝禄爲請，不能得，遂引更始出。劉恭追呼曰：“臣誠力極，請得先死。”拔劍欲自刎，赤眉帥樊崇等遽共救止之，[6]乃赦更始，封爲畏威侯。劉恭復爲固請，[7]竟得封長沙王。

更始常依謝禄居，[8]劉恭亦擁護之。[9]

［1］【今注】劉恭：泰山式（今山東寧陽縣東北）人，劉盆子兄。少習《尚書》，略通大義。赤眉軍過式，劉恭、劉茂、劉盆子兄弟被掠，在軍中。隨樊崇等降更始，被封爲式侯，爲侍中，隨更始還都長安。赤眉立劉盆子爲帝，劉恭自繫詔獄。更始降於赤眉，幸賴劉恭的保護，免遭誅殺。更始被謝禄殺後，劉恭爲其收尸。東漢光武帝建武元年（25），赤眉投降光武帝後，殺謝禄以報更始，自繫獄，被光武帝赦免。後更始子壽光侯劉鯉遣客殺之。

［2］【今注】傳舍：官方設立的爲官吏外出公務、過往官吏等提供免費食宿與車馬的“招待所”，最早出現在戰國後期，一直沿用到東漢末期（侯旭東：《傳舍使用與漢帝國的日常統治》，《中國史研究》2008 年第 1 期）。

［3］【李賢注】本，或作“平”，或作“丕”。【今注】右輔都尉：官名。三輔都尉之一，治右扶風郿縣（今陝西扶風縣西南）。左輔都尉，治左馮翊高陵（今陝西西安市高陵區）。京輔都尉，治京兆尹華陰（今陝西華陰市東）。

［4］【今注】長沙：郡國名。西漢高祖五年（前 202），以長沙、武陵郡封吴芮爲長沙王。文帝後元七年（前 157），長沙國除。其後長沙郡或爲國或爲郡，都治臨湘縣（今湖南長沙市），所轄縣邑亦有變遷。

［5］【今注】謝禄：東海（今山東郯城縣西）人，赤眉軍主要將領之一。更始帝更始三年（25），赤眉立劉盆子爲帝，謝禄任右大司馬。東漢光武帝建武三年，降劉秀。因殺更始，爲劉恭報仇所殺。

［6］【今注】樊崇：字細君，琅邪（今山東諸城市）人。新莽天鳳五年（18），樊崇率領百餘人在莒縣（今山東莒縣）起義，後轉入泰山等地。王莽派廉丹、王匡率領軍鎮壓，在成昌（今山東東

平縣）被樊崇等擊破，廉丹被斬，王匡逃走。起義軍一路向西，隊伍不斷擴大，已達十餘萬人。更始都洛陽，樊崇等至洛陽降，被封爲列侯，後亡歸。更始帝更始二年，赤眉分兵兩路西攻長安，樊崇等由武關入，徐宣等從陸渾關入。更始三年正月，於弘農會師，進駐華陰。六月，立劉盆子爲帝，自號建世元年，樊崇爲御史大夫。十二月，赤眉擄掠三輔無所得，糧盡東歸。東漢光武帝建武三年正月，劉秀親率大軍將赤眉包圍在宜陽，樊崇將劉盆子、徐宣等肉袒降。是年夏，樊崇謀反，誅。　案，紹興本無“共”字。

［7］【今注】案，復，底本模糊不清，據紹興本、大德本、殿本補。

［8］【今注】案，始常，底本殘，據紹興本、大德本、殿本補。

［9］【今注】案，擁，底本殘，據紹興本、大德本、殿本補。

三輔苦赤眉暴虐，皆憐更始，而張卬等以爲慮，謂祿曰：“今諸營長多欲篡聖公者。一旦失之，合兵攻公，自滅之道也。”於是祿使從兵與更始共牧馬於郊下，因令縊殺之。劉恭夜往收臧其屍。[1]光武聞而傷焉，詔大司徒鄧禹葬之於霸陵。[2]

［1］【今注】案，臧，大德本、殿本作“藏”，二字同。

［2］【今注】霸陵：縣名。原屬太常，西漢元帝永光三年（前41）屬京兆尹，治所在今陝西西安市東北。王莽天鳳元年（14），分三輔爲六尉郡，霸陵更名“水章”，屬光尉郡。

有三子：求，歆，鯉。明年夏，求兄弟與母東詣洛陽，帝封求爲襄邑侯，[1]奉更始祀；歆爲穀孰侯，[2]

鯉爲壽光侯。[3]求後徙封成陽侯。[4]求卒，子巡嗣，復徙封灌澤侯。[5]巡卒，子姚嗣。

［1］【今注】襄邑：縣名。治所在今河南睢縣。

［2］【今注】穀孰：縣名。治所在今河南虞城縣西南。

［3］【今注】壽光：縣名。治所在今山東壽光市東北。

［4］【今注】成陽：縣名。治所在今山東菏澤市北。案，成，大德本、殿本誤作“咸”。

［5］【李賢注】襄邑即春秋襄牛地也，今爲縣，在宋州西。穀孰，縣，屬梁國，在宋州東南。壽光，縣，屬北海郡，今青州縣也。灌澤，縣，今澤州縣，故曰徙封（本注底本殘缺多字，據紹興本、大德本、殿本補）。【今注】灌澤：縣名。治所在今山西陽城縣西北。案，王先謙《後漢書集解》引錢大昕曰：“灌澤，當爲濩澤。”中華本據改。

論曰：周武王觀兵孟津，[1]退而還師，以爲紂未可伐，[2]斯時有未至者也。[3]漢起，驅輕黠烏合之衆，[4]不當天下萬分之一，而旌旃之所撝及，[5]書文之所通被，莫不折戈頓顙，爭受職命。非唯漢人餘思，固亦幾運之會也。夫爲權首，鮮或不及。[6]陳、項且猶未興，[7]況庸庸者乎！

［1］【今注】周武王：姬發，周文王姬昌子。姬發即位後繼承文王遺志，遷都鎬（今陝西西安市西南），積極準備滅商。在即位的第二年，武王率兵東進孟津，前來會盟的諸侯有八百多個，發表了歷史上著名的“孟津之誓”，但姬發認爲時機尚不成熟，從而退兵。次年（前1046），武王伐紂，擊敗商軍，紂王自焚而死。周滅

商的第二年，姬發病逝，謚武王。　孟津：黄河上的渡口。相傳周武王伐紂曾在此渡河，並舉行盟津之誓。在今河南孟津縣老城鄉扣馬村。

［2］【今注】紂：殷商最後一位王，名辛。紂王奢侈殘暴，窮兵黷武，雖然討伐東夷取得了不少勝利，但消耗了國力，加劇了内外矛盾。公元前1046年，周武王伐紂，雙方在牧野（今河南衛輝市北）交戰，商軍倒戈，紂王大敗，登鹿臺自焚而死。

［3］【李賢注】《史記》曰，武王即位，太公望爲師，周公旦爲輔，召公、畢公之徒左右王師，東觀兵孟津。時諸侯不期而會者八百，皆曰："紂可伐矣。"武王曰："未可。"乃還師。

［4］【李賢注】輕黠謂輕鋭傑黠也（傑，殿本作"桀"，二字同）。烏合如烏鳥之群合也。

［5］【李賢注】撝與麾同。【今注】旌旃：旗幟。

［6］【李賢注】《左傳》曰："無始禍。"《前書》曰："無爲權首，將受其咎。"【今注】權首：首謀者。權，謀略、計謀。

［7］【今注】陳：陳勝，字涉，陽城（今河南登封市東南）人，少時爲人傭耕。秦二世元年（前209）七月，在大澤鄉（今安徽宿州市境内）與吴廣領導前往漁陽（今北京市懷柔區北房鎮梨園莊東）戍邊的戍卒起義。起義軍攻下陳（今河南淮陽縣），定都於此，號"張楚"，建立政權。後兵敗，在下城父（今安徽渦陽縣東南）被叛徒莊賈殺害。世家見《史記》卷四八，傳見《漢書》卷三一。　項：項籍，字羽，下相人。秦二世元年九月，在其季父項梁的領導下，殺會稽郡守起義。秦二世二年六月，項梁立楚懷王孫心爲楚王。九月，章邯擊殺項梁於定陶。秦二世三年十月，項羽斬上將軍宋義，率軍於鉅鹿破秦軍。七月，章邯降項羽。秦王子嬰元年（前206）十二月，項羽擊破函谷關，入關。正月，項羽自立爲西楚霸王，都彭城。西漢高祖五年（前202）十二月，項羽被劉邦等圍困在垓下（今安徽靈璧縣東南），項羽突圍至烏江邊（今安徽

和縣東北）欲東渡，追兵至，自刎而死。紀見《史記》卷七，傳見《漢書》卷三一。

劉盆子者，[1]太山式人，[2]城陽景王章之後也。[3]祖父憲，元帝時封爲式侯，[4]父萌嗣。王莽篡位，國除，因爲式人焉。

[1]【今注】案，大德本、殿本"劉盆子者"前有"劉盆子傳"四字，且單獨成行。

[2]【李賢注】式，縣名，中興縣廢。【今注】太山：即泰山郡，治奉高縣（今山東泰安市東南）。　式：縣名。西漢屬泰山郡，治所今地無考。東漢和帝時，析泰山郡之地置濟北國，屬縣有成縣（今山東寧陽縣東北）。或以爲東漢初期省併式縣，和帝時於其地置成縣；或以爲"成""式"二字形近易訛，東漢成縣即西漢之式縣。

[3]【李賢注】章，高帝孫朱虛侯也。【今注】城陽：郡國名。治莒縣（今山東莒縣）。　章：劉章。劉邦孫，齊悼惠王劉肥子。吕后元年（前187），劉章入宿衛京師，被封爲朱虛侯，娶吕禄女爲妻。七年，吕后崩。漢大臣謀誅諸吕，劉章於未央宫擊殺相國吕産。文帝二年（前178），封城陽王。三年，崩，謚景。

[4]【今注】元帝：西漢元帝劉奭，公元前49年至前33年在位。紀見《漢書》卷九。

天鳳元年，[1]琅邪海曲有吕母者，子爲縣吏，犯小罪，宰論殺之。[2]吕母怨宰，密聚客，規以報仇。母家素豐，貲産數百萬，乃益釀醇酒，買刀劍衣服。少年來酤者，皆賒與之，視其乏者，輒假衣裳，不問多少。數年，財用稍盡，少年欲相與償之。吕母垂泣曰："所以厚諸君者，非欲求利，徒以縣宰不道，枉殺吾子，欲爲報怨耳。諸君寧肯哀之乎！”少年壯其意，又素受恩，皆許諾。其中勇士自號猛虎，遂相聚得數十百人，[3]因與吕母入海中，招合亡命，衆至數千。吕母自稱將軍，引兵還攻破海曲，執縣宰。諸吏叩頭爲宰請。母曰：“吾子犯小罪，不當死，而爲宰所殺。殺人當死，又可請乎？”[4]遂斬之，以其首祭子冢，復還海中。

[1]【今注】天鳳：新莽年號（14—19）。

[2]【李賢注】海曲，縣名，故城在密州莒縣東（在密州，底本殘，據紹興本、大德本、殿本補）。《續漢書》曰“吕母子名育，爲游徼，犯罪”也。【今注】琅邪：郡名。治東武縣（今山東諸城市）。 海曲：縣名。治所在今山東日照市西。 宰：官稱。《春秋公羊傳》隱公元年：“宰者何？官也。”這裹指海曲縣縣令。

[3]【李賢注】《東觀記》曰：“賓客徐次子等自號‘搤虎’。”搤音於責反，力可搤虎，言其勇也。今爲“猛”字，“搤”與“猛”相類也。

[4]【今注】案，可，紹興本作“何”，底本誤。

後數歲，琅邪人樊崇起兵於莒，[1]衆百餘人，轉入太山，自號三老。[2]時青、徐大飢，[3]寇賊蜂起，群盜以崇勇猛，皆附之，一歲間至萬餘人。崇同郡人逄安，東海人徐宣、謝禄、楊音，[4]各起兵，合數萬人，復引從崇。共還攻莒，不能下，轉掠至姑幕，[5]因擊王莽探湯侯田況，大破之，[6]殺萬餘人，[7]遂北入青州，所過虜掠。還至太山，留屯南城。[8]初，崇等以困窮爲寇，無攻城徇地之計。衆既寖盛，乃相與爲約：殺人者死，傷人者償創。以言辭爲約束，無文旌書旗、部曲、號令。[9]其中最尊者號三老，次從事，次卒吏，汎相稱曰臣人。王莽遣平均公廉丹、太師王匡擊之。[10]崇等欲戰，恐其衆與莽兵亂，乃皆朱其眉目相識別，由是號曰赤眉。赤眉遂大破丹、匡軍，殺萬餘人，追至無鹽，[11]廉丹戰死，王匡走。崇又引其兵十餘萬，復還圍莒，數月。或説崇曰："莒，父母之國，奈何攻之?"乃解去。時吕母病死，其衆分入赤眉、青犢、銅馬中。[12]赤眉遂寇東海，與王莽沂平大尹[13]戰，敗，死者數千人，乃引去，掠楚、沛、汝南、潁川，[14]還入陳留，[15]攻拔魯城，[16]轉至濮陽。[17]

［1］【李賢注】《東觀記》曰："樊崇字細君。"【今注】莒：縣名。治所在今山東莒縣。

［2］【今注】三老：三老制度建立於西漢高祖二年（前 205），《漢書》卷一上《高帝紀上》："舉民年五十以上，有修行，能帥衆爲善，置以爲三老，鄉一人。擇鄉三老一人爲縣三老，與縣令丞尉以事相教，復勿繇戍。"三老的主要職責是掌管教化。本書卷二《明帝紀》："三老、孝悌、立田，三者皆鄉官之名。三老，高帝置。孝悌、立田，高后置，所以勸導鄉里，助成風化也。"

［3］【今注】青：青州刺史部，西漢武帝元封五年（前 106）設立的十三刺史部之一，轄平原郡、齊郡、濟南郡、千乘郡、甾川國、北海郡、膠東國、膠西國、東萊郡（周振鶴、李曉傑、張莉：《中國行政區劃通史・秦漢卷》，第 113 頁）。刺史治臨菑縣（今山東淄博市臨淄區北）。　徐：徐州刺史部，西漢武帝元封五年設立

的十三刺史部之一，轄魯國、楚國、東海郡、泗水國、廣陵國、臨淮郡、琅邪郡（周振鶴、李曉傑、張莉：《中國行政區劃通史·秦漢卷》，第113頁）。刺史治郯縣（今山東郯城縣西北）。

［4］【李賢注】《東觀記》曰“逄”，音龐。安字少子，東莞人也。徐宣字驕穉（穉，紹興本作“稺”。“穉”爲“稺”的本字），謝禄字子奇，皆東海臨沂人也。

［5］【李賢注】姑幕，縣名，故城在今密州莒縣東北，古薄姑氏之國。【今注】姑幕：縣名。治所在今山東安丘市東南。

［6］【李賢注】王莽改北海益縣曰探湯。【今注】探湯：曹金華《後漢書稽疑》：“《漢書·地理志》作‘益，莽曰探陽’，《後漢紀》卷一‘沐陽侯田況’，疑‘湯’作‘陽’是。”（第221頁）譚其驤《新莽職方考》：“《志》作探陽。《巨洋水注》作滌蕩。按《後漢書·劉盆子傳》有王莽探湯侯田況。李注：莽改益縣曰探湯。乃知探陽、滌蕩皆誤。汪引梁氏曰：湯、蕩古通，陽與滌並傳寫之誤。”〔譚其驤：《新莽職方考》，載《長水集（上）》，第67頁〕益，縣名，屬北海郡，王莽時，分北海郡置翼平郡，益更名“探湯”，治所在今山東壽光市南。案，因擊王莽探湯侯田況，大破之，曹金華《後漢書稽疑》：“《後漢紀》卷一作‘王莽沐陽侯田況大破之，遂殘州郡，所過抄略百姓’，恰與本傳文義相反。而據《御覽》卷四二引《郡國志》‘東海有謝禄山。按《漢書》，王莽時，東海徐宣、謝禄等擊王莽將田況，大破之，曾屯兵於此，因名謝禄山’，疑《袁紀》誤。”（第222頁）《後漢紀》卷一《光武帝紀》：“自是莒人樊崇、東宛人逄安、東海人徐宣、謝禄並爲盜賊，一歲間衆各數萬人。王莽沐陽侯田況大破之，遂殘州郡，所過抄略百姓。”“遂殘州郡，所過抄略百姓”與“大破之”的主語應當都是樊崇等，疑《後漢紀》“王莽沐陽侯田況”前脱“擊”等字，“大破之”前應如中華本逗開。

［7］【今注】案，餘，底本殘，據紹興本、大德本、殿本補。

［8］【李賢注】南城，縣，屬東海郡，有南城山，因以爲名也。【今注】南城：縣邑名。《漢書·地理志》作"南成"，治所在今山東費縣西南。

［9］【今注】案，文旌書旗，紹興本、大德本、殿本作"文書旌旗"，是。　部曲：軍隊編制單位。本書《百官志一》："其領軍皆有部曲。大將軍營五部，部校尉一人，比二千石；軍司馬一人，比千石。部下有曲，曲有軍候一人，比六百石。曲下有屯，屯長一人，比二百石。其不置校尉部，但軍司馬一人。又有軍假司馬、假候，皆爲副貳。"

［10］【今注】平均公：曹金華《後漢書稽疑》："按：'平均公'，《漢書·王莽傳》作'平均侯'，及無鹽戰後，方'進爵爲公'。《後漢紀》卷一作'平均公'，亦誤。"（第222頁）。　廉丹：京兆尹杜陵（今陝西西安市東南）人。王莽設太子四師四友，廉丹以中郎將爲禦侮，位四友之一。新莽天鳳二年（15），以南城將軍爲寧始將軍。新莽地皇三年（22），王莽遣更始將軍平均侯廉丹與太師王匡前往鎮壓赤眉軍。是年冬，無鹽索盧恢據城反，廉丹、王匡攻拔之，廉丹進爵爲平均公。王匡遂引兵擊赤眉董憲部，在成昌戰敗，王匡逃走，廉丹戰死。

［11］【李賢注】無鹽，縣名，故城在今鄆州須昌縣東。【今注】無鹽：縣名。治所在今山東東平縣東南。

［12］【今注】青犢：新莽末年農民起義軍之一。本書卷一上《光武帝紀上》："又別號諸賊銅馬、大彤、高湖、重連、鐵脛、大搶、尤來、上江、青犢、五校、檀鄉、五幡、五樓、富平、獲索等，各領部曲，衆合數百萬人，所在寇掠。"李賢注："諸賊或以山川土地爲名，或以軍容彊盛爲號。銅馬賊帥東山荒秃、上淮況等，大彤渠帥樊重，尤來渠帥樊崇，五校賊帥高扈，檀鄉賊帥董次仲，五樓賊帥張文，富平賊帥徐少，獲索賊帥古師郎等，並見《東觀記》。"東漢光武帝建武三年（27），赤眉失敗，吴漢在軹（今河南

濟源市東南）西，大破降之。　銅馬：新莽末年農民起義軍之一。實力較强，大部被劉秀擊敗收編，本書《光武帝紀上》載："衆遂數十萬，故關西號光武爲'銅馬帝'。"

［13］【李賢注】王莽改東海郡曰沂平，以郡守爲大尹。【今注】沂平：郡名。《漢書・地理志上》云王莽改東海爲沂平。譚其驤謂："元始中，莽以西羌獻地置爲西海郡，配東海、南海、北海三郡而爲四海。今三海皆仍舊名，而獨更東海爲沂平，於理不合，疑系分置，而非更名也。"〔譚其驤：《新莽職方考》，載《長水集（上）》，第69頁〕　大尹：官名。即太守，王莽改。

［14］【今注】楚：國名。都彭城縣（今江蘇徐州市）。西漢宣帝黄龍元年（前49）徙宣帝子定陶王劉囂爲楚王。　沛：郡名。治相縣（今安徽濉溪縣西北）。　潁川：郡名。治陽翟縣（今河南禹州市）。

［15］【今注】陳留：郡名。治陳留縣（今河南開封市祥符區東南）。

［16］【今注】魯：縣名。治所在今山東曲阜市。

［17］【今注】濮陽：縣名。治所在今河南濮陽市華龍區西南。

會更始都洛陽，遣使降崇。[1]崇等聞漢室復興，即留其兵，自將渠帥二十餘人，隨使者至洛陽降更始，皆封爲列侯。崇等即未有國邑，而留衆稍有離叛，乃遂亡歸其營，將兵入潁川，分其衆爲二部，崇與逄安爲一部，徐宣、謝禄、楊音爲一部。崇、安攻拔長社，[2]南擊宛，斬縣令；而宣、禄等亦拔陽翟，[3]引之梁，[4]擊殺河南大守。[5]赤眉衆雖數戰勝，而疲敝厭兵，[6]皆日夜愁泣，思欲東歸。崇等計議，慮衆東向必散，不如西攻長安。更始二年冬，崇、安自武關，宣等從陸渾關，[7]兩道俱入。三年正月，俱至弘農，[8]與更始諸將連戰剋勝，衆遂大集。乃分萬人爲一營，凡三十營，營置三老、從事各一人。進至華陰。

[1]【今注】案，遣使，底本殘，據紹興本、大德本、殿本補。

[2]【今注】長社：縣名。治所在今河南長葛市東。

[3]【今注】陽翟：縣名。治所在今河南禹州市。

[4]【李賢注】今汝州梁縣也（此注底本模糊不清，據紹興本、大德本、殿本補）。【今注】梁：縣名。治所在今河南汝州市西南。

[5]【今注】河南：郡名。治雒陽縣（今河南洛陽市東）。大守：太守。官名。秦時，郡長官稱"郡守"，西漢景帝中元二年（前148）更名"太守"。秩一般爲二千石，因此文獻多以"二千石"代稱之。大，大德本、殿本作"太"。

[6]【李賢注】厭，倦（此注底本模糊不清，據紹興本、大德本、殿本補）。

[7]【李賢注】武關在今商州上洛縣東。《河圖括地象》曰："武關山爲地門，上爲天齊星。"《前書》曰陸渾縣有關，在今洛州伊闕縣西南。【今注】陸渾關：關名。西漢武帝元鼎三年（前114）冬，"徙函谷關於新安，以故關爲弘農縣"。元鼎四年，置弘農郡，治弘農縣，並在陸渾設關，以加强關中的防禦體系。

[8]【今注】弘農：郡名。治弘農縣（今河南靈寶市北）。

軍中常有齊巫鼓舞祠城陽景王，以求福助。[1]巫狂言景王大怒，曰："當爲縣官，何故爲賊？"[2]有笑巫者輒病，軍中驚動。時方望弟陽怨更始殺其兄，乃逆說崇等曰：“更始荒亂，政令不行，故使將軍得至於此。[3]今將軍擁百萬之衆，西向帝城，而無稱號，名爲群賊，不可以久。不如立宗室，挾義誅伐。以此號令，誰敢不服？”崇等以爲然，而巫言益甚。前及鄭，[4]乃相與議曰：“今迫近長安，而鬼神如此，當求劉氏共尊立之。”六月，遂立盆子爲帝，自號爲建世元年。[5]

[1]【李賢注】以其定諸吕，安社稷，故郡國多爲立祠焉。盆子承其後，故軍中祠之。

[2]【李賢注】縣官謂天子也。【今注】縣官：“天子”“國家”的代稱。《史記》卷五七《周勃世家》：“庸知其盗買縣官器，怒而上變告子，事連汙條侯。”司馬貞《索隱》：“縣官謂天子也。所以謂國家爲縣官者，《夏官》王畿内縣即國都也。王者官天下，故曰縣官也。”

[3]【今注】案，將軍得至於，底本模糊不清，據紹興本、大德本、殿本補。

[4]【李賢注】今華州縣。【今注】鄭：縣名。治所在今陝西渭南市華州區。

[5]【今注】案，紹興本、大德本、殿本無“爲”字。

初，赤眉過式，掠盆子及二兄恭、茂，皆在軍中。恭少習《尚書》，[1]略通大義。及隨崇等降更始，即封爲式侯。以明經數言事，拜侍中，從更始在長安。盆子與茂留軍中，屬右校卒吏劉俠卿，王芻牧牛，[2]號曰十吏。[3]及崇等欲立帝，求軍中景王後者，得七十餘人，唯盆子與茂及前西安侯劉孝最爲近屬。[4]崇等議曰：“聞古天子將兵稱上將軍。”[5]乃書札爲符曰“上將軍”，又以兩空札置笥中，[6]遂於鄭北設壇場，祠城陽景王。諸三老、從事皆大會陛下，列盆子等三人居中立，以年次探札。盆子最幼，後探得符，諸將乃皆稱臣拜。盆子時年十五，被髮徒跣，敝衣赭汗，見衆拜，恐畏欲啼。茂謂曰：“善臧符。”[7]盆子即齧折棄之，復還依俠卿。俠卿爲制絳單衣、半頭赤幘、[8]直綦履，[9]乘鮮車大馬，[10]赤屏泥，[11]絳襜絡，[12]而猶從牧兒遨。

［1］【今注】尚書：五經之一，又稱《書》《書經》。尚，上古也；書，記録歷史的簡册。所謂“尚書”就是上古的史書，主要記載虞、夏、商、周等時代統治者的言行。周代彙編成書。經秦始皇焚書，漢初僅有秦博士伏生所藏二十九篇流行，因傳授時改用漢代通行的隸書書寫，故被稱爲今文《尚書》。西漢中期以後，先後出現了幾種先秦字體的寫本，被稱爲古文《尚書》。西晉永嘉之亂，今、古文《尚書》皆散亡。東晉建立後，梅賾獻上一部《古文尚書》，共五十八篇，其中包括西漢今文《尚書》二十八篇，另二十五篇爲僞書。唐代起，就不斷有人對梅賾所獻《尚書》的真僞進行考辨。清閻若璩《尚書古文疏證》一書確證梅賾所獻《古文尚書》爲僞書。2008年入藏清華大學的戰國楚簡，包括多篇《尚書》類典籍簡，是研究《尚書》及先秦歷史的重要文獻。

［2］【今注】案，王，紹興本、大德本、殿本作“主”，底本誤。

［3］【今注】案，十，紹興本、大德本、殿本作“牛”，底本誤。

［4］【今注】西安侯劉孝：曹金華《後漢書稽疑》曰：“《校勘記》按：‘沈家本謂按《前書·王子侯表》，西安侯漢東平思王孫，而城陽近屬無封西安者，亦無名孝者。’余按：李景星《四史評議》云：‘按《前書·王子侯表》，“城陽王”後有“要安侯”，無

"西安侯"，此"西安"二字疑是"要安"之誤。'然《王子侯表》作'要安節侯勝'，又云'哀侯守嗣，薨，無后'，非'劉孝'也。"（第222—223頁）

［5］【今注】案，稱，底本殘，據紹興本、殿本補。

［6］【李賢注】札，簡也。笥，篋也。【今注】案，兩，大德本誤作"滿"。

［7］【今注】案，臧，紹興本、大德本、殿本作"藏"，二字同。

［8］【李賢注】幘巾，所謂覆髻也。《續漢書》曰："童子幘無屋，示未成人也。"半頭幘即空頂幘也，其上無屋，故以爲名。董仲舒《繁露》曰："以赤統者，幘尚赤。"盆子承漢統，故用赤也。《東宫故事》曰："太子有空頂幘一枚。"即半頭幘之製也。

［9］【李賢注】綦，履文也。蓋直刺其文以爲飾也。

［10］【今注】案，鮮，紹興本、殿本作"軒"，底本誤。

［11］【李賢注】赤屏泥謂以緹油屏泥於軾前。

［12］【李賢注】襜，帷也。車上施帷以屏蔽者（大德本"以"後有"一"字），交絡之以爲飾。《續漢志》曰"王公列侯安車，加交絡帷裳"也（志，大德本作"書"）。

崇雖起勇力而爲衆所宗，然不知書數。徐宣故縣獄吏，能通《易經》。[1]遂共推宣爲丞相，崇御史大夫，逄安左大司馬，[2]謝禄右大司馬，自楊音以下皆爲列卿。

［1］【今注】易經：儒家經典。又名《易》《周易》，包括經和傳兩部分。經是占筮之書，用以預卜吉凶。傳稱爲《易傳》，或《易大傳》，是最早解釋《周易》的著作，包括《彖傳》上下、《象傳》上下、《繫辭傳》上下、《文言》、《説卦》、《序卦》和《雜

卦》七部分十篇，稱爲“十翼”。

［2］【今注】案，逢，大德本、殿本誤作“逄”。本卷“逢”字他本誤作“逄”者不再出注。

軍及高陵，與更始叛將張卬等連和，遂攻東都門，[1]入長安城，更始來降。

［1］【李賢注】《三輔黄圖》曰：“宣平門，長安城東面北頭第一門也，其外郭門名東都門。”【今注】東都門：長安城十二門之一。《三輔黄圖》卷一《宣平門》：“長安城東出北頭第一門曰宣平門，民間所謂東都門。”何清谷曰：“宣平門的遺址在今青門口村緊西，北距漢長安城的東北城角約一千一百五十米。出此門向東是東去的交通要道，漢時長安人到灞橋送往迎來，都要經過此門。”（何清谷校釋：《三輔黄圖校釋》，第77頁）劉慶柱、李毓芳：“東都門應爲宣平門以東枳道亭附近的‘郭門’。這個門是象徵性‘郭門’，因爲漢長安城外的東郭也是象徵性的。”（參見劉慶柱、李毓芳《漢長安城》，文物出版社2003年版，第30頁）

盆子居長樂宫，諸將日會論功，争言讙呼，[1]拔劍擊柱，不能相一。三輔郡縣營長遣使貢獻，兵士輒剽奪之。[2]又數虜暴吏民，百姓保壁，由是皆復固守。至臘日，[3]崇等乃設樂大會，盆子坐正殿，中黄門持兵在後，公卿皆列坐殿上。酒未行，其中一人出刀筆書謁欲賀，[4]其餘不知書者起往請之，[5]各各屯聚，更相背向。大司農楊音案劍罵曰：[6]“諸卿皆老傭也！今日設君臣之禮，反更肴亂，[7]兒戲尚不如此，皆可格殺！”[8]更相辯鬭，而兵衆遂各踰宫斬關，入掠酒肉，互相殺傷。衛尉諸葛穉聞之，勒兵入，格殺百餘人，乃定。盆子惶恐，日夜啼泣，獨與中黄門共卧起，唯得上觀閣而不聞外事。

［1］【李賢注】讙，譁也。讙音火完反。

［2］【李賢注】剽，劫也。

［3］【今注】臘日：臘祭之日。《風俗通義·祀典》謂，臘，“夏曰嘉平，殷曰清祀，周曰大臘，漢改爲臘。臘者，獵也，言田獵取禽獸，以祭祀其先祖也。或曰：臘者，接也，新故交接，故大祭以報功也。漢家火行衰於戌，故曰臘也”。漢代臘日在冬至後第三個戌日，《説文解字·肉部》：“臘，冬至後三戌，臘祭百神。”

［4］【李賢注】古者記事書於簡册，謬誤者以刀削而除之，故曰刀筆（此注底本模糊不清，據紹興本、大德本、殿本補）。【今注】書謁：書寫名帖。謁，名刺，名帖。

［5］【李賢注】請其書己名也（此注底本模糊不清，據紹興本、大德本、殿本補）。【今注】案，大德本無“往”字。

［6］【今注】大司農：官名。中二千石。掌管國家財政。秦名治粟内史，漢因之。西漢景帝後元元年（前143）更名爲大農令，武帝太初元年（前104）更名爲大司農。王莽改大司農爲羲和，後更名納言。

［7］【李賢注】肴亦亂也（肴，殿本作“殽”）。【今注】案，肴，紹興本、殿本作“殽”，二字通。

［8］【李賢注】相拒而殺之曰格。

時掖庭中宫女猶有數百千人，[1]自更始敗後，[2]幽閉殿内，掘庭中蘆菔根，[3]捕池魚而食之，死者因相埋於宫中。有故祠甘泉樂人，[4]尚共擊鼓歌舞，衣服鮮明,[5]見盆子叩頭言飢。盆子使中黄門稟之米，人數斗。後盆子去，皆餓死不出。

［1］【今注】掖庭：後宫中嬪妃居住的地方。

［2］【今注】案，敗後，底本模糊不清，據紹興本、大德本、殿本補。

［3］【李賢注】《爾雅》曰："葖，蘆菔。"音步比反（比，紹興本、大德本、殿本作"北"）。"菔"字或作"蔔"。【今注】蘆菔：羅卜。賈思勰《齊民要術·蔓菁》："種菘、蘆菔法，與蕪菁同。"石聲漢注："'蘆菔'，現在寫作'蘿蔔''萊菔'。"（石聲漢：《齊民要術今釋》，中華書局2013年版，第229頁）

［4］【今注】甘泉：甘泉宫。遺址位於今陝西淳化縣北部。

［5］【李賢注】甘泉宫有祭祠之所。樂人謂掌祭天之樂者也。

劉恭見赤眉衆亂，知其必敗，自恐兄弟俱禍，密教盆子歸璽綬，習爲辭讓之言。建武二年正月朔,[1]崇等大會，劉恭先曰："諸君共立恭弟爲帝，德誠深厚。立且一年,[2]肴亂日甚，誠不足以相成。恐死而無所益，願得退爲庶人,[3]更求賢知，唯諸君省察。"崇等謝曰："此皆崇等罪也。"恭復固請。或曰："此寧式侯事邪！"[4]恭惶恐起去。盆子乃下牀解璽綬，叩頭曰："今設置縣官而爲賊如故。吏人貢獻，輒見剽劫，流聞四方，莫不怨恨，不復信向。此皆立非其人所致，願乞骸骨，避賢聖。必欲殺盆子以塞責者，無所離死。[5]誠冀諸君肯哀憐之耳！"因涕泣嘘唏。[6]崇等及會者數百人，莫不哀憐之，乃皆避席頓首曰："臣無狀，負陛下。請自今已後，不敢復放縱。”因共抱持盆子，帶以璽綬。盆子號呼不得已。既罷出，各閉營自守，三輔翕然，稱天子聰明。百姓争還長安，市里且滿。

［1］【今注】建武：東漢光武帝劉秀年號（25—56）。 朔：每月初一。《説文解字·月部》：“朔，月一日始蘇也。”

［2］【今注】案，曹金華《後漢書稽疑》：“本傳載上年‘六月，遂立盆子爲帝’，此謂是年正月朔崇等大會，盆子爲帝僅有半年，不當謂‘立且一年’也。”（第223頁）劉盆子建世元年，當更始帝更始三年，東漢光武帝建武元年（25）。建武二年正月朔大會，劉崇謂“立且一年”，從帝王紀年角度而言，劉盆子爲帝已經一年。

［3］【今注】庶人：秦漢社會身份稱謂。有官爵者被削爵罷官、罪犯被赦免或奴婢被放免之後，稱爲庶人。

［4］【李賢注】劉恭爲式侯。言衆立天子，非恭所預。

［5］【李賢注】離，避也。

［6］【李賢注】唏與欷同。

得二十餘日，[1]赤眉貪財物，復出大掠。城中糧食盡，遂收載珎寶，[2]因大縱火燒宮室，引兵而西。過祠南郊，[3]車甲兵馬最爲猛盛，衆號百萬。盆子乘王車，駕三馬，[4]從數百騎。乃自南山轉掠城邑，與更始將軍嚴春戰於郿，[5]破春，殺之，遂入安定、北地。[6]至陽城、番須中，[7]逢大雪，坑谷皆滿，士多凍死，乃復還，發掘諸陵，取其寶貨，遂汙辱吕后屍。凡賊所發，有玉匣殮者率皆如生，[8]故赤眉得多行婬穢。大司徒鄧禹時在長安，遣兵擊之於郁夷，[9]反爲所敗，禹乃出之雲陽。[10]九月，赤眉復入長安，止桂宫。[11]

［1］【今注】案，王先謙《後漢書集解》引王補曰："《袁紀》《通鑑》並作'後二十餘日'，是。"中華本據改。

［2］【今注】案，珎，紹興本、大德本、殿本作"珍"，二字同。

［3］【今注】南郊：古代天子在都城南郊築圜丘祭天的地方。

［4］【李賢注】《續漢志》曰："王車，朱班輪，青蓋，左右騑，駕三馬。"【今注】乘王車駕三馬：本書《輿服志上》："皇太子、皇子皆安車，朱班輪，青蓋，金華蚤，黑櫎文，畫轓文輈，金塗五末。皇子爲王，錫以乘之，故曰王青蓋車。皇孫則緑車以從。皆左右騑，駕三。"

［5］【今注】郿：縣名。治所在今陝西扶風縣西南。

［6］【今注】安定：郡名。治高平縣（今寧夏固原市）。　北地：郡名。治馬領縣（今甘肅慶陽市西北）。

［7］【今注】陽城番須：均爲地名。本書卷一五《來歙傳》李賢注："番須、回中，並地名也。番音盤。武帝元封四年幸雍，通回中道。《前書音義》曰回中在汧。汧今隴州汧源縣也。"番須口是溝通東西的主要路口之一，在今甘肅華亭縣馬峽鄉西，路通莊浪縣韓店鄉的隴山山口（劉滿：《河隴歷史地理研究》，甘肅文化出版社2009年版，第205頁）。

［8］【李賢注】《漢儀注》曰"自腰已下（已，紹興本、大德本、殿本作'以'，二字同），以玉爲札，長尺，廣二寸半（二，紹興本、大德本作'一'），爲匣，下至足，綴以黄金縷，謂之爲玉匣"也。

［9］【李賢注】郁夷，縣，屬右扶風也。【今注】郁夷：縣名。治所在今陝西寶雞市東。

［10］【今注】雲陽：縣名。治所在今陝西淳化縣西北。

[11]【李賢注】《長安記》曰："桂宫在未央宫北，亦曰北宫（北亦，底本殘，據紹興本、大德本、殿本補）。"【今注】桂宫：西漢武帝太初四年（前 101）開始修建。遺址位於今陝西西安市未央區六村堡鄉夾城堡、民婁村、黄莊、鐵鎖村和六村堡一帶。

時漢中賊延岑出散關，[1]屯杜陵，[2]逄安將十餘萬人擊之。鄧禹以逄安精兵在外，唯盆子與羸弱居城中，乃自往攻之。會謝禄救至，夜戰稾街中，[3]禹兵敗走。延岑及更始將軍李寶合兵數萬人，與逄安戰於杜陵。岑等大敗，死者萬餘人，寶遂降安，而延岑收散卒走。寶乃密使人謂岑曰："子努力還戰，吾當於内反之，表裏合埶，[4]可大破也。"岑即還挑戰，安等空營擊之，寶從後悉拔赤眉旌幟，更立己幡旗。安等戰疲還營，見旗幟皆白，大驚亂走，自投川谷，死者十餘萬，[5]逄安與數千人脱歸長安。時三輔大飢，人相食，城郭皆空，白骨蔽野，遺人往往聚爲營保，各堅守不下。赤眉虜掠無所得，十二月，乃引而東歸，衆尚二十餘萬，隨道復散。

[1]【今注】延岑：字叔牙，南陽築陽（今湖北穀城縣東北）人。新莽末起兵，後爲更始大將軍興德侯劉嘉擊破於冠軍，降。更始都長安，劉嘉爲漢中王，都南鄭。更始帝更始二年（24），延岑反。東漢光武帝建武二年（26），延岑在漢中自稱武安王。後爲劉秀擊敗，投降於公孫述，被封爲汝寧王，授大司馬。建武十二年，公孫述敗，以兵屬延岑，延岑向吴漢投降。吴漢盡滅公孫氏，並族延岑。　散關：關隘名。本書卷一四《順陽懷侯嘉傳》李賢注："散關，故城在今陳倉縣南十里，有散谷水，因取名焉。"據考證，

秦漢時期的散關可能位於今陝西寶雞市益門附近（趙静、馬川：《散關地理位置變遷探究》，《文博》2015 年第 4 期）。

［2］【今注】杜陵：縣名。治所在今陝西西安市東南。原名杜，西漢宣帝元康元年（前 65）更名爲杜陵，屬太常。元帝永光三年（前 41）復屬京兆尹。曹金華《後漢書稽疑》："'杜陵'，《御覽》卷三四一引《袁山松書》作'杜陽'，本傳下文'與逄安戰於杜陵'，《袁書》也作'杜陽'。周天游《八家後漢書輯注》：按《盆子傳》，延岑自散關入關中，自當先據杜陽，以拊長安之背，故《袁書》云逄安西與延岑戰。然范書《馮異傳》曰'延岑據藍田'，似又當以'杜陵'爲是，俟考。余據《鄧禹傳》'與延岑戰於藍田'，《光武帝紀》'延岑大破赤眉於杜陵'，當是先戰於藍田，後戰於杜陵也。"（第 223 頁）

［3］【李賢注】《三輔舊事》曰："長安城中有槀街。"【今注】槀街：長安城内八條主要街道之一。王社教以爲就是直城門内大街（王社教：《漢長安城八街九陌》，《文博》1999 年第 1 期）。

［4］【今注】案，埶，紹興本、大德本、殿本作"勢"，二字通。

［5］【今注】案，萬，底本殘，據紹興本、大德本、殿本補。

光武乃遣破姦將軍侯進等屯新安，[1] 建威大將軍耿弇等屯宜陽，[2] 分爲二道，以要其還路。勑諸將曰："賊若東走，可引宜陽兵會新安；賊若南走，可引新安兵會宜陽。"明年正月，鄧禹自河北度，擊赤眉於湖，[3] 禹復敗走，赤眉遂出關南向。征西大將軍馮異破之於崤底。[4] 帝聞，乃自將幸宜陽，盛兵以邀其走路。

［1］【今注】新安：縣名。治所在今河南澠池縣東。

［2］【今注】耿弇：字伯昭，右扶風茂陵（今陝西興平市東

北）人。東漢光武帝建武元年（25），爲建威大將軍。傳見本書卷一九。　宜陽：縣名。治所在今河南宜陽縣西。

［3］【李賢注】湖，縣，故城在今虢州湖城縣西南。【今注】湖：縣名。西漢屬京兆尹，新莽屬翊尉郡，東漢武帝建武十五年屬弘農郡，治所在今河南靈寶市西北。

［4］【李賢注】即崤坂也，在今洛州永寧縣西北。【今注】征西大將軍：將軍號。東漢光武帝始置。光武帝還始設有征南大將軍之職。征西大將軍、征南大將軍爲後世四征將軍制度的源頭。　馮異：字公孫，潁川父城（今河南寶豐縣東）人，好讀書，通《春秋左氏傳》《孫子兵法》。傳見本書卷一七。　崤底：本書卷一上《光武帝紀上》李賢注："崤，山名；底，阪也。一名嶔岑山。在今洛州永寧縣西北。"顧祖禹《讀史方輿紀要》卷四八《河南三·河南府·永寧縣》："崤底，在縣西北七十里。即崤谷之底也，亦曰崤陂，一名澠池。馮異大破赤眉於此。"在今河南洛寧縣北。

赤眉忽遇大軍，驚震不知所爲，乃遣劉恭乞降，曰："盆子將百萬衆降，陛下何以待之？"帝曰："待汝以不死耳。"樊崇乃將盆子及丞相徐宣以下三十餘人肉袒降。上所得傳國璽綬，更始七尺寶劍及玉璧各一。積兵甲宜陽城西，與熊耳山齊。[1]帝令縣厨賜食，衆積困餧，十餘萬人皆得飽飫。明旦，大陳兵馬臨洛水，[2]令盆子君臣列而觀之。謂盆子曰："自知當死不？"對曰："罪當應死，猶幸上憐赦之耳。"帝笑曰："兒大黠，宗室無蚩者。"[3]又謂崇等曰："得無悔降乎？朕今遣卿歸營勒兵，[4]鳴鼓相攻，決其勝負，不欲强相服也。"徐宣等叩頭曰："臣等出長安東都門，君臣計議，歸命聖德。百姓可以樂成，[5]難與圖始，故不告衆耳。

今日得降，猶去虎口歸慈母，誠歡誠喜，無所恨也。”帝曰：“卿所謂鐵中錚錚，傭中佼佼者也。”[6]又曰：“諸卿大爲無道，[7]所過皆夷滅老弱，溺社稷，汙井竈。[8]然猶有三善：攻破城邑，[9]周徧天下，本故妻婦無所改易，是一善也；立君能用宗室，是二善也；餘賊立君，迫急皆持其首降，自以爲功，諸卿獨完全以付朕，是三善也。”乃令各與妻子居洛陽，賜宅人一區，田二頃。

[1]【李賢注】宜陽，縣，故城韓國城也（韓，底本模糊不清，據紹興本、大德本、殿本補），在今洛州福昌縣東。酈元《水經注》曰：“洛水之北有熊耳山，雙巒競舉，狀同熊耳。”在宜陽西也。

[2]【今注】洛水：洛河，又稱“雒水”“洛川”等。洛水發源於今陝西洛南縣洛源鎮木岔溝，流經河南盧氏縣、洛寧縣、宜陽縣、洛陽市城區、偃師市、鞏義市等地。伊河在偃師市嶽灘村東約一千米處注入洛河，稱伊洛河，繼續東北流，在鞏義市河洛鎮神堤村注入黄河。

[3]【李賢注】《釋名》曰：“蚩，癡也。”

[4]【今注】案，降乎朕今遣卿，底本模糊不清，據紹興本、大德本、殿本補。

[5]【今注】案，以，紹興本、大德本、殿本作“與”，底本誤。

[6]【李賢注】《説文》曰：“錚錚，金也。”鐵之錚錚，言微有剛利也。錚音初耕反。佼音古巧反。佼，好貌也。《詩》曰：“佼人僚兮。”今相傳云音胡巧反。言佼佼者，凡庸之人稍爲勝也（庸，紹興本、大德本、殿本作“傭”）。

［7］【今注】無道：漢代“不道”罪包括大逆、誣罔、罔上、迷國、誹謗、狡猾、惑衆、虧恩、奉使無狀、巫蠱、祝詛上、匿反者、妖言、毆辱鳩杖主、上僭等罪行。其中以大逆不道最嚴重，指具有以下特徵的行爲：取代現在的天子，或加害於天子身體的企圖及行爲；破壞宗廟及器物；危害天子的後繼者的企圖及行爲〔參見［日］大庭脩著，林劍鳴等譯《秦漢法制史研究》，上海人民出版社 1991 年版，第 81—135 頁；鄔文玲《漢代赦免制度研究》，博士學位論文，中國社會科學院研究生院，2003 年，第 77 頁〕。

［8］【李賢注】溺音奴弔反。

［9］【今注】案，大德本、殿本“攻破城邑”後有劉攽注，作“劉攽曰：案，文當云‘攻城破邑’”。

其夏，樊崇、逄安謀反，誅死。楊音在長安時，遇趙王良有恩，[1]賜爵關內侯，與徐宣俱歸鄉里，卒於家。劉恭爲更始報殺謝祿，自繫獄，赦不誅。

［1］【今注】案，曹金華《後漢書稽疑》：“‘趙王’，《後漢紀》卷四作‘廣陽王’，而據范書《趙孝王良傳》‘建武二年，封良爲廣陽王，五年徙爲趙王’，此時當爲廣陽王也。”（第 224 頁）

帝憐盆子，賞賜甚厚，以爲趙王郎中。[1]後病失明，賜滎陽均輸官地，以爲列肆，[2]使食其稅終身。

［1］【今注】郎中：官名。光祿勳屬官，秩比三百石。分屬於五官中郎將、左中郎將、右中郎將、虎賁中郎將等。西漢武帝太初元年（前 104）更郎中令爲光祿勳後，諸侯國仍曰郎中令，下設亦設有中郎、郎中、侍郎等職。

［2］【李賢注】均輸，官名，屬司農。肆，市列也。桓寬《鹽鐵論》云："郡國諸侯各以其方物貢輸往來，物多苦惡，不償其費，故郡國置輸官以相紹運，故曰均輸。"

贊曰：聖公靡聞，假我風雲。[1]始順歸歷，[2]終然崩分。赤眉阻亂，[3]盆子探符。雖盜皇器，[4]乃食均輸。

［1］【李賢注】《易》曰："雲從龍，風從虎，聖人作而萬物覩。"假，借也。言聖公初起無所聞知，借我中興風雲之便。

［2］【今注】歸歷：登上帝位。歷，歷數，指帝王繼承的次序。蔡邕《蔡中郎集》卷五《光武濟陽宫碑》："歷數在帝，踐祚允宜。"

［3］【李賢注】阻，恃也。【今注】阻亂：指赤眉凭借當時天下動亂的局勢。阻，依靠、凭借。《史記·十二諸侯年表》："晉阻三河，齊負東海，楚介江淮。"王念孫《讀書雜志·史記第二》："介者，恃也，言恃江淮之險也……'阻''負''介'三字同義。"

［4］【李賢注】皇器猶神器，謂天位也。

後漢書　卷一二

列傳第二

王昌　劉永　張步　李憲　彭寵　盧芳[1]

[1]【今注】案，大德本、殿本卷目作“王昌傳”。

王昌一名郎，趙國邯鄲人也。[1]素爲卜相工，[2]明星歷，[3]常以爲河北有天子氣。[4]時趙繆王子林[5]好奇數，[6]任俠於趙、魏間，[7]多通豪猾，而郎與之親善。初，王莽篡位，[8]長安中或自稱成帝子子輿者，[9]莽殺之。[10]郎緣是詐稱真子輿，云“母故成帝謳者，[11]嘗下殿卒僵，須臾有黄氣從上下，半日乃解，遂娠身就館。趙后欲害之，[12]僞易它人子，以故得全。[13]輿年十二，識命者郎中李曼卿，[14]與俱至蜀；[15]十七，到丹陽；[16]二十，還長安；展轉中山，[17]來往燕、趙，[18]以須天時”。[19]林等愈動疑惑；乃與趙國大豪李育、張參等通謀，規共立郎。會人間傳赤眉將度河，[20]林等因此宣言赤眉當，[21]立劉子輿以觀衆心，百姓多信之。

［1］【今注】趙國：西漢景帝五年（前152），立子劉彭祖爲趙王。武帝征和元年（前92）薨，謚敬肅王。劉昌立，是爲趙頃王。宣帝本始元年（前73），劉昌卒，子懷王尊嗣。地節元年（前69），劉尊薨，無子，國除爲邯鄲郡。地節四年，宣帝復趙國，立劉尊弟劉高爲王，是爲哀王。元康元年（前65），子共王劉充嗣。劉充薨，子劉隱嗣。王莽時，國絶。趙國領域多變化，《漢書·地理志下》載，下轄邯鄲、易陽、柏人、襄國四縣。　邯鄲：縣名。趙國國都或邯鄲郡郡治，治所在今河北邯鄲市。

［2］【今注】卜相工：亦稱“相工”，以身體面相特徵判定命運吉凶的人。與“卜”占之術相關聯，故稱“卜相工”。

［3］【今注】星歷：星曆。天文曆法。《史記·曆書》：“蓋黄帝考定星曆，建立五行，起消息，正閏餘，於是有天地神祇物類之官。”

［4］【今注】河北：指黄河以北、太行山以東地區。

［5］【李賢注】景帝七代孫也。【今注】趙繆王子林：本書卷一上《光武帝紀上》“進至邯鄲，故趙繆王子林説光武曰”，李賢注：“繆王，景帝七代孫，名元。”曹金華《後漢書稽疑》：“‘七代孫’當作‘曾孫’。《王昌傳》‘趙繆王子林’，章懷注‘景帝七世孫也’，《校勘記》按：‘《校補》謂平干繆王元乃景帝曾孫，“七”字誤。’檢《漢書·諸侯王表》，繆王元爲景帝曾孫，元子林乃景帝玄孫也。《漢書·景十三王傳》亦云，景帝子‘趙敬肅王彭祖以孝景前二年立爲廣川王。趙王遂反破後，徙爲趙王……初，武帝復以親親故，立敬肅王小子偃爲平干王，是爲頃王，十一年薨。子繆王元嗣，二十五年薨’。據此可知章懷注皆誤。”（中華書局2014年版，第9頁）

［6］【李賢注】術數。

［7］【今注】趙：戰國趙國疆域範圍内的地區。《漢書·地理志下》：“趙地，昴、畢之分壄。趙分晉，得趙國。北有信都、真

定、常山、中山，又得涿郡之高陽、鄚、州鄉；東有廣平、鉅鹿、清河、河間，又得渤海郡之東平舒、中邑、文安、束州、成平、章武，河以北也；南至浮水、繁陽、内黄、斥丘；西有太原、定襄、雲中、五原、上黨。上黨，本韓之别郡也，遠韓近趙，後卒降趙，皆趙分也。”　魏：戰國魏國疆域範圍内的地區。《漢書·地理志下》：“魏地，觜觿、參之分野也。其界自高陵以東，盡河東、河内，南有陳留及汝南之召陵、㶏彊、新汲、西華、長平，潁川之舞陽、郾、許、傿陵，河南之開封、中牟、陽武、酸棗、卷，皆魏分也。”

［8］【今注】王莽：字巨君，魏郡元城（今河北大名縣東北）人。西漢元帝皇后王政君侄子。父王曼早死，未得封侯，王莽因此折節向學，後被封爲新都侯。成帝綏和元年（前8），代王根任大司馬輔政，時年三十八。哀帝即位，王莽因觸怒哀帝祖母傅太后，就國。元壽二年（前1），哀帝崩，無子，中山王劉衎即位，年九歲，太皇太后王政君臨朝，王莽秉政。平帝元始二年（2），爲太傅，號安漢公。五年，鴆殺平帝，稱“攝皇帝”。居攝元年（6），立劉嬰爲皇太子，稱孺子。初始元年（8），代漢，國號爲新。新莽地皇四年（23），在未央宫滄池漸臺爲起義軍杜吴所殺，公賓就斬莽頭，被更始部將傳詣宛，懸於市。傳見《漢書》卷九九。

［9］【今注】長安：西漢、新莽都城，故城位於今陝西西安市西北。長安城考古發掘概況，參見劉振東《漢長安城綜論——紀念漢長安城遺址考古六十年》（《考古》2017年第1期）。　成帝：西漢成帝劉驁，公元前33年至前7年在位。紀見《漢書》卷一〇。

［10］【李賢注】《王莽傳》曰，時男子武仲自稱劉子輿。

［11］【今注】謳者：歌者。《漢書》卷一上《高帝紀上》：“漢王既至南鄭，諸將及士卒皆歌謳思東歸。”顔師古注：“謳，齊歌也，謂齊聲而歌，或曰齊地之歌。”

［12］【李賢注】趙飛鷰也。【今注】趙后：西漢成帝皇后，善

歌舞，號曰"飛燕"。成帝無子，定陶王祖母傅太后賄賂趙皇后、趙昭儀姐妹，定陶王得立爲太子。哀帝即位，尊趙皇后爲皇太后。哀帝崩，被廢爲庶人，自殺。傳見《漢書》卷九七下。

［13］【李賢注】《東觀記》曰"宫婢生子，正與同時，即易之"也。

［14］【李賢注】識命謂知天命也。【今注】郎中：官名。光禄勳屬官。秩比三百石。分屬於五官中郎將、左中郎將、右中郎將、虎賁中郎將等。

［15］【今注】蜀：郡名。治成都縣（今四川成都市）。

［16］【李賢注】丹陽，楚所封地（地，紹興本、大德本作"也"），在今歸州秭歸縣東也。【今注】丹陽：縣名。治所在今安徽當塗縣東北。曹金華《後漢書稽疑》："章懷注：'丹陽，楚所封地，在今歸州秭歸縣東冶。'余按：此注'丹陽'乃南郡枝江縣丹陽聚也，見《郡國志》，而漢又有丹陽郡。傳云王昌詐稱子輿，年十二至蜀，十七到丹陽，二十還長安，輾轉中山，來往燕、趙，皆大地名，故疑注誤。"（第225頁）

［17］【今注】中山：郡國名。治盧奴縣（今河北定州市）。

［18］【今注】燕：戰國燕國疆域範圍的地區。《漢書·地理志下》："燕地，尾、箕分壄也。武王定殷，封召公於燕，其後三十六世與六國俱稱王。東有漁陽、右北平、遼西、遼東，西有上谷、代郡、雁門，南得涿郡之易、容城、范陽、北新成、故安、涿縣、良鄉、新昌，及勃海之安次，皆燕分也。樂浪、玄菟，亦宜屬焉。"

［19］【李賢注】須，待也。

［20］【今注】赤眉：新莽天鳳五年（18），樊崇率領百餘人在莒縣起義，後轉入泰山。隨着其他起義軍的加入，隊伍越來越大，爲了在作戰時與敵人相互區别，起義軍將眉毛染成赤色，故曰"赤眉軍"。

［21］【今注】案，王先謙《後漢書集解》曰："《袁紀》'當'

下有‘至’字。”中華本據補。

更始元年十二月，[1]林等遂率車騎數百，晨入邯鄲城，止於王宫，[2]立郎爲天子。林爲丞相，[3]李育爲大司馬，[4]張參爲大將軍。[5]分遣將帥，徇下幽、冀。[6]移檄州郡曰：[7]“制詔部刺史、郡太守曰：[8]朕，孝成皇帝子子輿者也。昔遭趙氏之禍，因以王莽篡殺，賴知命者將護朕躬，[9]解形河濱，削迹趙、魏。[10]王莽竊位，獲罪於天，天命祐漢，[11]故使東郡太守翟義、嚴鄉侯劉信，[12]擁兵征討，出入胡、漢。普天率土，知朕隱在人閒。南嶽諸劉，爲其先驅。[13]朕仰觀天文，乃興于斯，以今月壬辰即位趙宫。休氣熏蒸，應時獲雨。蓋聞爲國，子之襲父，古今不易。劉聖公未知朕，故且持帝號。諸興義兵，咸以助朕，皆當裂土享祚子孫。已詔聖公及翟太守，亟與功臣詣行在所。[14]疑刺史、二千石皆聖公所置，[15]未覩朕之沈滯，[16]或不識去就，彊者負力，[17]弱者惶惑。今元元創痍，已過半矣，[18]朕甚悼焉，故遣使者班下詔書。”郎以百姓思漢，既多言翟義不死，故詐稱之，以從人望。於是趙國以北，遼東以西，[19]皆從風而靡。

［1］【今注】更始：劉玄即漢皇帝位後的年號（23—25）。亦代指劉玄。

［2］【李賢注】故趙王之宫也。

［3］【今注】丞相：官名。掌丞天子理萬機。相，起源甚早，春秋戰國時期各諸侯國設置有相國或丞相。秦置左、右丞相。西漢

高祖即皇帝位後，置一丞相，高祖十一年（前196），更名爲相國。惠帝、高后置左右丞相。文帝二年（前178），復置一丞相。哀帝元壽二年（前1），改丞相爲大司徒。除置大司徒外，更始政權繼承了西漢前期丞相制度，設立了左右丞相。東漢光武帝建武二十七年（51），去“大”字，稱“司徒”。靈帝中平六年（189），董卓自爲相國，司徒官並存。獻帝建安十三年（208），曹操爲丞相。

［4］【今注】大司馬：官名。三公之一。掌四方兵事功課等。西漢成帝綏和元年（前8），改御史大夫爲“大司空”，大司馬驃騎大將軍爲“大司馬”；哀帝元壽二年（前1），改丞相爲“大司徒”，三公制度正式形成。三公制爲王莽和東漢光武帝繼承，並有所發展。光武帝建武二十七年，改大司馬爲“太尉”，去“大司徒”“大司空”之“大”字，爲“司徒”“司空”。

［5］【今注】大將軍：官名。位或在公上或在公下，因任職者地位而定。外主征伐，内掌國政。東漢專政之外戚多任此職。本書《百官志一》：“將軍，不常置。本注曰：‘掌征伐背叛。比公者四：第一大將軍，次驃騎將軍，次車騎將軍，次衛將軍。又有前、後、左、右將軍。’”劉昭注：“蔡質《漢儀》曰：‘漢興，置大將軍、驃騎，位次丞相，車騎、衛將軍、左、右、前、後，皆金紫，位次上卿。典京師兵衛，四夷屯警。’”

［6］【今注】幽：幽州刺史部。西漢武帝元封五年（前106）所設十三刺史部之一，下轄渤海郡、燕國、涿郡、上谷郡、漁陽郡、右北平郡、遼西郡、遼東郡、樂浪郡、真番郡、玄菟郡、臨屯郡。刺史治薊縣（今北京市西城區西南）。　冀：冀州刺史部。西漢武帝元封五年所設十三刺史部之一，下轄常山郡、真定國、中山國、趙國、魏郡、鉅鹿郡、廣平郡、清河國、河間國、廣川國（周振鶴、李曉傑、張莉：《中國行政區劃通史·秦漢卷》，復旦大學出版社2017年版，第113頁）。刺史治高邑縣（今河北柏鄉縣北）。

［7］【今注】檄：通行文種之一，文氣急切，説理透徹，具有較强的勸説、訓誡與警示作用。檄的功用，徐望之《公牘通論》總

結爲討敵、威敵、徵召、曉諭、辟吏、激迎六種（參見李均明、劉軍《簡牘文書學》，廣西教育出版社 1999 年版，第 260—265 頁）。《文心雕龍》卷四《檄移》："暨乎戰國，始稱爲檄。檄者，皦也，宣露於外，皦然明白也……又州郡徵吏，亦稱爲檄，固明舉之義也。"《漢書》卷一下《高帝紀下》："吾以羽檄徵天下兵。"顔師古注："檄者，以木簡爲書，長尺二寸，用徵召也。其有急事，則加鳥羽插之，示速疾也。《魏武奏事》云：'今邊有警，輒露檄插羽也。'"亦用於上行文書。《釋名·釋書契》："檄，激也，下官所以激迎其上之書文也。"

［8］【今注】制詔：皇帝詔令的起始語。漢代詔令有策書、制書、詔書、戒敕等。蔡邕《獨斷》卷上："制書，帝者制度之命也。其文曰'制詔三公'，赦令、贖令之屬是也。刺史、太守、相劾奏申下土遷書，文亦如之。其徵爲九卿，若遷京師近官，則言官，具言姓名；其免若得罪，無姓。凡制書，有印、使符，下遠近皆璽封，尚書令印重封。唯赦令、贖令，召三公詣朝堂受制書，司徒印封，露布下州郡。"　部刺史：官名。西漢武帝元封五年設十三刺史部，作爲監察區，刺史秩六百石。成帝綏和元年（前 8），改刺史爲州牧，秩二千石。哀帝建平二年（前 5）復爲刺史。元壽二年復爲牧。新莽和東漢初年，沿用州牧舊稱。東漢光武帝建武十八年，罷州牧，復置刺史。東漢刺史秩亦六百石。靈帝中平元年，黄巾起義爆發，復改刺史爲州牧，成爲郡以上的一級行政組織。　郡太守：官名。秦時，郡長官稱"郡守"。西漢景帝中元二年（前 148）更名"太守"。秩一般爲二千石，因此文獻多以"二千石"代稱之。

［9］【李賢注】《東觀記》曰，知命者謂侍郎韓公等。

［10］【李賢注】解形猶脱身也。【今注】削迹：隱居。

［11］【今注】案，祐，大德本、殿本作"佑"，二字同源。

［12］【今注】東郡：治濮陽縣（今河南濮陽市華龍區西南）。

翟義：字文仲，汝南上蔡（今河南上蔡縣西南）人。翟方進少子，以父任爲郎，稍遷諸曹，二十歲時出任南陽都尉。先後擔任弘農太守、河内太守、青州牧、東郡太守等職。傳見《漢書》卷八四。　劉信：西漢宣帝曾孫，東平思王孫，東平煬王劉雲子。哀帝建平三年，劉雲有罪自殺，國除。平帝元始元年，王莽奏立劉雲太子劉開明爲東平王，立三年，薨，無子。立劉開明兄延鄉侯劉信子劉匡爲東平王，奉劉開明後。居攝二年（7），翟義起兵反莽，立劉信爲天子。翟義兵敗，劉信逃亡，不知所終。事見《漢書》卷八〇《宣元六王傳》。

[13]【李賢注】聖公、光武本自舂陵北徙。故舂陵近衡山，故曰"南岳諸劉"也。

[14]【李賢注】天子所在曰行在所。

[15]【今注】二千石：秩級名。這裏代指郡太守一級的官員。

[16]【今注】案，沈，紹興本作"沉"。

[17]【李賢注】負，恃也。

[18]【李賢注】痍，傷也。

[19]【今注】遼東：郡名。治襄平縣（今遼寧遼陽市）。

明年，光武自薊得郎檄，[1]南走信都，[2]發兵徇旁縣，遂攻柏人，[3]不下。議者以爲守柏人不如定鉅鹿，[4]光武乃引兵東北圍鉅鹿。郎太守王饒據城，數十日連攻不剋。耿純説曰：[5]"久守王饒，士衆疲敝，不如及大兵精鋭，進攻邯鄲。若王郎已誅，王饒不戰自服矣。"光武善其計，乃留將軍鄧滿[6]守鉅鹿，而進軍邯鄲，屯其郭北門。

[1]【今注】光武：東漢皇帝劉秀謚號。本書卷一上《光武帝

紀上》李賢注："《謚法》：'能紹前業曰光，克定禍亂曰武。'" 薊：縣名。治所在今北京市西城區西南。王莽更廣陽國爲"廣有郡"，薊更名"伐戎"。

［2］【李賢注】走，趣也，音子豆反。【今注】信都：縣名。治所在今河北衡水市冀州區。王莽時，更信都國爲"新博郡"，信都縣更名"新博亭"。

［3］【今注】柏人：縣名。治所在今河北隆堯縣西。王莽時，更趙國爲"桓亭郡"，柏人更名"壽仁"。

［4］【今注】鉅鹿：縣名。治所在今河北平鄉縣西南。

［5］【今注】耿純：字伯山，鉅鹿宋子（今河北趙縣東北）人。傳見本書卷二一。

［6］【李賢注】《續漢書》"滿"作"蒲"。

郎數出戰不利，乃使其諫議大夫杜威持節請降。[1] 威雅稱郎實成帝遺體。[2] 光武曰："設使成帝復生，天下不可得，況詐子輿者乎！" 威請求萬户侯。光武曰："顧得全身可矣。"[3] 威曰："邯鄲雖鄙，并力固守，尚曠日月，終不君臣相率但全身而已。"[4] 遂辭而去。因急攻之，二十餘日，郎少傅李立爲反閒，[5] 開門内漢兵，遂拔邯鄲。郎夜亡走，道死，追斬之。

［1］【今注】諫議大夫：官名。名義上隸屬於光禄勳。東漢時，秩六百石。無常職，主要負責顧問應對。　節：符節。古代使者所持的憑證。《史記》卷八《高祖本紀》《索隱》引《釋名》："節爲號令賞罰之節也。又節毛上下相重，取象竹節。"《漢書》卷一上《高帝紀上》顏師古注："節以毛爲之，上下相重，取象竹節，因以爲名，將命者持之以爲信。" 本書卷一上《光武帝紀上》李賢

注:“節,所以爲信也,以竹爲之,柄長八尺,以旄牛尾爲其眊三重。”

［2］【今注】雅稱:素稱。　遺體:子女。杜威在劉秀面前一直堅稱王郎是西漢成帝的子女。

［3］【李賢注】顧猶念也。【今注】顧:但,僅。

［4］【今注】案,終不君臣相率但全身而已,曹金華《後漢書稽疑》曰:“‘相率’下疑有脱文。《後漢紀》卷二‘終不君臣俱降,但欲全身也’,《御覽》卷九十引《東觀記》作‘終不君臣相率而降但得全身也’。”(第226頁)

［5］【今注】少傅:官名。東漢時,太子少傅秩二千石,掌輔導太子,悉主太子官屬。

劉永者,[1]梁郡睢陽人,[2]梁孝王八世孫也。[3]傳國至父立。元始中,[4]立與平帝外家衛氏交通,[5]爲王莽所誅。[6]

［1］【今注】案,大德本、殿本“劉永者”前有“劉永傳”三字,且單獨成行。

［2］【今注】梁郡:西漢時或爲梁郡,或爲碭郡,或爲梁國,變化較大。《漢書·地理志下》載,下轄碭、杼秋、蒙、已氏、虞、下邑、睢陽等縣。

［3］【今注】梁孝王:劉武。西漢文帝子,竇皇后所生。文帝二年(前178)立爲代王,四年徙爲淮陽王,十二年徙爲梁王。七國之亂,梁王出力甚多。劉武依靠竇太后力,覬覦皇太子位,袁盎等勸阻景帝,武派刺客刺殺袁盎,景帝始疏遠劉武。景帝中元六年(前144),薨。傳見《漢書》卷四七。曹金華《後漢書稽疑》:“《漢書·諸侯王表》載梁孝王武,子買,孫襄,曾孫毋傷,玄孫定國,六世孫遂,七世孫嘉,八世孫立,劉永當爲九世孫也。”(第

226 頁）

［4］【今注】元始：西漢平帝劉衎年號（1—5）。

［5］【李賢注】衛氏，平帝母家也，中山衛子豪之女。

［6］【今注】案，西漢平帝即位時年僅九歲，王莽欲擅權，排斥帝外家，拜帝母衛姬爲中山孝王后，賜帝舅衛寶、寶弟玄爵關内侯，不允許他們前往長安。元始三年，王莽子王宇擔心帝長大後仇怨王氏，故與吴章、吕寬商議，以血塗王莽府邸大門，以變怪來驚懼王莽，達到歸政衛氏的目的。事發覺，王莽執王宇送獄，飲藥死。王莽因此盡誅衛氏，並窮治吕寬之獄，連及梁王劉立，自殺。

更始即位，永先詣洛陽，[1]紹封爲梁王，都睢陽。永聞更始政亂，遂據國起兵，以弟防爲輔國大將軍，[2]防弟少公御史大夫，[3]封魯王。遂招諸郡豪桀沛人周建等，[4]並署爲將帥，攻下濟陰、山陽、沛、楚、淮陽、汝南，[5]凡得二十八城。又遣使拜西防賊帥山陽佼彊爲横行將軍。[6]是時東海人董憲起兵據其郡，[7]而張步亦定齊地。永遣使拜憲翼漢大將軍，步輔漢大將軍，與共連兵，遂專據東方。及更始敗，永自稱天子。

［1］【今注】洛陽：雒陽。東漢都城。故城在今河南洛陽市東。

［2］【今注】輔國大將軍：雜號將軍。根據形勢的需要，當時割據政權紛紛設立各種將軍號以籠絡人心，如下文“横行將軍”“翼漢大將軍”“輔漢大將軍”等。

［3］【今注】御史大夫：官名。秦官，位上卿，銀印青綬，掌副丞相。西漢成帝綏和元年（前8）更名“大司空”，哀帝建平二年（前5）復爲“御史大夫”，元壽二年（前1）復更名“大司

空”，東漢光武帝建武二十七年（51）更名“司空”，職權轉變爲掌水土事等。東漢末年，因曹操專權，復更名爲“御史大夫”。本書《百官志一》“司空”條劉昭注：“獻帝建安十三年，又罷司空，置御史大夫。御史大夫郗慮，慮免，不得補。荀綽《晉百官表注》曰：‘獻帝置御史大夫，職如司空，不領侍御史。’”本書《百官志一》“司徒”條劉昭注：“獻帝初，董卓自太尉進爲相國，而司徒不省。及建安末，曹公爲丞相，郗慮爲御史大夫，則罷三公官。”本書卷九《獻帝紀》載，建安“十三年春正月，司徒趙温免。夏六月，罷三公官，置丞相、御史大夫。癸巳，曹操自爲丞相……八月丁未，光禄勳郗慮爲御史大夫”。

［4］【今注】案，紹興本、大德本、殿本無“郡”字，底本誤。桀，紹興本、大德本、殿本作“傑”，二字通。　沛：縣名。治所在今江蘇沛縣。

［5］【今注】濟陰：郡名。西漢多以濟陰郡爲基礎置定陶國，周邊接壤他郡國之諸縣或來屬或别屬。治定陶縣（今山東菏澤市定陶區西北）。王莽時，更濟陰郡爲濟平郡。　山陽：郡國名。治昌邑縣（今山東巨野縣東南）。王莽時，更山陽郡爲“巨野郡”。　楚：國名。都彭城縣（今江蘇徐州市）。西漢宣帝黄龍元年（前49）徙宣帝子定陶王劉囂爲楚王。王莽時，更楚國爲“和樂郡”。　淮陽：郡國名。西漢時，淮陽或爲郡或爲國，屬縣亦常有變動，國都或郡治在陳（今河南淮陽縣）。王莽時，更淮陽國爲“新平郡”。　汝南：郡名。治平輿縣（今河南平輿縣北）。王莽時，汝南郡更名“汝墳郡”。

［6］【李賢注】西防，縣名，故城在今宋州單父縣北。佼音絞。【今注】西防：曹金華《後漢書稽疑》：“《集解》王先謙説，謂漢有防東縣，西防城在縣西，本春秋時防邑地，後謂之西坊城，後漢置防東縣，在西防之東，故取名焉，章懷以西防爲縣，非也。檢兩漢志，無西防縣。《蓋延傳》注‘西防，縣名，春秋時宋之西

防城'，亦誤。"（第226頁）

［7］【今注】東海：郡名。治郯縣（今山東郯城縣西）。《漢書·地理志上》："莽曰沂平。"本書卷一一《劉盆子傳》："赤眉遂寇東海，與王莽沂平大尹戰。"譚其驤《新莽職方考》："元始中，莽以西羌獻地置爲西海郡，配東海、南海、北海三郡而爲四海。今三海皆仍舊名，而獨更東海爲沂平，於理不合，疑係分置，而非更名也。"〔譚其驤：《新莽職方考》，載《長水集（上）》，人民出版社2009年，第69頁〕

建武二年夏，[1]光武遣虎牙大將軍蓋延等伐永。[2]初，陳留人蘇茂爲更始討難將軍，[3]與朱鮪等守洛陽。[4]鮪既降漢，茂亦歸命，光武因使茂與蓋延俱攻永。軍中不相能，[5]茂遂反，殺淮陽太守，掠得數縣，據廣樂而臣於永。[6]永以茂爲大司馬、淮陽王。蓋延遂圍睢陽，數月，拔之，永將家屬走虞。[7]虞人反，殺其母及妻子，永與麾下數十人奔譙。[8]蘇茂、佼彊、周建合軍救永，爲蓋延所敗，茂奔還廣樂，彊、建從永走保湖陵。[9]三年春，永遣使立張步爲齊王，董憲爲海西王。[10]於是遣大司馬吴漢等圍蘇茂於廣樂，[11]周建率衆救茂，茂、建戰敗，棄城復還湖陵，而睢陽人反城迎永。[12]吴漢與蓋延等合軍圍之，城中食盡，永與茂、建走酇。[13]諸將追急，永將慶吾斬永首降，封吾爲列侯。[14]蘇茂、周建奔垂惠，[15]共立永子紆爲梁王。佼彊還保西防。

［1］【今注】建武：東漢光武帝劉秀年號（25—56）。

［2］【今注】蓋延：字巨卿，漁陽要陽（今河北豐寧滿族自治縣東南）人。傳見本書卷一八。

［3］【今注】陳留：縣名。治所在今河南開封市祥符區東南。蘇茂：陳留（今河南開封市祥符區東南）人，爲更始將，任討難將軍。與朱鮪等守洛陽，後與朱鮪一起歸附光武帝。東漢光武帝建武二年，與蓋延共攻劉永，軍中不和，蘇茂反叛，殺淮陽太守潘蹇，依附劉永。劉永以蘇茂爲大司馬、淮陽王。建武三年，劉永爲其將慶吾所殺。蘇茂等人立劉永子劉紆爲梁王。建武五年，被張布斬殺。

［4］【今注】朱鮪：淮陽（今河南淮陽縣）人。王常與南陽士大夫欲立劉縯，朱鮪與張卬等不聽，遂擁立劉玄爲帝，更始帝更始元年（23）爲大司馬。與李軼勸更始誅殺劉縯。更始二年，徙都長安，封膠東王，以非劉氏，固辭不受，徙爲左大司馬。後與李軼等守洛陽，在岑彭勸説下，東漢光武帝建武元年九月辛卯，朱鮪舉城降，拜爲平狄將軍，封扶溝侯。後爲少府。

［5］【今注】能：親善、和睦。

［6］【今注】廣樂：城名。《東觀漢記》卷二三《載記》載，蘇茂"殺淮陽太守，得其郡，營廣樂"。《讀史方輿紀要》卷五〇《河南五·歸德府·虞城縣》："廣樂城，在縣西。漢時有此城。建武二年更始故將蘇茂據廣樂降劉永，三年吴漢率七將軍擊茂於廣樂，大破之。隋避煬帝諱，改曰長樂城。"

［7］【李賢注】虞，縣名，屬梁國，故城在今宋州虞城縣。【今注】虞：縣名。西漢成帝元延年間屬山陽郡，哀帝建平二年（前5）屬濟陰郡。王莽時，更梁國爲陳定郡，虞更名"陳定亭"，屬之。治所在今河南虞城縣北。

［8］【今注】譙：縣名。西漢武帝元朔年間屬淮陽郡，宣帝元康三年（前63）屬沛郡。王莽時，譙更名"延成亭"。治所在今安徽亳州市。

［9］【今注】湖陵：縣名。西漢景帝中元六年（前144）屬山

陽國，治所在今山東魚臺縣東南。王莽時，更山陽郡爲鉅野郡，湖陵更名“湖陸”。

［10］【今注】海西：縣名。王莽時，海西更名“東海亭”。治所在今江蘇灌南縣東南。本書卷一上《光武帝紀上》：“劉永立董憲爲海西王。”李賢注：“海西，縣，屬瑯琊郡。”曹金華曰：“‘屬瑯琊郡’誤。《郡國志》海西東漢屬廣陵郡，‘故屬東海’。《吕布傳》‘備敗走海西’，章懷注：‘海西，縣，屬廣陵郡，故屬東海。’《後漢紀》卷四‘董憲爲海西王’，周天游《校注》曰：‘范書《劉永傳》作“董憲爲海西王”。《兩漢志》無西海縣，有海西，西漢末屬東海郡，正是董憲活動地區。’《漢書·昭帝紀》‘元鳳元年春’，注引應劭曰：‘三年中，鳳凰比下東海海西樂鄉，於是以冠元焉。’又據 1993 年連雲港東海縣尹灣村漢墓出土西漢末簡牘，海西縣也屬東海郡，如《東海郡屬縣鄉吏員定簿》《東海郡吏員考績簿》都涉及‘海西’吏員。故云‘屬瑯琊郡’誤也。”（曹金華：《後漢書稽疑》，第 22 頁）

［11］【今注】吴漢：字子顔，南陽宛（今河南南陽市卧龍區）人。傳見本書卷一八。

［12］【李賢注】反音幡。

［13］【李賢注】今亳州縣也。酇音在何反。【今注】酇：縣名。西漢武帝元朔年間屬淮陽郡，宣帝元康三年屬沛郡。王莽時，酇更名“贊治”。治所在今河南永城市西。

［14］【今注】列侯：爵位名。秦漢二十等爵的第二十級。原稱“徹侯”，避漢武帝劉徹諱，改爲“列侯”。享有食邑户數不等，根據張家山漢簡《二年律令·户律》記載，西漢初，徹侯受一百零五宅。列侯以下的爵位分别是：第十九級關内侯、第十八級大庶長、第十七級駟車庶長、第十六級大上造、第十五級少上造、第十四級右更、第十三級中更、第十二級左更、第十一級右庶長、第十級左庶長、第九級五大夫、第八級公乘、第七級公大夫、第六級官

大夫、第五級大夫、第四級不更、第三級簪裹、第二級上造、第一級公士。〔參閲張家山二四七號漢墓竹簡整理小組《張家山漢墓竹簡［二四七號墓］（釋文修訂本）》，文物出版社2006年版，第52頁〕

［15］【今注】垂惠：聚名。本書卷一上《光武帝紀上》載，建武四年，“七月丁亥，幸譙。遣捕虜將軍馬武、偏將軍王霸圍劉紆於垂惠”。李賢注：“垂惠，聚名，在今亳州山桑縣西北，一名禮城。”山桑，西漢時屬沛郡，東漢屬汝南郡。治所在今安徽蒙城縣北。

四年秋，遣捕虜將軍馬武、騎都尉王霸圍紆、建於垂惠，[1]蘇茂將五校兵救之，[2]紆、建亦出兵與武等戰，不剋，而建兄子誦反，閉城門拒之。建、茂、紆等皆走，建於道死，茂奔下邳與董憲合，[3]紆奔佼彊。五年，遣驃騎大將軍杜茂攻佼彊於西防，[4]彊與劉紆奔董憲。

［1］【今注】馬武：字子張，南陽湖陽（今河南唐河縣西南）人。傳見本書卷二二。　騎都尉：官名。秩比二千石，名義上隸屬於光禄勳，無常員，掌監羽林騎。西漢武帝太初元年（前104），置建章營騎，後更名爲羽林騎。漢宣帝令中郎將、騎都尉監羽林。　王霸：字元伯，潁川潁陽（今河南許昌市西南）人。傳見本書卷二〇。

［2］【今注】五校兵：兩漢之際主要活動於河北的農民起義軍。

［3］【今注】下邳：縣名。治所在今江蘇邳州市南。王莽時，下邳更名“閏儉”。

［4］【今注】杜茂：字諸公，南陽冠軍（今河南鄧州市西北）

人。傳見本書卷二二。

時平狄將軍龐萌反叛，遂襲破蓋延，引兵與董憲連和，自號東平王，[1]屯桃鄉之北。[2]

[1]【今注】東平：郡國名。西漢宣帝甘露二年（前52）以大河郡置東平國。屬縣多有變遷。

[2]【李賢注】桃鄉故城今兖州龔丘縣西北也。【今注】桃鄉：鄉聚名。東漢章帝元和元年（84），分東平國置任城國。本書《郡國志三》"任城國"條，任城縣有桃聚。劉昭注："光武破龐萌於桃鄉。"任城，治所在今山東濟寧市東南。

龐萌，[1]山陽人。初亡在下江兵中。[2]更始立，以爲冀州牧，[3]將兵屬尚書令謝躬，[4]共破王郎。及躬敗，萌乃歸降。光武即位，以爲侍中。[5]萌爲人遜順，甚見信愛。帝常稱曰：[6]"可以託六尺之孤，寄百里之命者，[7]龐萌是也。"拜爲平狄將軍，與蓋延共擊董憲。

[1]【今注】案，大德本、殿本"龐萌"前有"龐萌傳"三字，且單獨成行。

[2]【今注】下江兵：王莽末緑林軍的一支。新莽天鳳四年（17），荆州一帶發生飢荒，王匡、王鳳等發動起義，起義軍以緑林山爲根據地，故號稱"緑林軍"。地皇三年（22），王常、成丹等西入南郡，號"下江兵"。《漢書》卷九九下《王莽傳下》："是時，南郡張霸、江夏羊牧、王匡等起雲杜緑林，號下江兵，衆皆萬餘人。"顔師古注："晋灼曰：'本起江夏雲杜縣，後分西上，入南郡，

屯藍田，故號下江兵也。’”本書《郡國志四》南郡編縣有藍口聚，劉昭注補：“下江兵所據。”錢大昕《十駕齋養新録》卷一一《上江下江》：“《漢書·王莽傳》：‘南郡張霸、江夏羊牧、王匡等起雲杜緑林，號曰下江兵。’是南郡以下，皆可云下江也。李密《與王慶書》：‘上江米船，皆被抄截。’《通鑑》載隋煬帝之言曰：‘朕方欲歸，正爲上江米船未至。’注：‘夏口以上爲上江。’是武昌以上皆可云上江也。”

［3］【今注】牧：官名。西漢武帝元封五年（前106），設十三刺史部，作爲監察區，刺史秩六百石。成帝綏和元年（前8），改刺史爲州牧，秩二千石。哀帝建平二年（前5）復爲刺史，元壽二年（前1）復爲牧。新莽和東漢初年，沿用州牧舊稱。東漢光武帝建武十八年（42），罷州牧，復置刺史。東漢刺史，秩亦六百石。靈帝中平元年（184），黄巾起義爆發，復改刺史爲州牧，成爲郡以上的一級行政組織。

［4］【今注】尚書令：官名。秩千石。名義上隸屬於少府。尚書臺長官。主贊奏，總典綱紀。

［5］【今注】侍中：官名。秩比二千石。加官。無員。名義上隸屬於少府。掌侍左右，贊導衆事，顧問應對。

［6］【今注】案，常，殿本作“嘗”，二字通。

［7］【李賢注】解見《明紀》。

時詔書獨下延而不及萌，萌以爲延譖己，自疑，遂反。帝聞之，大怒，乃自將討萌。與諸將書曰：“吾常以龐萌社稷之臣，將軍得無笑其言乎？老賊當族。[1]其各厲兵馬，[2]會睢陽！”憲聞帝自討龐萌，乃與劉紆、蘇茂、佼彊去下邳，還蘭陵，[3]使茂、彊助萌，合兵三萬，急圍桃城。[4]

［1］【今注】族：滅族。《尚書·泰誓上》："罪人以族，官人以世。"孔傳："一人有罪，刑及父母兄弟妻子。"

［2］【今注】厲兵馬：即"厲兵秣馬"。厲，通"礪"，磨礪。

［3］【今注】蘭陵：縣名。治所在今山東蘭陵縣西南。

［4］【今注】桃城：即桃鄉。

帝時幸蒙，[1]聞之，乃留輜重，自將輕騎三千，步卒數萬，晨夜馳赴，師次任城，[2]去桃鄉六十里。旦日，[3]諸將請進，賊亦勒兵挑戰，帝不聽，乃休士養鋭，以挫其鋒。城中聞車駕至，[4]衆心益固。時吴漢等在東郡，馳使召之。萌等乃悉兵攻城，二十餘日，衆疲困而不能下。及吴漢與諸將到，乃率衆軍進桃城，而帝親自搏戰，大破之。萌、茂、彊夜棄輜重逃奔，董憲乃與劉紆悉其兵數萬人屯昌慮，[5]自將鋭卒拒新陽。[6]帝先遣吴漢擊破之，憲走還昌慮。漢進守之，憲恐，乃招誘五校餘賊步騎數千人屯建陽，去昌慮三十里。[7]

［1］【今注】蒙：縣名。治所在今河南商丘市北。

［2］【今注】案，大德本無"師"字。　次：駐扎。

［3］【今注】旦日：第二天。《漢書》卷一上《高帝紀上》："於是饗士，旦日合戰。"顔師古注："旦日，明日也。"

［4］【今注】車駕：皇帝所乘之車，代指皇帝。《漢書》卷一下《高帝紀下》："車駕西都長安。"顔師古注："凡言車駕者，謂天子乘車而行，不敢指斥也。"

［5］【今注】昌慮：縣名。治所在今山東滕州市東南。

［6］【李賢注】新陽，縣，屬東海郡。【今注】新陽：縣名。

治所在今山東滕州市南（參見鄭威《西漢東海郡的轄域變遷與城邑分布》，《歷史地理》第 25 輯；《西漢東海郡所轄戚縣、建陵、東安侯國地望考辨》，《中國歷史地理論叢》2006 年第 2 期）。

［7］【李賢注】建陽，縣，屬東海郡，故城在今沂州承縣北（承，紹興本、大德本、殿本作“丞”，底本誤，本注下同）。承音時證反。【今注】建陽：縣名。治所在今山東棗莊市嶧城區西北。

帝至蕃，[1]去憲所百餘里。諸將請進，帝不聽，知五校乏食當退，勑各堅壁以待其敝。頃之，五校糧盡，果引去。帝乃親臨，四面攻憲，三日，復大破之，衆皆奔散。遣吴漢追擊之，佼彊將其衆降，蘇茂奔張步，憲及龐萌走入繒山。[2]數日，吏士聞憲尚在，[3]復往往相聚，得數百騎，迎憲入郯城。[4]吴漢等復攻拔郯，憲與龐萌走保朐。[5]劉紆不知所歸，軍士高扈斬其首降，梁地悉平。

［1］【李賢注】蕃音皮，又音婆。【今注】蕃：縣名。治所在今山東滕州市。

［2］【李賢注】繒，縣名，故城在今沂州承縣東北（承，紹興本、殿本作“丞”）。繒山，即其縣之山也。【今注】繒：縣名。治所在今山東蘭陵縣西。

［3］【今注】吏士：官兵。

［4］【今注】郯城：縣名。東海郡郡治，治所在今山東郯城縣西。

［5］【李賢注】縣名，屬東海郡，今海州朐山縣西有故朐城，秦始皇立石以爲東闕門，即此地也。【今注】朐：縣名。治所在今江蘇連雲港市西南。

吴漢進圍朐。明年，城中穀盡，憲、萌潛出，襲取贛榆，[1]琅邪太守陳俊攻之，[2]憲、萌走澤中。會吴漢下朐城，進盡獲其妻子。憲乃流涕謝其將士曰："妻子皆已得矣。[3]嗟乎！久苦諸卿。"乃將數十騎夜去，欲從閒道歸降，[4]而吴漢校尉韓湛追斬憲於方與，[5]方與人黔陵亦斬萌，皆傳首洛陽。封韓湛爲列侯，黔陵關内侯。[6]

[1]【李賢注】贛榆，縣名，今海州東海縣也。贛音貢。【今注】贛榆：縣名。治所在今江蘇連雲港市贛榆區北。東漢章帝建初五年（80）屬東海郡。

[2]【今注】琅邪：郡名。治東武縣（今山東諸城市）。　陳俊：字子昭，南陽西鄂（今河南南陽市東北）人。傳見本書卷一八。

[3]【李賢注】爲吴漢所得也。

[4]【今注】閒道：小路。

[5]【李賢注】方與音防預。【今注】校尉：武官名。本書《百官志一》："其領軍皆有部曲。大將軍營五部，部校尉一人，比二千石；軍司馬一人，比千石。部下有曲，曲有軍候一人，比六百石。曲下有屯，屯長一人，比二百石。其不置校尉部，但軍司馬一人。又有軍假司馬、假候，皆爲副貳。"　方與：縣名。治所在今山東魚臺縣東。

[6]【今注】關内侯：秦漢二十等爵的第十九級，僅次於列侯。除一般被封予的食邑户數外，據張家山漢簡《二年律令·户律》載，西漢初年關内侯還受田九十五頃，受宅九十五宅〔張家山二四七號漢墓竹簡整理小組：《張家山漢墓竹簡［二四七號墓］（釋文修訂本）》，第25頁〕。

張步字文公，[1]琅邪不其人也。[2]漢兵之起，步亦聚衆數千，轉攻傍縣，下數城，自爲五威將軍，遂據本郡。

[1]【今注】案，大德本、殿本“張步字文公”前有“張步傳”三字，且單獨成行。

[2]【今注】不其：縣名。治所在今山東青島市即墨區。

更始遣魏郡王閎爲琅邪太守，[1]步拒之，不得進。閎爲檄，曉喻吏人降，得贛榆等六縣，收兵數千人，與步戰，不勝。時梁王劉永自以更始所立，貪步兵彊，承制拜步輔漢大將軍、忠節侯，督青徐二州，[2]使征不從命者，步貪其爵號，遂受之。乃理兵於劇，[3]以第弘爲衞將軍，[4]弘弟藍玄武大將軍，藍弟壽高密太守。[5]遣將徇太山、東萊、城陽、膠東、北海、濟南、齊諸郡，[6]皆下之。

[1]【今注】魏郡：治鄴縣（今河北臨漳縣西南）。

[2]【今注】青：青州刺史部，西漢武帝元封五年（前106）設立的十三刺史部之一，轄平原郡、齊郡、濟南郡、千乘郡、甾川國、北海郡、膠東國、膠西國、東萊郡。刺史治臨菑縣（今山東淄博市臨淄區北）。　徐：徐州刺史部，西漢武帝元封五年設立的十三刺史部之一，轄魯國、楚國、東海郡、廣陵國、臨淮郡、琅邪郡。刺史治郯縣（今山東郯城縣西北）。

[3]【李賢注】劇，縣名，在今青州壽光縣南也。【今注】劇：縣名。治所在今山東壽光市南。

[4]【今注】案，第，紹興本、大德本、殿本作“弟”，底

本誤。

［5］【今注】高密：郡國名。治高密縣（今山東高密市西南）。西漢宣帝本始元年（前73），以膠西郡置高密國，至新莽國絶。《漢書·地理志下》載，下轄高密、昌安、石泉、夷安、成鄉等縣。

［6］【今注】太山：泰山郡。治奉高縣（今山東泰安市東南）。　東萊：郡名。治掖縣（今山東萊州市）。　城陽：郡國名。治莒縣（今山東莒縣）。　膠東：郡國名。西漢時，膠東或爲郡或爲國，屬縣亦常有變動，國都或郡治在即墨縣（今山東平度市東南）。王莽時，膠東國更名"郁秩郡"。　北海：郡名。治營陵縣（今山東昌樂縣東南）。　濟南：郡名。治東平陵縣（今山東濟南市章丘區西北）。　齊：郡名。治臨菑縣（今山東淄博市東）。

步拓地寖廣，[1]兵甲日盛。王閎懼其衆散，乃詣步相見，欲誘以義方。[2]步大陳兵引閎，怒曰："步有何過，君前見攻之甚乎！"閎按劍曰："太守奉朝命，而文公擁兵相拒，[3]閎攻賊耳，何謂甚邪！"步嘿然，[4]良久，離席跪謝，乃陳樂獻酒，待以上賓之禮，令閎關掌郡事。[5]

［1］【李賢注】寖，漸也。

［2］【今注】義方：與道義相符的爲人處事原則與道理。

［3］【今注】案，拒，紹興本、大德本、殿本作"距"，二字同。

［4］【今注】嘿然：沉默無言的樣子。《荀子·不苟》："君子至德，嘿然而喻。"王先謙集解："君子有至德，所以默然不言而人自喻其意也。"

［5］【李賢注】關，通也。【今注】關掌：掌管。關，控制。

建武三年，光武遣光禄大夫伏隆持節使齊，[1]拜步爲東萊太守。劉永聞隆至劇，乃馳遣立步爲齊王，步即殺隆而受永命。

［1］【今注】光禄大夫：官名。秩比二千石。名義上隸屬於光禄勳。無固定員數。無常事，及詔令所使。掌顧問應對及吊問諸國嗣之喪。　伏隆：字伯文，琅邪東武（今山東諸城市）人，伏湛子。傳見本書卷二六。

是時帝方北憂漁陽，[1]南事梁、楚，故步得專集齊地，據郡十二。及劉永死，步等欲立永子紆爲天子，自爲定漢公，置百官。王閎諫曰："梁王以奉本朝之故，是以山東頗能歸之。[2]今尊立其子，將疑衆心。且齊人多詐，[3]宜且詳之。"步乃止。五年，步聞帝將攻之，以其將費邑爲濟南王，屯歷下。[4]冬，建威大將軍耿弇破斬費邑，[5]進拔臨淄。[6]步以弇兵少遠客，可一舉而取，乃悉將其衆攻弇於臨淄。步兵大敗，還奔劇。帝自幸劇。步退保平壽，[7]蘇茂將萬餘人來救之。茂讓步曰："以南陽兵精，[8]延岑善戰，[9]而耿弇走之。大王奈何就攻其營？既呼茂，不能待邪？"步曰："負負，無可言者。"[10]帝乃遣使告步、茂，能相斬降者，封爲列侯。步遂斬茂，使使奉其首降。步三弟各自繫所在獄，皆赦之。封步爲安丘侯，[11]後與家屬居洛陽。王閎亦詣劇降。

［1］【今注】漁陽：郡名。治漁陽縣（今北京市懷柔區北房鎮

梨園莊東）。

［2］【今注】山東：區域名稱。一指崤山或華山以東地區；二指太行山以東地區；三指泰山以東地區，泛稱指齊魯大地。清錢大昕《十駕齋養新録》卷一一《山東》："然漢時亦有稱齊、魯爲山東者，如《酷吏傳》：'御史大夫宏曰：臣居山東，爲小吏時，寧成爲濟南都尉。'《儒林傳》：'伏生教齊、魯之間。學者由此頗能言《尚書》，山東大師亡不涉《尚書》以教。'則齊、魯之號'山東'，非無因矣。"

［3］【李賢注】汲黯目公孫弘之詞。

［4］【今注】歷下：《讀史方輿紀要》卷三一《山東二・歷城縣》："歷下城，在府城西……《三齊記》：'歷下城南對歷山，城在山下，因名。'俗亦呼爲子城。其後通謂之歷城。"在今山東濟南市歷下區。

［5］【今注】耿弇：字伯昭，右扶風茂陵（今陝西興平市東北）人。少好學，習《詩經》《尚書》。傳見本書卷一九。

［6］【今注】臨淄：縣名。齊郡郡治，治所在今山東淄博市東。本書《郡國志》作"臨菑"。

［7］【李賢注】今青州北海縣也。【今注】平壽：縣名。治所在今山東昌樂縣東南。

［8］【今注】南陽：郡名。治宛縣（今河南南陽市卧龍區）。

［9］【今注】延岑：字叔牙，南陽築陽（今湖北穀城縣東北）人。新莽末起兵，後爲更始大將軍興德侯劉嘉擊破於冠軍，降。更始都長安，劉嘉爲漢中王，都南鄭。更始帝更始二年（24），延岑反。東漢光武帝建武二年，延岑在漢中自稱武安王。後爲劉秀擊敗，投降於公孫述，被封爲汝寧王，授大司馬。建武十二年，公孫述敗，以兵屬延岑，延岑向吴漢投降。吴漢盡滅公孫氏，並族延岑。

［10］【李賢注】負，愧也。再言之者，愧之甚。【今注】負

負：慚愧至極。惠棟《後漢書補注》卷五："王幼學曰：'負負，猶言負罪負罪。'"

[11]【今注】安丘：縣名。治所在今山東安丘市西南。

八年夏，步將妻子逃奔臨淮，[1]與弟弘、藍欲招其故衆，乘船入海，琅邪太守陳俊追擊斬之。

[1]【今注】臨淮：郡名。治徐縣（今江蘇泗洪縣南）。

王閎者，王莽叔父平阿侯譚之子也，[1]哀帝時爲中常侍。[2]時倖臣董賢爲大司馬，[3]寵愛貴盛，閎屢諫，忤旨。哀帝臨崩，以璽綬付賢曰："無妄以與人。"時國無嗣主，内外恇懼，閎白元后，[4]請奪之；即帶劍至宣德後闥，[5]舉手叱賢曰："宫車晏駕，[6]國嗣未立，公受恩深重，當俯伏號泣，何事久持璽綬以待禍至邪！"賢知閎必死，不敢拒之，乃跪授璽綬。閎馳上太后，朝廷壯之。及王莽篡位，[7]潛忌閎，[8]乃出爲東郡太守。[9]閎懼誅，常繫藥手内。莽敗，漢兵起，閎獨完全東郡三十餘萬户，[10]歸降更始。

[1]【今注】平阿侯譚：即王譚。字子元，魏郡元城（今河北大名縣東）人。王禁第三子，王政君異母兄。西漢成帝建始元年（前32），封爲關内侯。成帝河平二年（前27），封爲平阿侯。立十一年，薨。謚安侯。

[2]【今注】哀帝：西漢哀帝劉欣，公元前7年至前1年在位。紀見《漢書》卷一一。　中常侍：官名。秩千石，後增秩比二千石。無定員。掌侍左右，從入内宫，贊導内衆事，顧問應對給事。

中常侍本秦官，漢因之，人選參用士人與閹人。本書卷七八《宦者傳》：“漢興，仍襲秦制，置中常侍官。然亦引用士人，以參其選，皆銀璫左貂，給事殿省。”和熹鄧太后臨朝，始純用閹人。本書卷四三《朱穆傳》：“臣聞漢家舊典，置侍中、中常侍各一人，省尚書事，黄門侍郎一人，傳發書奏，皆用姓族。自和熹太后以女主稱制，不接公卿，乃以閹人爲常侍，小黄門通命兩宫。”

［3］【今注】董賢：字聖卿，雲陽（今陝西淳化縣西北）人。以父任爲太子舍人。西漢哀帝立，爲郎。受到哀帝寵愛，歷黄門郎、駙馬都尉、侍中等，封高安侯。後代丁明爲大司馬，給事中、領尚書事。哀帝元壽二年（前1），哀帝崩，董賢爲王氏所迫，自殺。傳見《漢書》卷九三。

［4］【今注】元后：西漢元帝皇后，魏郡元城（今河北大名縣東）人，王禁次女，名政君。甘露三年（前51），生漢成帝。元帝初元元年（前48）立爲皇后。新莽始建國五年（13），崩，年八十四，合葬渭陵。傳見《漢書》卷九八。

［5］【李賢注】《三輔黄圖》曰，未央宫有宣德殿。闥，宫中門也。【今注】宣德：殿名。《三輔黄圖》卷二《漢宫》：“未央宫有宣室、麒麟、金華、承明、武臺、鉤弋等殿。又有殿閣三十有二，有壽成、萬歲、廣明、椒房、清涼、永延、玉堂、壽安、平就、宣德、東明、飛羽、鳳凰、通光、曲臺、白虎等殿。”

［6］【今注】宫車：帝后等所乘坐的車輛，這裏代指皇帝。晏駕：帝王死去的諱稱。《史記》卷七九《范雎蔡澤列傳》：“宫車一日晏駕，是事之不可知者一也。”裴駰《集解》：“應劭曰：‘天子當晨起早作，如方崩損，故稱晏駕。’韋昭曰：‘凡初崩爲晏駕者，臣子之心猶謂宫車當駕而晚出。’”

［7］【今注】案，紹興本無“王”字。

［8］【今注】案，潛，大德本誤作“僭”。

［9］【今注】案，王先謙《後漢書集解》：“錢大昕曰：莽傳有

兖州牧壽良卒正王閎，即其人也。壽良，本東郡屬縣，故史家依本名書之，不用莽所改名也。然莽雖分壽良爲郡，仍改東郡爲治亭，未嘗即以壽良爲東郡，則史所書未核矣。諸傳中如和成卒正、導江卒正、朔調連率、沂平大尹之類，皆用莽所改名，史何以變其例。”西安盧家口村漢未央宫前殿遺址附近所出新莽封泥中有“壽良平桓卒正”“壽良屬令章”，可證新莽時“壽良”確從原郡劃出，另立爲郡（參見杜曉《“壽良郡”新證——兼正〈漢書〉標點一則》，《江海學刊》2019 年第 2 期）。

［10］【今注】完全：保全。

李憲者，[1]潁川許昌人也。[2]王莽時爲廬江屬令。[3]莽末，江賊王州公等起衆十餘萬，攻掠郡縣，莽以憲爲偏將軍、廬江連率，[4]擊破州公。莽敗，憲據郡自守。更始元年，自稱淮南王。建武三年，遂自立爲天子，置公卿百官，擁九城，衆十餘萬。

［1］【今注】案，大德本、殿本“李憲者”前有“李憲傳”三字，且單獨成行。

［2］【今注】潁川：郡名。治陽翟縣（今河南禹州市）。　許昌：應作“許”，縣名。治所在今河南許昌市建安區。王先謙《後漢書集解》引洪亮吉曰：“許縣，獻帝徙都後，始改許昌，前漢安得有此名，此史誤。”

［3］【李賢注】王莽每郡置屬令，職如都尉。【今注】廬江：郡名。治舒縣（今安徽廬江縣西南）。　屬令：官名。王莽置，職如都尉。《漢書》卷九九中《王莽傳中》載，天鳳元年（14），“以《周官》《王制》之文，置卒正、連率、大尹，職如太守；屬令、屬長，職如都尉。置州牧、部監二十五人，見禮如三公。監位上大夫，各主五郡。公氏作牧，侯氏卒正，伯氏連率，子氏屬令，男氏

屬長，皆世其官。其無爵者爲尹”。

［4］【今注】偏將軍：諸將軍之一。西漢已有。《漢書》卷九九下《王莽傳下》載，王莽曾“置前、後、左、右、中大司馬之位，賜諸州牧號爲大將軍，郡卒正、連帥、大尹爲偏將軍，屬令長裨將軍，縣宰爲校尉”。

四年秋，光武幸壽春，[1]遣揚武將軍馬成等擊憲，[2]圍舒。[3]至六年正月，拔之。憲亡走，其軍士帛意[4]追斬憲而降，憲妻子皆伏誅。封帛意漁浦侯。

［1］【今注】壽春：縣名。治所在今安徽壽縣。

［2］【今注】馬成：字君遷，南陽棘陽（今河南新野縣東北）人。傳見本書卷二二。

［3］【李賢注】廬江舒縣。【今注】舒：縣名。治所在今安徽廬江縣西南。

［4］【李賢注】帛，姓也，宋帛產之後也，見《韓非子》也。

後憲餘黨淳于臨等猶聚衆數千人，屯灊山，[1]攻殺安風令。[2]楊州牧歐陽歙遣兵不能剋，[3]帝議欲討之。廬江人陳衆爲從事，[4]白歙請得喻降臨；[5]於是乘單車，駕白馬，往説而降之。灊山人共生爲立祠，號“白馬陳從事”云。

［1］【今注】灊山：又名霍山，即今安徽天柱山。

［2］【李賢注】灊山、安豐，皆縣名，屬廬江郡（紹興本脱“廬”字）。灊縣故城，今壽州也。【今注】安風：縣名。治所在今安徽霍邱縣西南。曹金華《後漢書稽疑》：“章懷注：‘灊山、安豐，

皆縣名，屬廬江郡。'《校勘記》按：'注"安風"作"安豐"。《刊誤》謂注當從傳作"安風"，殿本《考證》則謂安風爲侯國，而安風（余按：此"安風"乃"安豐"之訛，《集解》引殿本《考證》本作"安豐"，點校本引誤）則縣也，傳言殺令，則似當從注作"安豐"。沈家本謂據《竇融傳》，以安豐、陽泉、蓼安、安風四縣封融爲安豐侯，則融未封之前，安風、安豐並爲縣，注作"安豐"，而正文作"安風"，難定其孰是。'余按：'安豐'應作'安風'，若章懷以'安風'誤，當作'安豐'，則應指出其謬，不當如此作注。且章懷注如此者非一，常有訛誤。如本傳注'甄豐'謂'平帝時爲少府'，'少府'實乃'少傅'之訛；《隗囂傳》注'攻西海太守陳永'，'陳永'實爲'程永'之訛，皆見本書校文。又《地理志》《郡國志》載廬江郡有灊縣，無'灊山'縣，其云灊山'縣名'誤矣。又'安豐''安風'《地理志》屬六安國，《郡國志》屬廬江郡，並云'建武十三年省六安國，以其縣屬'，而本傳事在其前，不當稱'屬廬江郡'也。"（第228—229頁）

［3］【今注】楊州：揚州刺史部，西漢武帝元封五年（前106）設立的十三刺史部之一，轄會稽郡、丹陽郡、九江郡、六安國、廬江郡、豫章郡。刺史治歷陽縣（今安徽和縣）。楊，紹興本作"揚"。　歐陽歙：字正思，樂安千乘（今山東高青縣）人。歐陽生八世孫，世傳《尚書》，爲博士。傳見本書卷七九上。

［4］【今注】從事：官名。即刺史屬吏從事史。《漢官儀》卷上："元帝時，丞相于定國條州大小，爲設吏員，治中、別駕、諸部從事，秩皆百石，同諸郡從事。"

［5］【李賢注】曉喻其意而降之也。【今注】白：禀報、告訴。　喻：勸告、告誡。

彭寵字伯通，[1]南陽宛人也。[2]父宏，哀帝時爲漁陽太守，偉容貌，能飲飯，[3]有威於邊。王莽居攝，[4]

誅不附己者，宏與何武、鮑宣並遇害。[5]

[1]【今注】案，大德本、殿本“彭寵字伯通”前有“彭寵傳”三字，且單獨成行。

[2]【今注】宛：縣名。南陽郡郡治，治所在今河南南陽市卧龍區。

[3]【李賢注】飯音扶遠反。

[4]【今注】居攝：元始五年（5），平帝劉衎卒，無子。次年，王莽立劉嬰爲皇太子，稱孺子。由王莽居攝，即代居皇帝位而處理政事，改元居攝。居攝共三年（6—8）。

[5]【今注】何武：字君公，蜀郡郫縣（今四川成都市郫都區）人。受業博士，以射策甲科爲郎。光禄勳舉四行，遷爲鄠令，坐法免歸。後歷官諫大夫、揚州刺史、丞相司直、清河太守、兖州刺史、司隸校尉、京兆尹、楚内史、沛郡太守、廷尉、御史大夫、大司空、前將軍等，封汜鄉侯。西漢平帝元始三年，吕寬等事起，大興獄，何武遭誣告，自殺。傳見《漢書》卷八六。　鮑宣：字子都，渤海高城（今河北鹽山縣東南）人。少好學明經，爲縣鄉嗇夫，守束州丞。後爲都尉太守功曹，舉孝廉爲郎，以病去官。復爲州從事，歷議郎、大司空西曹掾、諫大夫、豫州牧、司隸等職，後獲罪減死一等，髡鉗，徙上黨，遂家於長子。西漢平帝即位，王莽誅不附己者，自殺。傳見《漢書》卷七二。

寵少爲郡吏，地皇中，[1]爲大司空士，[2]從王邑東拒漢軍。[3]到洛陽，聞同産弟在漢兵中，[4]懼誅，即與鄉人吴漢亡至漁陽，抵父時吏。[5]更始立，使謁者韓鴻持節徇北州，[6]承制得專拜二千石已下。[7]鴻至薊，以寵、漢並鄉閭故人，相見歡甚，即拜寵偏將軍，行漁陽太守事，[8]漢安樂令。[9]

［1］【今注】地皇：新莽年號（20—23）。

［2］【李賢注】王莽時九卿分屬三公，每一卿置元士三人。【今注】大司空士：官名。《漢書》卷九九中《王莽傳中》載，新莽始建國元年（9），“置大司馬司允，大司徒司直，大司空司若，位皆孤卿。更名大司農曰羲和，後更爲納言，大理曰作士，太常曰秩宗，大鴻臚曰典樂，少府曰共工，水衡都尉曰予虞，與三公司卿凡九卿，分屬三公。每一卿置大夫三人，一大夫置元士三人，凡二十七大夫，八十一元士，分主中都官諸職”。

［3］【今注】王邑：成都侯王商次子，王莽堂弟，襲爵爲成都侯。新莽始建國元年，被王莽封爲隆新公。曾擔任侍中、光禄勳、虎牙將軍、步兵將軍、大司空等職務。孺子嬰居攝二年（7），翟義起兵反莽，王邑等擊破之。更始帝更始元年（23），與王尋率百萬之衆攻擊更始政權，在昆陽爲劉秀所破。新莽地皇四年，更始軍入長安，戰死。

［4］【今注】同産：同母所生。

［5］【李賢注】扺，歸也。

［6］【李賢注】謂幽、并也。【今注】謁者：官名。掌賓讚受事。《漢書·百官公卿表上》説“秦官”，戰國時已有。西漢，謁者定員七十人，秩比六百石，長官爲謁者僕射，秩比千石。東漢時，謁者臺與尚書臺、御史臺並稱三臺。本書卷七四上《袁紹傳》李賢注：“《晉書》：‘漢官尚書爲中臺，御史爲憲臺，謁者爲外臺，是謂三臺。’”謁者臺長官亦稱謁者僕射，秩比千石，所主謁者分爲常侍謁者和謁者兩類。常侍謁者五人，比六百石。謁者三十人，又分爲給事謁者和灌謁者郎中兩類，前者秩四百石，後者秩比三百石。擔任灌謁者滿一年，轉爲給事謁者。　徇：掠取，使歸附。

［7］【今注】承制：秉承皇帝詔令便宜行事。

[8]【今注】行漁陽太守事：兼理漁陽太守的職事。行，漢代官吏任用方式，本官缺，由他官代理、兼理。

[9]【李賢注】安樂，縣名，屬漁陽郡，故城在今幽州潞縣西北也。【今注】安樂：縣名。治所在今北京市順義區西北。

及光武鎮慰河北，至薊，以書招寵。寵具牛酒，[1]將上謁。[2]會王郎詐立，傳檄燕、趙，遣將徇漁陽、上谷，[3]急發其兵，北州衆多疑惑，欲從之。吴漢説寵從光武，語在《漢傳》。會上谷太守耿況亦使功曹寇恂詣寵，[4]結謀共歸光武。寵乃發步騎三千人，以吴漢行長史，[5]及都尉嚴宣、護軍蓋延、狐奴令王梁，[6]與上谷軍合而南，及光武於廣阿。[7]光武承制封寵建忠侯，賜號大將軍。遂圍邯鄲，寵轉糧食，前後不絶。

[1]【今注】具：置辦，準備。

[2]【今注】上謁：通報姓名進見尊長。《漢書》卷三二《陳餘傳》："陳涉起蘄至陳，耳、餘上謁涉。"顔師古注："上其謁而見也，上謁，若今之通名。"謁，名刺，類似於今天的名片。《史記》卷八《高祖本紀》："高祖爲亭長，素易諸吏，乃紿爲謁曰：'賀錢萬'，實不持一錢。"司馬貞《索隱》："謁，謂以札書姓名，若今之通刺，而兼載錢穀也。"

[3]【今注】上谷：郡名。治沮陽縣（今河北懷來縣東南）。

[4]【今注】耿況：字俠游，右扶風茂陵（今陝西興平市東北）人。以明經爲郎，後爲朔調連率（上谷太守）。後在其子耿弇的勸説下，歸附劉秀。東漢光武帝建武四年（28），封隃麋侯。十二年，卒，謚烈侯。事見本書卷一九《耿弇傳》。　功曹：漢代郡守、縣令長之佐吏。主選舉、考課與賞罰等，可代行郡守、縣令長

之職。　寇恂：字子翼，上谷昌平（今北京市昌平區南）人。傳見本書卷一六。

［5］【今注】長史：官名。郡佐官，秩二百石，由中央任命。衞宏《漢舊儀》卷下："邊郡太守各將萬騎，行障塞烽火追虜。置長史一人，掌兵馬。丞一人，治民。當兵行，長史領。"

［6］【李賢注】狐奴，縣名，屬漁陽郡。【今注】都尉：官名。秩比二千石。掌郡之軍事與治安等。《漢書·百官公卿表上》："郡尉，秦官，掌佐守典武職甲卒，秩比二千石。有丞，秩皆六百石。景帝中二年更名都尉。"《漢官儀》卷上："秦郡有尉一人，典兵禁，捕盜賊。景帝更名都尉，建武六年省，惟邊郡往往置都尉及屬國都尉。"　嚴宣：劉秀以爲偏將軍，封建信侯。　護軍：官名。《漢書·百官公卿表上》："護軍都尉，秦官，武帝元狩四年屬大司馬，成帝綏和元年居大司馬府比司直，哀帝元壽元年更名司寇，平帝元始元年更名護軍。"本書《百官志一》"將軍"條載："長史、司馬皆一人，千石。本注曰：司馬主兵，如太尉。從事中郎二人，六百石。本注曰：職參謀議。"李賢注："《東觀書》曰：'大將軍出征，置中護軍一人。'"本書卷五八《傅燮傳》載傅燮"後爲護軍司馬，與左中郎將皇甫嵩俱討賊張角"。　狐奴：縣名。治所在今北京市順義區東北。　令：官名。縣級政府的長官。萬户以上縣設縣令，不足萬户設縣長。縣令秩千石。縣長秩四百石或三百石。　王梁：字君嚴，漁陽要陽（今河北豐寧滿族自治縣東南）人。爲郡吏，被彭寵任命爲守狐奴令。傳見本書卷二二。

［7］【今注】廣阿：縣名。治所在今河北隆堯縣東。

及王郎死，光武追銅馬，[1]北至薊。寵上謁，自負其功，意望甚高，[2]光武接之不能滿，以此懷不平。[3]光武知之，以問幽州牧朱浮。[4]浮對曰："前吴漢北發兵時，大王遺寵以所服劍，又倚以爲北道主人。寵謂至當迎閤握手，交歡並坐。今既不然，所以失望。”浮因曰：“王莽爲宰衡時，[5]甄豐旦夕入謀議，時人語曰‘夜半客，甄長伯’。[6]及莽簒位後，豐意不平，卒以誅死。”光武大笑，以爲不至於此。及即位，吴漢、王梁，寵之所遣，並爲三公，[7]而寵獨無所加，愈怏怏不得志。歎曰：“我功當爲王；但爾者，[8]陛下忘我邪？”[9]

[1]【今注】銅馬：新莽末年農民起義軍之一。實力較强，大部被劉秀擊敗收編，本書卷一上《光武帝紀上》載：“衆遂數十萬，故關西號光武爲‘銅馬帝’。”

[2]【李賢注】負，恃也。

[3]【李賢注】不能滿其意，故心不平也。

[4]【今注】朱浮：字叔元，沛國蕭（今安徽蕭縣西北）人。初爲劉秀大司馬主簿，遷偏將軍，吴漢誅更始幽州牧苗曾，拜朱浮爲大將軍、幽州牧。傳見本書卷三三。

[5]【今注】宰衡：王莽的稱號，後代指宰相。《漢書》卷一二《平帝紀》載，元始四年（4）“夏，皇后見於高廟，加安漢公號曰‘宰衡’”。顔師古注：“應劭曰：‘周公爲太宰，伊尹爲阿衡，采伊、周之尊以加莽。”

[6]【李賢注】長伯，豐字也。豐，平帝時爲少府，王莽簒位時爲更始將軍。【今注】甄豐：字長伯。與劉歆、王舜等爲王莽之心腹。西漢平帝元始元年，封爲廣陽侯，王莽即位，爲廣信公。先後擔任京兆都尉、水衡都尉、泗州相、左曹中郎將、光禄勳、右將軍、少傅、左將軍、衛將軍、大司空、更始將軍、右伯等職。因子甄尋造作符命，爲王莽所疑，收捕甄尋，甄豐自殺。

[7]【今注】三公：西漢成帝綏和元年（前8），改御史大夫爲

大司空，大司馬驃騎大將軍爲大司馬；哀帝元壽二年（前1），改丞相爲大司徒，三公制度正式形成。三公制爲王莽和光武帝繼承，並有所發展。東漢光武帝建武二十七年，改大司馬爲“太尉”，去“大司徒”“大司空”之“大”字，爲“司徒”“司空”。

[8]【今注】但：衹，僅僅。　爾：這樣，如此。

[9]【今注】陛下：君主的尊稱。蔡邕《獨斷》卷上：“陛下者：陛，階也，所由升堂也。天子必有近臣執兵陳於陛側，以戒不虞。謂之陛下者，群臣與天子言，不敢指斥天子，故呼在陛下者而告之，因卑達尊之意也。上書亦如之。及群臣庶士相與言殿下、閤下、執事之屬，皆此類也。”

是時北州破散，而漁陽差完，有舊鹽鐵官，[1]寵轉以貿穀，[2]積珍寶，益富彊。[3]朱浮與寵不相能，浮數譖搆之。[4]建武二年春，詔徵寵，寵意浮賣己，上疏願與浮俱徵。又與吴漢、蓋延等書，盛言浮枉狀，[5]固求同徵。帝不許，益以自疑。而其妻素剛，不堪抑屈，固勸無受召。寵又與常所親信吏計議，皆懷怨於浮，莫有勸行者。帝遣寵從弟子后蘭卿喻之，寵因留子后蘭卿，遂發兵反，拜署將帥，自將二萬餘人攻朱浮於薊，分兵徇廣陽、上谷、右北平。[6]又自以與耿況俱有重功，而恩賞並薄，數遣使要誘況，[7]況不受，輒斬其使。

[1]【今注】鹽鐵官：西漢實行鹽鐵官營，在相關地區設有主管鹽鐵的官僚機構。中華本校勘記：“《前書・地理志》漁陽有鐵官，無鹽官，此‘鹽’字當衍。”曹金華《後漢書稽疑》：“此説非是。《漢書・地理志》‘漁陽郡’載：漁陽縣‘有鐵官’，泉州縣

'有鹽官'。《後漢紀》卷四也作'漁陽獨完，有鹽鐵之積'。"（第230頁）

[2]【李賢注】貿，易也。

[3]【今注】案，彊，大德本作"疆"，二字同。

[4]【今注】譖搆：離間，誣陷。

[5]【李賢注】枉，譖己之狀也。

[6]【今注】廣陽：郡名。治薊縣（今北京市西城區南）。右北平：郡名。治土垠縣（今河北唐山市豐潤區東）。

[7]【今注】要誘：要挾，勸誘。

秋，帝使游擊將軍鄧隆救薊。隆軍潞南，[1]浮軍雍奴，[2]遣吏奏狀。帝讀檄，怒謂使吏曰："營相去百里，其埶豈可得相及？[3]比若還，[4]北軍必敗矣。"寵果盛兵臨河以拒隆，又別發輕騎三千襲其後，大破隆軍。浮遠，遂不能救。引而去。明年春，寵遂拔右北平、上谷數縣。遣使以美女繒綵賂遺匈奴，[5]要結和親。單于使左南將軍七八千騎，[6]往來爲游兵以助寵。又南結張步及富平、獲索諸豪桀，[7]皆與交質連衡。[8]遂攻拔薊城，自立爲燕王。

[1]【今注】潞：縣名。治所在今河北三河市西南。本書卷一上《光武帝紀上》李賢注："潞，縣名，屬漁陽郡，今幽州縣也。有潞水，因以爲名。"

[2]【今注】雍奴：縣名。治所在今天津市武清區西北。

[3]【今注】案，埶，紹興本、大德本、殿本作"勢"，二字通。

[4]【李賢注】若，汝也。【今注】比若還：等到你返回。比，

到，及。若，你。

［5］【今注】匈奴：族名。秦西漢前期匈奴强盛，控制東從朝鮮半島北部西至祁連山、天山一帶的廣大區域，中原在戰略上處於守勢。西漢武帝時期對匈奴采取了反擊策略。宣帝甘露二年（前52），呼韓邪單于部歸附漢朝。東漢光武帝建武二十四年（48），匈奴分裂爲南北兩部。南匈奴依附於漢朝，屯居朔方、五原、雲中郡一帶。傳見本書卷八九。

［6］【今注】單于：匈奴君主稱號。《漢書》卷九四上《匈奴傳上》："單于者，廣大之貌也，言其象天單于然也。"

［7］【今注】富平獲索：皆新莽末年的農民起義軍。本書卷一上《光武帝紀上》："又别號諸賊銅馬、大彤、高湖、重連、鐵脛、大搶、尤來、上江、青犢、五校、檀鄉、五幡、五樓、富平、獲索等，各領部曲，衆合數百萬人，所在寇掠。"李賢注："諸賊或以山川土地爲名，或以軍容彊盛爲號。銅馬賊帥東山荒秃、上淮況等，大彤渠帥樊重，尤來渠帥樊崇，五校賊帥高扈，檀鄉賊帥董次仲，五樓賊帥張文，富平賊帥徐少，獲索賊帥古師郎等，並見《東觀記》。"

［8］【李賢注】交質謂交相爲質也。《左傳》曰："交質往來，道路無壅。"《前書音義》曰："以利合曰從，以威力相脅曰横。"

其妻數惡夢，又多見怪變，[1]卜筮及望氣者皆言兵當從中起。[2]寵疑子后蘭卿質漢歸，故不信之，使將兵居外，無親於中。五年春，寵齋，獨在便室。[3]蒼頭子密等三人因寵卧寐，[4]共縛著牀，告外吏云："大王齋禁，皆使吏休。"僞稱寵命教，收縛奴婢，各置一處。[5]又以寵命呼其妻。妻入，大驚。[6]寵急呼曰："趣爲諸將軍辦裝。"[7]於是兩奴將妻入取寶物，留一奴守寵。寵謂守奴曰："若小兒，我素所愛也，[8]今爲子密所迫劫耳。解我縛，當以女珠妻汝，家中財物皆與若。"小奴意欲解之，視户外，見子密聽其語，遂不敢解。於是收金玉衣物，至寵所裝之，被馬六匹，使妻縫兩縑囊。昏夜後，解寵手，令作記告城門將軍云："今遣子密等至子后蘭卿所，速開門出，勿稽留之。"[9]書成，即斬寵及妻頭，置囊中，便持記馳出城，[10]因以詣闕，[11]封爲不義侯。明旦，閤門不開，官屬踰牆而入，見寵尸，驚怖。其尚書韓立等共立寵子午爲王，[12]以子后蘭卿爲將軍。國師韓利斬午首，[13]詣征虜將軍祭遵降。[14]夷其宗族。

［1］【李賢注】《東觀記》曰："夢贏袒冠幘，踰城，髡徒推之。"又"寵堂上聞蝦蟇聲在火鑪下，鑿地求之，不得"也。

［2］【今注】卜筮：古人占問吉凶，使用龜甲稱"卜"，使用蓍草稱"筮"，統稱"卜筮"。《禮記·曲禮上》："龜爲卜，筴爲筮。卜筮者，先聖王之所以使民信時日、敬鬼神、畏法令也；所以使民決嫌疑，定猶與也。" 望氣：通過觀察雲氣以預測吉凶的方法。

［3］【李賢注】便坐之室，非正室也。

［4］【今注】蒼頭：奴僕的代稱。《漢書》卷七二《鮑宣傳》："使奴從賓客漿酒霍肉，蒼頭廬兒皆用致富！"顔師古注："孟康曰：'黎民、黔首，黎、黔皆黑也。下民陰類，故以黑爲號。漢名奴爲蒼頭，非純黑，以別於良人也。" 案，寐，紹興本誤作"寤"，大德本、殿本作"寐"，二字同。

［5］【今注】案，大德本、殿本此句後有劉攽注，作"劉攽曰：案，文多一'命'字，教即勑下之書，下文自有'命'字"。

［6］【李賢注】《東觀記》曰："妻入，驚曰：'奴反！'奴乃捽其妻頭，擊其頰。"

［7］【李賢注】呼奴爲將軍，欲其赦己也。【今注】趣：趕緊，從速。　辦裝：置辦行裝。

［8］【今注】案，紹興本、大德本、殿本無"所"字。

［9］【李賢注】稽，停也。

［10］【今注】記：漢代文書種類之一。《漢書》卷七六《張敞傳》："受記考事。"顏師古注："記，書也。若今之州縣爲符教也。"本書卷四一《鍾離意傳》："府下記案考之。"李賢注："記，文符也。"

［11］【今注】闕：宫門、城門外兩側修築高臺，臺上建樓觀。《三輔黄圖》卷六《雜録・闕觀》："闕，觀也。周置兩觀以表宫門，其上可居，登之可以遠觀，故謂之觀。人臣將朝，至此則思其所闕。"《白虎通》卷一二《雜録》："門必有闕者，闕者所以飾門，別尊卑也。闕者何？闕疑也。"故以闕代指帝王所居之所。

［12］【今注】尚書：官名。六百石。其執掌主要有三：臣民給君主的章奏由尚書平處呈上，君主給臣民的詔令由尚書製作發下，所有呈上發下文件之應歸檔者均由尚書保存（參見楊鴻年《漢魏制度叢考》，武漢大學出版社 1985 年版，第 74 頁）。東漢有尚書六人，分曹治事。尚書職能原爲掌管文書，西漢中後期以後，無論職能還是機構都有較大發展，由純粹保管、傳遞文書的小吏，發展爲擁有議政、行政權的顯要人物，擁有公文轉呈權、責事權、劾奏權、選舉和考績權、監察和諫諍權等（參見卜憲群《秦漢官僚制度》，社會科學文獻出版社 2002 年版，第 185—186 頁）。

［13］【今注】國師：官名。王莽托古改制設置國師以構成四輔之制。《漢書》卷九九中《王莽傳中》："以太傅、左輔、驃騎將軍安陽侯王舜爲太師，封安新公；大司徒就德侯平宴爲太傅，就新公；少阿、羲和、京兆尹紅休侯劉歆爲國師，嘉新公；廣漢梓潼哀

章爲國將，美新公：是爲四輔，位上公。”

[14]【今注】祭遵：字弟孫，潁川潁陽（今河南許昌市建安區西南）人。東漢光武帝建武二年（26），拜征虜將軍，定封潁陽侯。傳見本書卷二〇。

盧芳字君期，[1]安定三水人也，[2]居左谷中，[3]王莽時，天下咸思漢德，芳由是詐自稱武帝曾孫劉文伯。[4]曾祖母匈奴谷蠡渾邪王之姊爲武帝皇后，[5]生三子。遭江充之亂，[6]太子誅，皇后坐死，中子次卿亡之長陵，[7]小子回卿逃於左谷。霍將軍立次卿，[8]迎回卿，回卿不出，因居左谷，生子孫卿，孫卿生文伯。常以是言誑惑安定間。王莽末，乃與三水屬國羌胡起兵。[9]更始至長安，徵芳爲騎都尉，使鎮撫安定以西。

[1]【今注】案，大德本、殿本“盧芳字君期”前有“盧芳傳”三字，且單獨成行。

[2]【今注】安定：郡名。治高平縣（今寧夏固原市）。 三水：縣名。治所在今寧夏同心縣東。

[3]【李賢注】《續漢志》曰三水縣有左右谷（左右谷，王先謙《後漢書集解》引張熷曰：“今《續志》‘三水’下但有劉注云‘有左谷，盧芳所居’，亦無‘右’字。”中華本據删“右”字），故城在今涇州安定縣南。

[4]【今注】武帝：西漢武帝劉徹，公元前141年至前87年在位。紀見《史記》卷一二、《漢書》卷六。

[5]【今注】谷蠡渾邪王：匈奴諸王之一。《漢書》卷六《武帝紀》載，元狩二年（前121）“秋，匈奴昆邪王殺休屠王，並將其衆合四萬餘人來降，置五屬國以處之。以其地爲武威、酒泉郡”。

《史記》卷一一〇《匈奴列傳》："其秋，單于怒渾邪王、休屠王居西方爲漢所殺虜數萬人，欲召誅之。渾邪王與休屠王恐，謀降漢，漢使驃騎將軍往迎之。渾邪王殺休屠王，並將其衆降漢。凡四萬餘人，號十萬。"

［6］【今注】江充之亂：西漢武帝晚年多有疾病，疑心身邊的人使用巫蠱等巫術祝詛自己，對巫蠱嚴加打擊，誅連甚廣。江充與太子劉據有怨，上奏説武帝的病是巫蠱所致，武帝遂以江充爲使者，讓他嚴查施用巫蠱之術的人。江充等在太子宫内掘出桐木人。太子無奈，於征和二年（前91）七月壬午發兵斬江充，後兵敗逃出長安，其母衛皇后自殺。逃亡過程中，劉據在湖自殺身亡。後武帝醒悟，知劉據被冤，遂誅江充三族。

［7］【今注】長陵：縣名。治所在今陝西咸陽市東北。

［8］【今注】霍將軍：霍光，字子猛，河東平陽（今山西臨汾市西南）人。霍去病同父異母弟。爲奉車都尉光禄大夫，侍奉漢武帝二十餘年，未嘗有過。武帝後元二年（前87），武帝遺詔，以霍光爲大司馬大將軍，與金日磾、上官桀、桑弘羊、車千秋等人共同輔政昭帝。昭帝元平元年（前74），昭帝崩，無嗣。霍光定策立昌邑王劉賀爲帝，僅二十七日，又廢之。立衛太子劉據孫劉病已爲帝，是爲宣帝。宣帝地節二年（前68），薨。傳見《漢書》卷六八。

［9］【今注】屬國：爲安置降於漢的匈奴、羌等少數民族而設立的行政區劃，《史記》卷一一一《衛將軍驃騎列傳》："乃分徙降者邊五郡故塞外，而皆在河南，因其故俗，爲屬國。"置典屬國或屬國都尉負責相關政務，《漢書·百官公卿表上》："典屬國，秦官，掌蠻夷降者。武帝元狩三（'三'爲'二'之誤）年昆邪王降，復增屬國，置都尉、丞、候、千人。屬官，九譯令。成帝河平元年省併大鴻臚。" 羌：族名。主要分布於中國的西南、西、西北部，今甘肅、青海、四川、西藏、陝西等地，故被稱爲"西羌"。其部族或支系部落衆多，東漢時期的西羌，參見本書卷八七《西羌傳》。

胡：當時對中國西北地區少數民族的統稱。

更始敗，三水豪桀共計議，[1]以芳劉氏子孫，宜承宗廟，乃共立芳爲上將軍、西平王，[2]使使與西羌、匈奴結和親。單于曰："匈奴本與漢約爲兄弟。[3]後匈奴中衰，呼韓邪單于歸漢，[4]漢爲發兵擁護，世世稱臣。[5]今漢亦中絶，劉氏來歸我，亦當立之，令尊事我。"乃使句林王將數千騎迎芳，[6]芳與兄禽、弟程俱入匈奴。單于遂立芳爲漢帝。以程爲中郎將，[7]將胡騎還入安定。初，五原人李興、隨昱，[8]朔方人田颯，[9]代郡人石鮪、閔堪，[10]各起兵自稱將軍。建武四年，單于遣無樓且渠王入五原塞，[11]與李興等和親，告興欲令芳還漢地爲帝。五年，李興、閔堪引兵至單于庭迎芳，與俱入塞，都九原縣。[12]掠有五原、朔方、雲中、定襄、鴈門五郡，[13]並置守令，與胡通兵，侵苦北邊。

[1]【今注】案，桀，大德本、殿本作"傑"，二字通。

[2]【李賢注】欲平定西方，故以爲號。

[3]【李賢注】高祖時，與冒頓單于約爲兄弟。

[4]【今注】呼韓邪單于：名稽侯狦，西漢宣帝神爵四年（前58），被姑夕王、烏禪幕及左地貴人立爲單于。後爲其兄郅支單于所敗，宣帝甘露二年（前52），歸附漢朝。成帝建始二年（前31）死。事見《漢書》卷九四下《匈奴傳》。

[5]【李賢注】呼韓邪單于降漢，入朝，宣帝擁護，國内遂定。

[6]【李賢注】句音古侯反。【今注】句林王：匈奴諸王之一。

[7]【今注】中郎將：官名。漢制，光禄勳屬官有五官中郎將、左中郎將、右中郎將、虎賁中郎將、羽林中郎將等，秩皆比二千石，分領中郎、郎中、侍郎等，負責皇帝宫殿門户的保衛工作。

[8]【今注】五原：郡名。治九原縣（今内蒙古包頭市西）。

[9]【今注】朔方：郡名。西漢治朔方縣（今内蒙古杭錦旗東北），東漢治臨戎縣（今内蒙古磴口縣北）。

[10]【今注】代郡：治代縣（今河北蔚縣東北）。

[11]【李賢注】塞屬五原郡，因以爲名。【今注】無樓且渠王：匈奴諸王之一。

[12]【李賢注】九原，縣名，故城在勝州銀山縣也。【今注】九原縣：五原郡郡治，治所在今内蒙古包頭市西。

[13]【今注】雲中：郡名。治雲中縣（今内蒙古托克托縣東北）。　定襄：郡名。治成樂縣（今内蒙古和林格爾縣西北）。鴈門：郡名。治善無縣（今山西右玉縣西北）。

六年，芳將軍賈覽將胡騎擊殺代郡太守劉興。芳後以事誅其五原太守李興兄弟，而其朔方太守田颯、雲中太守橋扈恐懼，叛芳，舉郡降，光武令領職如故。後大司馬吴漢、驃騎大將軍杜茂數擊芳，並不尅。十二年，芳與賈覽共攻雲中，久不下，其將隨昱留守九原，欲脅芳降。芳知羽翼外附，心膂内離，[1]遂棄輜重，與十餘騎亡入匈奴，其衆盡歸隨昱。昱乃隨使者程恂詣闕。拜昱爲五原太守，封鐫胡侯，[2]昱弟憲武進侯。[3]

[1]【今注】羽翼外附心膂内離：羽翼、心膂，代指輔佐自己

的人。《尚書·君牙》："今命爾予翼，作股肱心膂。"孔穎達疏："股，足也。肱，臂也。膂，背也。汝爲我輔翼，當如我之身，故舉四支以喻爲股肱心體之臣，言委任如身也。傳以'膂'爲體，以見四者皆體，非獨'膂'爲體也。《禮記·緇衣》云：'民以君爲心，君以民爲體。'此舉四體，今以臣爲心者，君臣合體，則亦同心。《詩》云：'赳赳武夫，公侯腹心'，是臣亦爲君心也。"

［2］【李賢注】鐫謂琢鑿之，故以爲名。下有鐫羌侯（羌，大德本作"荒"），即其類。

［3］【今注】武進：縣名。治所在今内蒙古和林格爾縣東北。

十六年，芳復入居高柳，[1]與閔堪兄林使使請降。乃立芳爲代王，堪爲代相，[2]林爲代太傅，[3]賜繒二萬匹，因使和集匈奴。[4]芳上疏謝曰："臣芳過託先帝遺體，棄在邊陲。社稷遭王莽廢絶，以是子孫之憂，所宜共誅，故遂西連羌戎，北懷匈奴。單于不忘舊德，權立救助。是時兵革並起，往往而在。臣非敢有所貪覬，[5]期於奉成宗廟，[6]興立社稷，是以久僭號位，十有餘年，罪宜萬死。陛下聖德高明，躬率衆賢，海内賓服，惠及殊俗。以胏附之故，[7]赦臣芳罪，加以仁恩，封爲代王，使備北藩。無以報塞重責，冀必欲和輯匈奴，[8]不敢遺餘力，負恩貸。[9]謹奉天子玉璽，思望闕庭。"[10]詔報芳朝明年正月。其冬，芳入朝，南及昌平，[11]有詔止，令更朝明歲。芳自道還，憂恐，乃復背叛，遂反，與閔堪、閔林相攻連月。匈奴遣數百騎迎芳及妻子出塞。芳留匈奴中十餘年，病死。

［1］【李賢注】高柳，縣名，故城在今雲州定襄縣。【今注】高柳：縣名。治所在今山西陽高縣。

［2］【今注】相：王國官名。秩二千石。初名相國，西漢惠帝元年（前194）更名爲“丞相”，景帝中元五年（前145）更名爲“相”。王國内的最高行政長官。

［3］【今注】太傅：王國官名。秩二千石，主要職責爲教導王。

［4］【今注】和集：同“和輯”，和睦。和，使和睦。《左傳》隱公四年：“臣聞以德和民，不聞以亂。”輯，使安定。《漢書·食貨志下》：“時又通西南夷道，作者數萬人，千里負擔餽饟，率十餘鍾致一石，散幣於邛僰以輯之。”顏師古注：“輯與集同，謂安定也。”

［5］【李賢注】覬，望也。

［6］【今注】案，成，紹興本、殿本作“承”，底本誤。

［7］【李賢注】胇附，若肝胇相附著，猶言親戚也。【今注】胇附：胇，同“肺”。附，通“腑”。《漢書》卷五五《衞青傳》：“青幸得以胇附待罪行間。”顏師古注：“胇附，謂親戚也。”《史記》卷一一一《衞將軍驃騎列傳》作“肺腑”。《漢書》卷五二《田蚡傳》：“蚡以肺附爲相。”顏師古注：“舊解云肺附，如肝肺之相附著也。”

［8］【李賢注】輯音才入反。郭景純云古“集”字。

［9］【李賢注】負猶背也。

［10］【今注】闕庭：闕廷。朝廷，代指京師。

［11］【李賢注】昌平，縣名，故城在今幽州昌平縣東南。【今注】昌平：縣名。治所在今北京市昌平區東南。

初，安定屬國胡與芳爲寇，及芳敗，胡人還鄉里，積苦縣官徭役，其中有駮馬少伯者，[1]素剛壯；二十一年，遂率種人反叛，[2]與匈奴連和，屯聚青山。[3]乃遣將兵長史陳訢，[4]率三千騎擊之，少伯乃降。徙於冀縣。[5]

[1]【今注】案，駮，大德本作"駿"。

[2]【今注】種人：同族之人。

[3]【李賢注】青山，在今慶州，有青山水。

[4]【李賢注】吕忱云："訢，古'欣'字。"【今注】將兵長史：官名。設置於邊疆少數民族較多的地區。本書卷四《和帝紀》載，永元十四年（102），"五月丁未，初置象林將兵長史官"。李賢注引闞駰《十三州志》："將兵長史居在日南郡，又有將兵司馬，去雒陽九千六百三十里。"邊郡太守屬官亦有長史一人，主兵馬。

[5]【李賢注】冀縣屬天水郡，今秦州伏羌縣。【今注】冀縣：天水郡郡治，治所在今甘肅天水市西北。

論曰：《傳》稱"盛德必百世祀"，[1]孔子曰"寬則得衆"。[2]夫能得衆心，則百世不忘矣。觀更始之際，劉氏之遺恩餘烈，英雄豈能抗之哉！然則知高祖、孝文之寬仁，[3]結於人心深矣。周人之思邵公，[4]愛其《甘棠》，[5]又況其子孫哉！劉氏之再受命，[6]蓋以此乎！若數子者，豈有國之遠圖哉！因時擾攘，苟恣縱而已耳，然猶以附假宗室，能掘强歲月之閒。[7]觀其智略，固無足以憚漢祖，發其英靈者也。[8]

[1]【李賢注】《左傳》晉侯問於史趙曰："陳其遂亡乎？"對曰："未也。臣聞盛德必百代祀，虞之代數未也。"

[2]【今注】寬則得衆：寬厚仁愛就能得到大家的擁戴。《論

語·陽貨》："子張問仁于孔子。孔子曰：能行五者於天下爲仁矣。請問之。曰：恭、寬、信、敏、惠。恭則不侮，寬則得衆，信則人任焉，敏則有功，惠則足以使人。"《論語·堯曰》："寬則得衆，信則民任焉，敏則有功，公則説。"

［3］【今注】高祖：西漢高祖劉邦，公元前 206 年至前 195 年在位。紀見《史記》卷八、《漢書》卷一。　孝文：西漢文帝劉恒，公元前 180 年至前 157 年在位。廟號太宗，謚號孝文。紀見《史記》卷一〇、《漢書》卷四。

［4］【今注】案，邵，殿本作"召"，二字通。

［5］【李賢注】《詩序》曰："甘棠，美邵伯也（邵，殿本作'召'。本注下同）。邵伯聽訟於甘棠之下，周人思之，不伐其樹。"【今注】甘棠：《詩·召南·甘棠》，此詩表達對召公德政的贊美及思念。《毛詩序》："《甘棠》，美召伯也。召伯之教，明於南國。"王先謙《詩三家義集疏》卷二："魯説曰：'召公之治西方，甚得兆民和。召公巡行鄉邑，有棠樹，決獄政事其下……召公卒，而民思召公之政，懷甘棠不敢伐，歌咏之，作《甘棠》之詩。'"

［6］【今注】再受命：再一次接受天命。西漢後期興起的一種文化思潮。參見王健《西漢後期的文化危機與"再受命"事件新論》（《中國史研究》2015 年第 1 期）。

［7］【李賢注】掘强謂强梁也。《前書》伍被謂淮南王安曰："掘强江淮之閒，苟延歲月之命。"【今注】掘强：强硬直傲、强暴凶横。

［8］【李賢注】言此數子非漢祖之敵，不足奮發英靈而憚畏之也。

贊曰：天地閉革，[1]野戰群龍。[2]昌、芳僭詐，梁、齊連鋒。[3]寵負强地，[4]憲縈深江。[5]賓惟非律，代委神邦。[6]

［1］【李賢注】革，攻也（攻，紹興本、殿本作“改”，是；大德本誤作“故”），《易》曰：“天地閉，賢人隱。”又曰：“天地革而四時成，湯、武革命，順乎天而應乎人。”

［2］【李賢注】喻英雄並起也。《易》曰：“龍戰于野，其血玄黄（黄，大德本誤作‘遺’）。”又曰“群龍無首，吉”也。

［3］【李賢注】梁王劉永，齊王張步。

［4］【李賢注】據漁陽也。

［5］【李賢注】起盧江也。

［6］【李賢注】《易》曰：“師出以律。”律，法也。言反叛非用師之法，故更代破滅，委棄其神皋之國，伏於光武也。

後漢書　卷一三

列傳第三

隗囂 囂五高反　公孫述

隗囂字季孟，天水成紀人也。[1]少仕州郡。王莽國師劉歆引囂爲士。[2]歆死，囂歸鄉里。季父崔，[3]素豪俠，能得衆。聞更始立而莽兵連敗，[4]於是乃與兄義及上邽人楊廣、冀人周宗謀起兵應漢。[5]囂止之曰："夫兵，凶事也。[6]宗族何辜！"崔不聽，遂聚衆數千人，攻平襄，殺莽鎮戎大尹。[7]崔、廣等以爲舉事宜立主，以一衆心，咸謂囂素有名，好經書，遂共推爲上將軍。[8]囂辭讓不得已，曰："諸父衆賢不量小子。必能用囂言者，乃敢從命。"衆皆曰"諾"。

[1]【李賢注】成紀，縣名，故城在今秦州隴城縣西北。【今注】天水：郡名。治平襄縣（今甘肅通渭縣西）。王莽改天水郡爲"填戎郡"，另分天水郡置阿陽郡。　成紀：縣名。治所在今甘肅静寧縣西南。

［2］【李賢注】王莽置國師，位上公，士其屬官也。莽制九卿分屬三公（制，殿本作“置”），每一卿置大夫三人，一大夫置元士三人。【今注】王莽：字巨君，魏郡元城（今河北大名縣東北）人。西漢元帝皇后王政君侄子。父王曼早死，未得封侯，王莽因此折節向學。成帝永始元年（前16），被封爲新都侯。綏和元年（前8），代王根任大司馬輔政，時年三十八。哀帝即位，王莽因觸怒哀帝祖母傅太后，就國。元壽二年（前1），哀帝崩，無子，中山王劉衎即位，年九歲，太皇太后王政君臨朝，王莽秉政。平帝元始二年（2），爲太傅，號安漢公。五年，鴆殺平帝，稱“攝皇帝”。孺子嬰居攝元年（6），立劉嬰爲皇太子，稱孺子。初始元年（8），代漢，國號爲新。新莽地皇四年（23），在未央宫滄池漸臺爲起義軍杜吴所殺，公賓就斬莽頭，被更始部將傳詣宛，懸於市。傳見《漢書》卷九九。　國師：官名。王莽時四輔之一。《漢書》卷九九中《王莽傳中》：“以太傅、左輔、驃騎將軍安陽侯王舜爲太師，封安新公；大司徒就德侯平宴爲太傅，就新公；少阿、羲和、京兆尹紅休侯劉歆爲國師，嘉新公；廣安梓潼哀章爲國將，美新公：是爲四輔。”　劉歆：字子駿，劉向少子。西漢成帝時爲黄門郎，後歷官中壘校尉、侍中、太中大夫、騎都尉、奉車光禄大夫、五原太守、涿郡太守、安定屬國都尉、右曹、羲和、京兆尹等職，封紅休侯。王莽代漢，爲國師，封嘉新公，四輔之一。因謀誅王莽事洩，自殺。傳見《漢書》卷三六。　士：官名。王莽改制所設。《漢書·王莽傳中》載，新莽始建國元年（9），“置大司馬司允，大司徒司直，大司空司若，位皆孤卿。更名大司農曰羲和，後更爲納言，大理曰作士，太常曰秩宗，大鴻臚曰典樂，少府曰共工，水衡都尉曰予虞，與三公司卿凡九卿，分屬三公。每一卿置大夫三人，一大夫置元士三人，凡二十七大夫，八十一元士，分主中都官諸職”。

［3］【今注】季父：父親的弟弟。據《釋名·釋親屬》，父親

的哥哥稱“世父”或“伯父”，父親的弟弟稱“仲父”，仲父的弟弟稱“叔父”，叔父的弟弟稱“季父”。又曰：“季，癸也。癸，甲乙之次，癸在最下，季亦然也。”即季父是在父親弟弟排行中最末的那個叔叔。

［4］【今注】更始：劉玄即漢皇帝位後的年號（23—25），亦代指劉玄。

［5］【今注】上邽：縣名。治所在今甘肅天水市。　楊廣：字春卿。本書卷二四《馬援傳》：“援又爲書與囂將楊廣，使曉勸於囂，曰：‘春卿無恙。’”李賢注：“春卿，楊廣字。”　冀：縣名。治所在今甘肅甘谷縣東。

［6］【李賢注】《史記》范蠡曰：“兵者凶器，戰者逆德。”

［7］【李賢注】平襄，縣名，屬天水郡，故城在今秦州伏羌縣西北。王莽改天水郡曰鎮戎郡，守曰大尹。【今注】平襄：縣名。漢天水郡郡治，治所在今甘肅通渭縣西。王莽更名爲“平相”。鎮戎：本漢天水郡，王莽改。譚其驤《新莽職方考》：“填戎郡，漢天水郡。《原涉傳》：莽末，拜鎮戎大尹。《後書·隗囂傳》《馬援傳》《水經注·渭水》並作鎮戎，或以爲是。按琅邪郡莽曰填夷，長沙郡莽曰填蠻，雁門郡莽曰填狄，三方皆曰填，則此曰填戎不誤。”〔譚其驤：《新莽職方考》，載《長水集（上）》，人民出版社2009年版，第54頁〕　大尹：官名。即太守，王莽更。《漢書·王莽傳中》載，天鳳元年（14），“莽以《周官》《王制》之文，置卒正、連率、大尹，職如太守；屬令、屬長，職如都尉。置州牧、部監二十五人，見禮如三公。監位上大夫，各主五郡。公氏作牧，侯氏卒正，伯氏連率，子氏屬令，男氏屬長，皆世其官。其無爵者爲尹”。

［8］【今注】上將軍：將軍號。兩漢之際，天下戰亂，各割據勢力紛紛設置將軍號，如白虎將軍、左將軍、右將軍、明威將軍、雲旗將軍等，皆與此類似。

囂既立，遣使聘請平陵人方望，以爲軍師。[1]望至，説囂曰："足下欲承天順民，輔漢而起，今立者乃在南陽，[2]王莽尚據長安，[3]雖欲以漢爲名，其實無所受命，將何以見信於衆乎？宜急立高廟，[4]稱臣奉祠，所謂'神道設教'，求助人神者也。[5]且禮有損益，質文無常。削地開兆，[6]茅茨土階，[7]以致其肅敬。雖未備物，神明其舍諸。"囂從其言，遂立廟邑東，祀高祖、太宗、世宗。[8]囂等皆稱臣執事，[9]史奉璧而告。[10]祝畢，有司穿坎于庭，[11]牽馬操刀，奉盤錯鍉，遂割牲而盟。[12]曰："凡我同盟三十一將，十有六姓，允承天道，興輔劉宗。如懷姦慮，明神殛之。[13]高祖、文皇、武皇，俾墜厥命，厥宗受兵，族類滅亡。"有司奉血鍉進，護軍舉手揖諸將軍曰：[14]"鍉不濡血，歃不入口，是欺神明也，厥罰如盟。"既而薶血加書，一如古禮。

[1]【李賢注】平陵，縣名，屬右扶風也。【今注】平陵：縣名。西漢昭帝置，元帝永光三年（前41），自太常改屬右扶風，治所在今陝西咸陽市西北。王莽天鳳元年（14），分三輔爲六尉郡，平陵更名"廣利"，屬扶尉郡。　方望：更始帝更始三年（25），方望與弓林立孺子劉嬰爲天子，方望爲丞相，弓林爲大司馬。後被更始派遣李松與蘇茂等擊破，皆被斬。

[2]【今注】南陽：郡名。治宛縣（今河南南陽市卧龍區）。

[3]【今注】長安：西漢、新莽都城，故城位於今陝西西安市西北。長安城考古發掘概況，參見劉振東《漢長安城綜論——紀念漢長安城遺址考古六十年》（《考古》2017年第1期）。

［4］【今注】高廟：西漢高祖劉邦廟。高祖十二年（前 195），劉邦崩，惠帝即位，“令郡國諸侯各立高祖廟，以歲時祠”（《史記》卷八《高祖紀》）。

［5］【李賢注】《易·觀卦》曰：“聖人神道設教而天下服矣。”

［6］【李賢注】除地以開兆域。【今注】兆：祭壇，指所宜急立的高廟。

［7］【今注】茅茨：茅草屋頂，代指茅屋。　土階：泥土臺階，代指房屋簡陋。

［8］【今注】高祖：西漢高祖劉邦，公元前 206 年至前 195 年在位。紀見《史記》卷八、《漢書》卷一。　太宗：西漢文帝劉恒，公元前 180 年至前 157 年在位。廟號太宗，謚號孝文。紀見《史記》卷一〇、《漢書》卷四。　世宗：西漢武帝劉徹，公元前 141 年至前 87 年在位。紀見《史記》卷一二、《漢書》卷六。

［9］【今注】執事：執掌事務的人，亦是一種敬稱。蔡邕《獨斷》卷上：“陛下者：陛，階也，所由升堂也。天子必有近臣執兵陳於陛側，以戒不虞。謂之陛下者，群臣與天子言，不敢指斥天子，故呼在陛下者而告之，因卑達尊之意也。上書亦如之。及群臣庶士相與言殿下、閤下、執事之屬，皆此類也。”

［10］【李賢注】史，祝史也。璧者，所以禮神也（禮，大德本、殿本作“祀”）。

［11］【李賢注】《周禮》司盟掌盟載之法也。鄭玄注曰：“載，盟辭也。書其辭於策，殺牲取血，坎其牲，加書於上而貍之（貍，‘薶’之借字。紹興本、大德本、殿本作‘薶’）。”

［12］【李賢注】臣賢案：《蕭該音》引《字詁》“鍉即題，音徒啓反”。《方言》曰：“宋楚之間，謂盎爲題。”據下文云“鍉不濡血”，明非盆盎之類。《前書·匈奴傳》云“漢遣韓昌等與單于及大臣俱登諾水東山，刑白馬，單于以徑路刀、金留犁撓酒”。應邵云“留犁，飯匕也。撓，攪也。以匕攪血而歃之”（邵，大

德本、殿本作"劭"，二字通。二"匕"字，殿本皆誤作"七"）。今亦奉盤措匙而歃也（今，大德本誤作"全"）。以此而言，鍉即匙字（鍉，王先謙《後漢書集解》曰："承上文，正《字詁》'鍉'即'題'之誤，作'題'是"。中華本據改）。錯，置也，音七故反。

［13］【李賢注】殛，誅也。

［14］【今注】護軍：官名。《漢書·百官公卿表上》："護軍都尉，秦官，武帝元狩四年屬大司馬，成帝綏和元年居大司馬府比司直，哀帝元壽元年更名司寇，平帝元始元年更名護軍。"本書《百官志一》"將軍"條載："長史、司馬皆一人，千石。本注曰：司馬主兵，如太尉。從事中郎二人，六百石。本注曰：職參謀議。"李賢注："《東觀書》曰：'大將軍出征，置中護軍一人。'"本書卷五八《傅燮傳》載傅燮"後爲護軍司馬，與左中郎將皇甫嵩俱討賊張角"。

事畢，移檄告郡國曰：[1]

［1］【今注】檄：通行文種之一，文氣急切，説理透徹，具有較强的勸説、訓誡與警示作用。檄的功用，徐望之《公牘通論》總結爲討敵、威敵、徵召、曉諭、辟吏、激迎六種（參見李均明、劉軍《簡牘文書學》，廣西教育出版社1999年版，第260—265頁）。《文心雕龍》卷四《檄移》："暨乎戰國，始稱爲檄。檄者，皦也，宣露於外，皦然明白也……又州郡徵吏，亦稱爲檄，固明舉之義也。"《漢書》卷一下《高帝紀下》："吾以羽檄徵天下兵。"顔師古注："檄者，以木簡爲書，長尺二寸，用徵召也。其有急事，則加鳥羽插之，示速疾也。《魏武奏事》云：'今邊有警，輒露檄插羽也。'"亦用於上行文書。《釋名·釋書契》："檄，激也，下官所以激迎其上之書文也。"

漢復元年七月己酉朔。[1]己巳，上將軍隗囂、白虎將軍隗崔、左將軍隗義、右將軍楊廣、明威將軍王遵、雲旗將軍周宗等，[2]告州牧、部監、郡卒正、連率、大尹、尹、尉隊大夫、屬正、屬令：[3]故新都侯王莽，慢侮天地，悖道逆理。鴆殺孝平皇帝，[4]篡奪其位。矯託天命，僞作符書，[5]欺惑衆庶，震怒上帝。反戾飾文，以爲祥瑞。[6]戲弄神祇，歌頌禍殃。[7]楚、越之竹，[8]不足以書其惡。[9]天下昭然，所共聞見。今略舉大端，以喻吏民。

[1]【今注】漢復：隗囂年號（23—34）。

[2]【今注】左將軍：官名。金印紫綬。主征伐。　右將軍：官名。金印紫綬。主征伐。本書《百官志一》："將軍，不常置。本注曰：'掌征伐背叛。比公者四：第一大將軍，次驃騎將軍，次車騎將軍，次衞將軍。又有前、後、左、右將軍。'"劉昭注："蔡質《漢儀》曰：'漢興，置大將軍、驃騎，位次丞相，車騎、衞將軍、左、右、前、後，皆金紫，位次上卿。典京師兵衞，四夷屯警。'"

[3]【李賢注】莽以周官《王制》之文，置卒正、連率、大尹。職如太守（紹興本、大德本、殿本"職"字前有"大尹"二字）。屬令、屬長職如都尉。置州牧、部監二十五人，見禮如三公。監位上大夫，各主五郡。公氏作牧，侯氏卒正，伯氏連率，子氏屬令，男氏屬長，皆代其官。其無爵者爲尹。又置六隊部，置大夫，職如太守。

[4]【今注】孝平皇帝：西漢平帝劉衎，公元前1年至5年在位。紀見《漢書》卷一二。

[5]【李賢注】莽遣五威將軍王奇等班符命四十二篇於天下

（符，殿本作“等”），言當代漢之意。

[6]【李賢注】大風毀莽玉路堂（底本“玉”字殘，據紹興本、大德本、殿本補），又拔其昭寧堂池東榆樹，大十圍。莽乃曰：“念紫閣仙圖，天意立太子，正其名。”乃立其子臨爲太子，以爲祥應也。

[7]【李賢注】戲弄神祇謂仙人掌旁有白頭公青衣，莽曰：“皇祖叔父子僑欲來迎我”也。歌頌禍殃謂莽作告天策，自陳功勞千餘言，能誦策文者，除以爲郎，至五十餘人。

[8]【今注】楚：春秋戰國楚國疆域範圍的地區。《漢書·地理志下》載：“楚地，翼、軫之分壄也。今之南郡、江夏、零陵、桂陽、武陵、長沙及漢中、汝南郡，盡楚分也。”　越：春秋戰國越國疆域範圍的地區。《漢書·地理志下》：“粤地，牽牛、婺女之分壄也。今之蒼梧、鬱林、合浦、交阯、九真、南海、皆粵分也。”

[9]【李賢注】《前書》朱安世曰（安，紹興本、大德本、殿本誤作“光”）：“南山之竹（紹興本脱‘之竹’二字），不足以盡我詞。”矖以楚、越多竹，故引以爲言也。

蓋天爲父，地爲母，[1]禍福之應，各以事降。莽明知之。而冥昧觸冒，不顧大忌，詭亂天術，援引史傳。[2]昔秦始皇毀壞謚法，以一二數欲至萬世，[3]而莽下三萬六千歲之歷，言身當盡此度。[4]循亡秦之軌，推無窮之數。是其逆天之大罪也。

[1]【李賢注】《尚書》曰：“惟天地，萬物父母。”

[2]【李賢注】王莽每有灾禍，皆引史傳以文飾之。《前書》説符侯崔發言於莽曰：“《周禮》及《春秋左氏》，國有大灾，則哭以猒之（猒，紹興本、大德本、殿本作‘厭’），故《周易》

稱先號咷而後笑。宜呼嗟告天以求救（呼嗟，紹興本、大德本、殿本作'乎嗟呼'）。"莽乃率群臣至南郊，陳其符命，因搏心大哭。

［3］【李賢注】《史記》曰，秦始皇初并天下，制曰："太古有號無謚；中古有號，死而以行爲謚。如此，則子議父，臣議君。自今以來，除謚法。朕爲始皇帝，後世以計數，至于萬世，傳之無窮。"【今注】秦始皇：嬴政，秦昭王四十八年（前259）生於邯鄲。莊襄王三年（前247），莊襄王卒，嬴政即秦王位。秦王政二十六（前221），秦滅六國，統一天下，嬴政廢除謚號制度，確定自己爲始皇帝。秦始皇三十七年（前210），嬴政病死於巡行途中。紀見《史記》卷六。

［4］【李賢注】莽令太史推三萬六千歲歷紀，六歲一改元，布告天下。

分裂郡國，斷截地絡。[1]田爲王田，賣買不得。[2]規錮山澤，[3]奪民本業。[4]造起九廟，窮極土作。[5]發冢河東，攻劫丘隴。[6]此其逆地之大罪也。

［1］【李賢注】絡猶經絡也。謂莽分坼郡縣，斷割疆界也。【今注】案，截，紹興本、殿本作"截"，二字同。

［2］【李賢注】莽更名天下田曰王田，不得賣買。

［3］【今注】案，錮，底本殘，據紹興本、大德本、殿本補。

［4］【李賢注】莽制，名山大澤不得採取。

［5］【李賢注】莽九廟：一曰黄帝太初祖廟，二曰虞帝始祖昭廟，三曰陳胡王統祖穆廟，四曰齊敬王代祖昭廟，五曰濟北愍王王祖穆廟，六曰濟南伯王尊禰昭廟，七曰元城孺子王尊禰穆廟，八曰陽平頃王昭廟，九曰新都顯王穆廟（紹興本脱"廟"字）。

殿皆重屋。太祖廟東西南北各四十丈，高十七丈，餘半之。爲銅薄櫨（薄，紹興本、殿本作“欂”，二字同），飾以金銅琱文（琱，大德本誤作“調”），窮極百工之巧，功費數百鉅萬，卒徒死者萬數也。

[6]【今注】丘隴：紹興本、大德本、殿本作“丘壟”，二字通。丘壟，墳墓。《禮記·月令》：“塋、丘壟之大小、高卑、厚薄之度，貴賤之等級。”孫希旦《禮記集解》卷一七：“墓域曰塋，其封土而高者曰丘壟。”

尊任殘賊，信用姦佞，誅戮忠正，覆按口語，[1]赤車奔馳，[2]法冠晨夜，冤繫無辜，[3]妄族衆庶。行炮格之刑，除順時之法，[4]灌以醇醯，裂以五毒。[5]政令日變，官名月易，[6]貨幣歲改，[7]吏民昏亂，不知所從，商旅窮窘，號泣市道。設爲六管，[8]增重賦斂，刻剥百姓，厚自奉養，苞苴流行，財入公輔，[9]上下貪賄，莫相檢考。民坐挾銅炭，[10]没入鍾官，[11]徒隸殷積，[12]數十萬人，工匠飢死，長安皆臭。既亂諸夏，狂心益悖，北攻强胡，南擾勁越，[13]西侵羌戎，東摘濊貊。[14]使四境之外，並入爲害，緣邊之郡，江海之瀕，滌地無類。[15]故攻戰之所敗，苛法之所陷，飢饉之所夭，疾疫之所及，以萬萬計。其死者則露尸不掩，生者則奔亡流散，幼孤婦女，流離係虜。此其逆人之大罪也。

[1]【今注】覆按：也作“覆案”，即審察。

[2]【李賢注】《續漢志》曰："小使車，赤轂白蓋赤惟（惟，紹興本、大德本、殿本作'帷'，二字古多通借），從騶騎四十人。"

[3]【李賢注】《續漢志》曰："法冠一曰柱後，高五寸，侍御史服之。"

[4]【李賢注】莽作焚如之刑，燒殺陳良、終帶等二十七人。莽又作不順時之令，春夏斬人，此爲不順時之法。【今注】炮格：即炮烙。傳説商紂王設置的刑罰。《史記》卷三《殷本紀》："百姓怨望而諸侯有畔者，於是紂乃重刑辟，有炮格之法。"裴駰《集解》："《列女傳》：'膏銅柱，下加之炭，令有罪者行焉，輒墮炭中。妲己笑，名曰炮格之刑。'"《漢書》卷九四下《匈奴傳下》："莽作焚如之刑，燒殺陳良等。"顔師古注："應劭曰：'《易》有焚如、死如、棄如之言，莽依此作刑名也。'如淳曰：'焚如、死如、棄如者，謂不孝子也。不畜於父母，不容於朋友，故燒殺棄之，莽依此作刑名也。"案，格，紹興本、殿本作"烙"。

[5]【李賢注】莽以董忠反，收忠宗族，以醇醯、毒藥、白刃、叢棘，并一坎而薶之。

[6]【李賢注】莽州郡官名改無常制，乃至歲復變更，一郡至五易名而還復其故，吏人不能紀也。

[7]【李賢注】時百姓便安漢五銖錢，以莽錢大小兩行難知，皆私以五銖錢市買。莽患之，下書諸挾五銖錢者，比非井田制，投四裔。

[8]【李賢注】管，主也。莽設六管之令，謂酤酒、賣鹽、鐵器、鑄錢、名山、大澤，此謂六也。皆令縣官主税收其利。

[9]【李賢注】《禮記》曰："苞苴簞笥問人者（簞，殿本誤作'箪'）。"莽令七公六卿兼號將軍，分鎮大郡，皆使爲姦於外，貨賂爲市（賂，紹興本、大德本、殿本作"賄"），侵漁百姓。【今注】苞苴：餽贈禮物，這裏指賄賂。《莊子·列禦寇》：

"小夫之知，不離苞苴竿牘。"鍾泰《莊子發微》："古者饋人魚肉之類，用茅葦之葉，或苞之，或藉之，故曰'苞苴'。"（上海古籍出版社 1988 年版，第 740 頁）　公輔：三公與四輔，代指宰輔大臣。

［10］【今注】案，銅，大德本誤作"塗"。

［11］【李賢注】莽時關東大飢蝗，人犯鑄錢，伍人相坐，没入爲官奴婢。其男子檻車，兒女子步，以鐵鎖其頸，傳詣鍾官，八十萬數（王先謙《後漢書集解》引張熷曰："據《莽傳》'八'乃'以'之誤。"中華本據改）。到者易其夫婦，愁苦死者什六七。鍾官，主鑄錢之官也。

［12］【今注】徒隸：犯罪獲刑服勞役的人。

［13］【李賢注】莽令十二部將同時十道並出，大擊匈奴。莽改句町王爲侯，其王邯怨怒不附，莽諷牂柯大尹周歆詐殺邯（柯，紹興本、殿本作"牁"，二字通），邯弟承起兵攻殺歆（邯，大德本誤作"鄲"）。

［14］【李賢注】擿，擾也。西羌龐恬、傅幡等怨莽奪其地爲西海郡，遂反，攻西海太守程永（程，紹興本、大德本、殿本作"陳"）。莽又發高句麗兵伐胡，不欲行，郡强迫之，皆亡出塞爲寇。

［15］【李賢注】瀕，涯也。滌，蕩也，蕩地無遺類也。

是故上帝哀矜，降罰于莽，妻子顛殞，還自誅刈。[1]大臣反據，[2]亡形已成。大司馬董忠、國師劉歆、衛將軍王涉，[3]皆結謀内潰；[4]司命孔仁，[5]納言嚴尤，[6]秩宗陳茂，[7]舉衆外降。[8]今山東之兵二百餘萬，[9]已平齊、楚，[10]下蜀、漢，[11]定宛、洛，[12]據敖倉，[13]守函谷，[14]威命四布，宣風中岳。[15]興滅繼絶，封定萬國，遵高祖之舊制，修孝文之遺德。有不從命，武軍平之。[16]馳使四夷，復其爵號。[17]然後還師振旅，櫜弓卧鼓。[18]申命百姓，各安其所，庶無負子之責。[19]

［1］【李賢注】顛，踣也。殞，絶也。莽殺其子宇、臨等。妻王氏以莽數殺其子，涕泣失明，病卒。

［2］【今注】反據：反叛割據。

［3］【李賢注】涉，曲陽侯根之子也。【今注】大司馬：官名。三公之一。掌四方兵事功課等。西漢成帝綏和元年（前 8），改御史大夫爲大司空，大司馬驃騎大將軍爲大司馬；哀帝元壽二年（前 1），改丞相爲大司徒，三公制度正式形成。三公制爲王莽和光武帝繼承，並有所發展。東漢光武帝建武二十七年（51），改大司馬爲太尉，去“大司徒”“大司空”之“大”字，爲“司徒”“司空”。　董忠：新莽大臣，封降符伯，新莽天鳳六年（19），爲大司馬。地皇四年（23），與劉歆、王涉謀誅王莽，事洩，被誅。　衛將軍：官名。外主征伐，内掌國政。本書《百官志一》：“將軍，不常置。本注曰：‘掌征伐背叛。比公者四：第一大將軍，次驃騎將軍，次車騎將軍，次衛將軍。又有前、後、左、右將軍。’”劉昭注：“蔡質《漢儀》曰：‘漢興，置大將軍、驃騎，位次丞相，車騎、衛將軍、左、右、前、後，皆金紫，位次上卿。典京師兵衛，四夷屯警。’”　王涉：王根子。《漢書》卷九九下《王莽傳下》載，天鳳五年，“以直道侯王涉爲衛將軍。涉者，曲陽侯根子也。根，成帝世爲大司馬，薦莽自代，莽恩之，以爲曲陽非令稱，乃追謚根直道讓公，涉嗣其爵”。新莽地皇四年，與劉歆、董忠謀誅莽，事洩，自殺。

［4］【今注】内潰：内部潰亂。《漢書·王莽傳下》：“劉歆、王涉皆自殺。莽以二人骨肉舊臣，惡其内潰，故隱其誅。”

［5］【今注】司命：官名。王莽始建國元年（9）置。《漢書》

卷九九中《王莽傳中》:“置五威司命,中城四關將軍。司命司上公以下,中城主十二城門。” 孔仁:新莽大臣,曾爲捕盜將軍,新莽地皇三年,以司命大將軍部豫州,與納言大將軍、秩宗大將軍陳茂擊荆州。地皇四年,兵敗,將其衆降,不久自殺。

[6]【今注】納言:官名。王莽改大司農爲“羲和”,後更爲“納言”。 嚴尤:王莽將領。曾以討穢將軍出漁陽擊匈奴。封武建伯,代陳茂爲大司馬。後與陳茂擊破下江兵,在淯陽被劉縯擊敗,又於昆陽爲劉秀所敗,歸劉望,爲更始奮威大將軍劉信擊殺。

[7]【今注】秩宗:官名。王莽始建國元年,更太常名爲“秩宗”,將宗正併入秩宗。 陳茂:王莽將領。曾任大司馬,後與嚴尤擊破下江兵,在淯陽被劉縯擊敗,又於昆陽爲劉秀所敗,歸劉望,爲更始奮威大將軍劉信擊殺。本書卷一一《劉玄傳》載,更始元年(23),“時王莽納言將軍嚴尤、秩宗將軍陳茂既敗於昆陽,往歸之。八月,望遂自立爲天子,以尤爲大司馬,茂爲丞相”。

[8]【李賢注】莽置五威司命。孔仁敗,降更始。餘並見《光武紀》。

[9]【今注】山東:區域名。一指崤山或華山以東地區;二指太行山以東地區;三指泰山以東地區,泛稱指齊魯大地。這裏是第一義。

[10]【今注】齊:戰國楚國疆域範圍的地區。《漢書·地理志下》載:“齊地,虚、危之分壄也。東有淄川、東萊、琅邪、高密、膠東,南有泰山、城陽,北有千乘,清河以南,勃海之高樂、高城、重合、陽信,西有濟南、平原,皆齊分也。”

[11]【今注】蜀漢:蜀郡、漢中郡及其周邊地區,屬秦之分野。《漢書·地理志下》:“秦地,於天官東井、輿鬼之分壄也。其界自弘農故關以西,京兆、扶風、馮翊、北地、上郡、西河、安定、天水、隴西,南有巴、蜀、廣漢、犍爲、武都,西有金城、武威、張掖、酒泉、敦煌,又西南有牂柯、越嶲、益州,皆宜屬焉。”

［12］【今注】宛：縣名。新莽天鳳元年，置六隊郡，分南陽郡置前隊郡，宛更名爲“南陽”，治所在今河南南陽市卧龍區。洛：雒陽。西漢河南郡郡治。王莽始建國四年，以爲新室東都。新莽天鳳元年，更名河南大尹爲“保忠信卿”。又更雒陽名爲“義陽”。治所在今河南洛陽市東。

［13］【今注】敖倉：秦漢時期的重要倉儲。在今河南鄭州市滎陽市北（參見荆三林等《敖倉故址考》，《中原文物》1984年第1期）。《史記》卷七《項羽本紀》：“漢軍滎陽，築甬道屬之河，以取敖倉粟。”裴駰《集解》：“瓚曰：‘敖，地名，在滎陽西北山，臨河有大倉。’”張守節《正義》：“《括地志》云：‘敖倉在鄭州滎陽縣西十五里，縣門之東北臨汴水，南帶三皇山，秦時置敖倉於敖山，名敖倉云。’”

［14］【今注】函谷：函谷關。原位於今河南靈寶市函谷關鎮，西漢武帝元鼎三年（前114）“廣關”，將函谷關遷至今河南新安縣城關鎮。新安縣函谷關遺址情況，可參看洛陽市文物考古研究院、新安縣文物管理局《河南新安縣漢函谷關遺址2012—2013年考古調查與發掘》（《考古》2014年第11期）。

［15］【李賢注】中岳，嵩高也。謂更始至洛陽。【今注】中岳：山名。五嶽之一。《漢書·地理志上》：“崈高，武帝置，以奉太室山，是爲中岳。”《漢書·郊祀志下》：“自是五嶽、四瀆皆有常禮。東嶽泰山於博，中嶽泰室於嵩高，南嶽灊山於灊，西嶽華山於華陰，北嶽常山於上曲陽。”

［16］【今注】武軍：武力。

［17］【李賢注】莽貶句町王爲侯，西域盡改其王爲侯，單于曰服于，高句麗曰下句麗，今皆復其爵號。

［18］【李賢注】《周禮》曰：“出曰理兵，入曰振旅。”《詩·周頌》曰：“載戢干戈，載櫜弓矢。”櫜，韜也。卧猶息也。

［19］【李賢注】百姓襁負流亡，責在君上。既安其業，則無

責也。【今注】案，王先謙《後漢書集解》引錢大昕曰："《史記·魯世家》：'若爾三王是有負子之責於天。'小司馬云：'《尚書》負爲丕，鄭玄讀丕曰負'，負子謂負上天之責也。"

囂乃勒兵十萬，擊殺雍州牧陳慶。[1]將攻安定。[2]安定大尹王向，[3]莽從弟，平阿侯譚之子也，[4]威風獨能行其邦内，屬縣皆無叛者。囂乃移書於向，喻以天命，反覆誨示，終不從。於是進兵虜之，以徇百姓，然後行戮，安定悉降。而長安中亦起兵誅王莽。囂遂分遣諸將徇隴西、武都、金城、武威、張掖、酒泉、敦煌，[5]皆下之。

[1]【今注】雍州：西漢武帝元封五年（前106）設立的十三刺史部之一，原名涼州。平帝元始五年（5），王莽認爲十三州與《尚書·堯典》"肇十有二州""咨十有二牧"的經文不合，因改行十二州制，將朔方併入并州。涼州更名爲"雍州"。顧頡剛《兩漢州制考》認爲光武帝劉秀又將雍州改爲涼州〔《顧頡剛全集（五）》，中華書局2010年版，第209頁〕。　牧：官名。西漢武帝元封五年，設十三刺史部，作爲監察區，刺史秩六百石。成帝綏和元年（前8），改刺史爲州牧，秩二千石。哀帝建平二年（前5）復爲刺史，元壽二年（前1）復爲牧。新莽和東漢初年，沿用州牧舊稱。東漢光武帝建武十八年（42），罷州牧，復置刺史。東漢刺史，秩亦六百石。靈帝中平元年（184），黄巾起義爆發，復改刺史爲州牧，成爲郡以上的一級行政組織。

[2]【今注】安定：郡名。治高平縣（今寧夏固原市）。

[3]【今注】案，王先謙《後漢書集解》："惠棟曰：《前書》云'安定卒正王旬'。"曹金華《後漢書稽疑》曰："《漢書·王莽

傳》作‘安定卒正王旬’,《後漢書》卷一作‘安定太守王向’,而‘太守’即莽‘卒正’或‘大尹’也。‘王旬’疑是‘王向’之訛。”(中華書局2014年版,第237頁)

[4]【今注】平阿:縣名。治所在今安徽懷遠縣西南。王莽時,平阿更名“平宁”。 譚:王譚,西漢元帝皇后王政君弟,王莽叔父。成帝建始元年(前32),封關内侯。成帝河平二年(前27),封爲平阿侯。立十一年,薨。曹金華《後漢書稽疑》曰:“‘莽從弟’後當加逗號,因平阿侯譚爲莽之叔父,詳見《漢書·元后傳》《王莽傳》。《後漢紀》卷一作王向‘莽從弟譚之子’,中間亦當逗開。”(第237頁)

[5]【今注】隴西:郡名。治狄道縣(今甘肅臨洮縣)。 武都:郡名。治武都縣(今甘肅禮縣南)。 金城:郡名。治允吾縣(今甘肅永靖縣西北)。 武威:郡名。治姑臧縣(今甘肅武威市西北)。 張掖:郡名。治觻得縣(今甘肅張掖市甘州區西北)。 酒泉:郡名。治禄福縣(今甘肅酒泉市肅州區)。 敦煌:郡名。治敦煌縣(今甘肅敦煌市西)。

更始二年,遣使徵囂及崔、義等。囂將行,方望以爲更始未可知,固止之,囂不聽。望以書辭謝而去,曰:“足下將建伊、吕之業,[1]弘不世之功,[2]而大事草創,[3]英雄未集。以望異域之人,疵瑕未露,[4]欲先崇郭隗,想望樂毅,[5]故欽承大旨,[6]順風不讓。將軍以至德尊賢,廣其謀慮,動有功,發中權,[7]基業以定,[8]大勳方緝。[9]今俊乂並會,羽翮比肩,[10]望無耆耇之德,[11]而猥託賓客之上,[12]誠自愧也。雖懷介然之節,[13]欲潔去就之分,[14]誠終不背其本,貳其志也。何則?范蠡收責句踐,乘偏舟於五湖;[15]咎犯謝罪文公，亦逡巡於河上。[16]夫以二子之賢，勒銘兩國，猶削迹歸慾，請命乞身，望之無勞，蓋其宜也。望聞烏氏有龍池之山，微徑南通，與漢相屬，其傍時有奇人，聊及閑暇，廣求其真。[17]願將軍勉之。”囂等遂至長安，更始以爲右將軍，崔、義皆即舊號。其冬，崔、義謀欲叛歸，囂懼并禍，即以事告之，崔、義誅死。更始感囂忠，以爲御史大夫。[18]

[1]【今注】伊吕之業：伊尹輔佐湯建立商。吕尚，即姜子牙，輔佐姬昌、姬發建立周。

[2]【李賢注】不世者，言非代之所常有也。

[3]【李賢注】草創謂初始也。

[4]【李賢注】望，平陵人，以與囂别郡，故言異域。

[5]【李賢注】《新序》云：“郭隗謂燕昭王曰：‘王誠欲致士，請從隗始。隗且見事，況賢於隗者乎?’於是昭王爲隗築宫而師之。樂毅自魏往，騶衍自齊往，劇辛自趙往，士争赴燕。”

[6]【今注】欽承：恭敬地承受。

[7]【今注】中權：合乎時宜。《論語·微子》：“身中清，廢中權。”何晏《論語集解》引馬融曰：“清，純潔也。遭世亂，自廢棄以免患，合於權也。”

[8]【今注】案，以，紹興本、大德本、殿本作“已”，二字同。

[9]【今注】緝：聚集。引申爲建立。

[10]【李賢注】《管子》曰：“桓公謂管仲曰：‘寡人之有仲父，猶飛鴻之有羽翼耳。’”

[11]【今注】耆耇：年六十稱“耆”。耇，指年老者。《漢書》卷七三《韋賢傳》：“歲月其徂，年其逮耇。”顔師古注：“耇耆，老

人面色如垢也。”

［12］【李賢注】猥猶濫也。

［13］【今注】介然：堅定不移。《資治通鑑》卷九一《晉紀》中宗元皇帝太興二年：“奈何以華、夷之異，介然疏之哉！”胡三省注：“介然，堅正不移之貌。”

［14］【今注】案，潔，紹興本、大德本、殿本作“絜”，二字同。

［15］【李賢注】偏舟，特舟也。收責謂收其罪責也。《史記》曰，范蠡與句踐滅吴，爲書辭句踐曰：“臣聞主憂臣勞，主辱臣死。昔者，君王辱於會稽，所以不死，爲此事也。今既雪耻，臣請從會稽之誅。”乃裝其輕寶珠玉，自與其私徒屬乘舟浮海以行。計然云，范蠡乘偏舟於江湖。【今注】五湖：太湖。《國語·越語下》：“果興師而伐吴，戰於五湖。”韋昭注：“五湖，今太湖。”《史記》卷二《夏本紀》：“震澤致定。”張守節《正義》：“五湖者，菱湖、游湖、莫湖、貢湖、胥湖，皆太湖東岸，五灣爲五湖，蓋古時應别，今並相連。”徐元誥：“五湖皆與太湖連，故韋昭以太湖統五湖也。”（徐元誥：《國語集解》，中華書局2013年版，第577頁）

［16］【李賢注】逡巡，不進也。《左傳》曰，晉公子重耳反國，及河，子犯以璧授公子，曰：“臣負羈紲從君巡於天下，臣之罪多矣。臣猶知之，而況君乎？請由此亡。”公子曰：“所不與舅氏同心者，有如白水。”

［17］【李賢注】烏氏，縣名，屬安定郡，故城在今涇州安定縣東也（紹興本、大德本、殿本此注在“望聞烏氏有龍池之山”句後）。【今注】烏氏：縣名。治所在今寧夏固原市東南。

［18］【今注】御史大夫：官名。秦官，位上卿，銀印青綬，掌副丞相。西漢成帝綏和元年（前8）更名“大司空”。哀帝建平二年（前5）復爲“御史大夫”，元壽二年（前1）復更名爲“大司空”。東漢光武帝建武二十七年（51）更名爲“司空”，職權轉

變爲掌水土事等。東漢末年，因曹操專權，復更名爲“御史大夫”。本書《百官志一》“司空”條劉昭注：“獻帝建安十三年，又罷司空，置御史大夫。御史大夫郗慮，慮免，不得補。荀綽《晉百官表注》曰：‘獻帝置御史大夫，職如司空，不領侍御史。’”本書《百官志一》“司徒”條劉昭注：“獻帝初，董卓自太尉進爲相國，而司徒不省。及建安末，曹公爲丞相，郗慮爲御史大夫，則罷三公官。”本書卷九《獻帝紀》：“（建安）十三年春正月，司徒趙温免。夏六月，罷三公官，置丞相、御史大夫。癸巳，曹操自爲丞相……八月丁未，光禄勳郗慮爲御史大夫。”

明年夏，赤眉入關，[1]三輔擾亂。[2]流聞光武即位河北，[3]囂即説更始歸政於光武叔父國三老良，[4]更始不聽。諸將欲劫更始東歸，囂亦與通謀。事發覺，更始使使者召囂，囂稱疾不入，因會客王遵、周宗等勒兵自守。更始使執金吾鄧曅[5]將兵圍囂，囂閉門拒守；至昏時，遂潰圍，與數十騎夜斬平城門關，[6]亡歸天水。復招聚其衆，據故地，自稱西州上將軍。[7]

［1］【今注】赤眉：新莽天鳳五年（18），樊崇率領百餘人在莒縣起義，後轉入泰山。隨着其他起義軍的加入，隊伍越來越大，爲了在作戰時與敵人相互區别，起義軍將眉毛染成赤色，故曰“赤眉軍”。

［2］【今注】三輔：京兆尹、左馮翊和右扶風三個郡級行政區，因治所同在長安城中，故稱三輔。内史，周官，秦因之。西漢景帝二年（前155）分置左内史。武帝太初元年（前104）將右内史更名爲京兆尹，左内史更名爲“左馮翊”。主爵都尉，原爲秦官，西漢景帝中元六年（前144）更名爲“都尉”，武帝太初元年更名

爲“右扶風”。東漢初年，京兆尹治長安縣（今陝西西安市西北），左馮翊治遷至高陵（今陝西西安市高陵區），右扶風治遷至槐里縣（今陝西興平市東南）。本書《郡國志一》“左馮翊”條劉昭注引潘岳《關中記》曰：“三輔舊治長安城中，長吏各在其縣治民。光武東都之後，扶風出治槐里，馮翊出治高陵。”

［3］【今注】光武：東漢皇帝劉秀謚號。本書卷一上《光武帝紀上》李賢注：“《謚法》：‘能紹前業曰光，克定禍亂曰武。’” 河北：指黄河以北、太行山以東地區。

［4］【今注】國三老：古代設“三老”以佐助教化。西漢沿置。《漢書》卷一上《高帝紀上》載高祖二年（前205）詔令：“舉民年五十以上，有修行，能帥衆爲善，置以爲三老，鄉一人。擇鄉三老一人爲縣三老，與縣令丞尉以事相教，復勿繇戍。”其後又設郡三老、國三老，導民教化。　良：劉良，字次伯，南陽蔡陽（今湖北棗陽市西南）人，光武帝劉秀叔父。傳見本書卷一四。

［5］【李賢注】《謝承書》曰：“曅，南陽南鄉人。以勁悍廉直爲名（大德本、殿本無‘以’字）。”【今注】執金吾：官名。秩中二千石。主要負責京師内皇宫外的保衛及武庫兵器管理等工作，皇帝出行時還要擔任護衛和儀仗隊。此官承秦而設，原名“中尉”，西漢武帝太初元年（前104）更名爲“執金吾”。王莽時更名爲“奮武”。東漢復名“執金吾”。西漢時，執金吾屬官有中壘令、寺互令、武庫令、都船令、式道左右中候、左右京輔都尉等。東漢僅保留武庫令，其他皆省。　鄧曅：南陽南鄉（今河南南陽市卧龍區）人，緑林軍下江兵，與于匡攻占武關。任更始執金吾、復漢將軍等職。東漢光武帝建武二年，與于匡一起降光武帝，任復漢將軍。

［6］【李賢注】《三輔黄圖》曰，長安城南面西頭門。【今注】平城門：曹金華《後漢書稽疑》曰：“據陳直《三輔黄圖校證》，長安城十二門，東西南北各三門，城南西頭門曰‘西安門’，一曰

'便門'，即'平門'也。顔師古注《漢書·武帝紀》，謂'便門，長安城北面西頭門，即平門也。古者平、便皆同字'。又《黄圖》曰'長安城東面北頭門，號曰宣平城門'。而十二門中，無稱'平城門'者，故疑有誤。"（第238頁）

[7]【今注】西州：指涼州或巴蜀地區。本書卷三一《廉范傳》："范遂流寓西州。"李賢注："謂巴蜀也。"這裏指涼州。

及更始敗，三輔耆老士大夫皆奔歸囂。[1]囂素謙恭愛士，傾身引接爲布衣交。以前王莽平河大尹長安谷恭[2]爲掌野大夫，[3]平陵范逡爲師友，[4]趙秉、蘇衡、鄭興爲祭酒，[5]申屠剛、杜林爲持書，[6]揚廣、王遵、周宗及平襄人行巡、河陽人王捷、長陵人王元爲大將軍，[7]杜陵、金丹之屬爲賓客。[8]由此名震西州，聞於山東。

[1]【今注】耆老：年老者，亦指致仕的卿大夫。《禮記·王制》："耆老皆朝于庠。"鄭玄注："耆老，致仕及鄉中老賢者。"

[2]【李賢注】莽改清河爲平河。【今注】平河：郡名。漢清河郡，治清陽縣（今河北清河縣東南）。王莽更名爲"平河"。

[3]【今注】掌野大夫：官名。隗囂政權所建。

[4]【今注】平陵：縣名。治所在今陝西咸陽市西北。　范逡：王莽敗，范逡與孟冀、杜林、杜成避難河西。後杜林爲光武帝大司徒司直，向光武帝推薦范逡，逡受到重用。

[5]【李賢注】《前書音義》曰："禮，飲酒必祭，示有先也，故稱祭酒。祭祀時，唯長者以酒沃酹。"【今注】鄭興：字少贛，河南開封（今河南開封市祥符區西南）人。於學尤善《左傳》，與賈逵並稱"鄭賈之學"。傳見本書卷二六。　祭酒：擔任祭酒者必

長者，故祭酒成爲長者、尊者的代稱。作爲官名，漢代有博士祭酒。

［6］【李賢注】持書即持書侍御史，秩六百石。【今注】申屠剛：字巨卿，扶風茂陵（今陝西興平市東北）人。傳見本書卷二九。　杜林：字伯山，扶風茂陵（今陝西興平市東北）人。傳見本書卷二九。　持書：持書侍御史，即“治書侍御史”，唐人避唐高宗李治諱改。御史中丞屬官，二人，秩六百石。選御史高第者、明習法律者補之，根據法律審理全國上奏的疑獄等事。

［7］【李賢注】《東觀記》曰：“元，杜陵人。”阿陽，縣名，屬天水郡。本爲“河陽”者，誤也。【今注】案，揚，紹興本、大德本、殿本作“楊”，底本誤。　平襄：縣名。治所在今甘肅通渭縣。　河陽：紹興本誤作“何陽”，大德本、殿本作“阿陽”，是。阿陽，縣名。治所在今甘肅静寧縣西南。　長陵：縣名。治所在今陝西咸陽市東北。曹金華《後漢書稽疑》曰：“《續漢書》也作‘杜陵人’，然據下文‘元字惠孟’，注引《決録》‘平陵之王，惠孟鏘鏘，激昂囂、述，困於東平’，又似爲平陵人。未詳孰是。”（第238頁）　王元：隗囂部將。隗囂敗，爲蜀將。後降，拜爲上蔡令、遷東平相，坐墾田不實，下獄死。本書卷二四《馬援傳》：“而納王游翁諂邪之説。”李賢注：“游翁，王元字也。”曹金華《後漢書稽疑》：“《隗囂傳》：載‘王元，字惠孟’，注引《決録》曰‘惠孟鏘鏘’，豈一人二字乎？余意王元先從隗囂事漢，後‘常以天下成敗未可知，不願專心内事’，終勸隗囂背漢，繼而稱臣於蜀，故馬援稱爲‘游翁’耳。《集解》引洪頤煊説，謂‘游翁當是其别字’，疑亦非是。”（第348—349頁）

［8］【今注】杜陵金丹：曹金華《後漢書稽疑》曰：“‘杜陵’人名僅見，又據前文長安谷恭、平陵范逡、長陵王元等，則疑‘杜陵’爲地名耳。金丹字昭卿，曾補《史記》，詳參《史通·古今正史》。”（第239頁）

建武二年，[1]大司徒鄧禹西擊赤眉，[2]屯雲陽。[3]禹裨將馮愔引兵叛禹，[4]西向天水，囂逆擊，破之於高平，[5]盡獲輜重。於是禹承制遣使持節命囂爲西州大將軍，[6]得專制涼州、朔方事。[7]及赤眉去長安，欲西上隴，囂遣將軍楊廣迎擊，破之，又追敗之於烏氏、涇陽閒。[8]

[1]【今注】建武：東漢光武帝劉秀年號（25—56）。

[2]【今注】大司徒：官名。三公之一，主教化，掌人民事等。西漢成帝綏和元年（前8），改御史大夫爲大司空，大司馬驃騎大將軍爲大司馬；哀帝元壽二年（前1），改丞相爲大司徒，三公制度正式形成。三公制爲王莽和光武帝繼承，並有所發展。東漢光武帝建武二十七年（51），改大司馬爲太尉，去“大司徒”“大司空”之“大”字，爲“司徒”“司空”。　鄧禹：字仲華，南陽新野（今河南新野縣）人。傳見本書卷一六。

[3]【今注】雲陽：縣名。治所在今陝西淳化縣西北。

[4]【今注】裨將：諸將軍之一。《漢書》卷九九下《王莽傳下》載，王莽曾“置前、後、左、右、中大司馬之位，賜諸州牧號爲大將軍，郡卒正、連帥、大尹爲偏將軍，屬令長裨將軍，縣宰爲校尉”。　馮愔：劉秀部將。隨鄧禹入關中，爲積弩將軍。東漢光武帝建武二年，與車騎將軍宗歆守栒邑，争權，殺歆，並反鄧禹，引兵向天水，在高平被隗囂擊破。光武帝遣尚書宗廣持節招降馮愔。護軍黄防執馮愔，率部降。馮愔至洛陽，被光武帝赦免。事見本書卷一六《鄧禹傳》。　案，引兵叛禹，據本書卷一六《鄧禹傳》，馮愔與宗歆争權，殺歆叛禹事在建武元年。

[5]【李賢注】縣名，今原州高平縣（王先謙《後漢書集解》引陳景雲曰：“注‘高平’當作‘平高’”）。【今注】高平：縣名。治所在今寧夏固原市。

［6］【今注】節：古代使者所持的憑證。《史記》卷八《高祖本紀》《索隱》引《釋名》："節爲號令賞罰之節也。又節毛上下相重，取象竹節。"《漢書》卷一上《高帝紀上》顔師古注："節以毛爲之，上下相重，取象竹節，因以爲名，將命者持之以爲信。"本書卷一上《光武帝紀上》李賢注："節，所以爲信也，以竹爲之，柄長八尺，以旄牛尾爲其眊三重。"

［7］【今注】涼州：西漢武帝元封五年（前106）設立的十三刺史部之一，下轄安定郡、隴西郡、天水郡、酒泉郡、張掖郡、敦煌郡等。刺史治隴縣（今甘肅清水縣北）。　朔方：西漢武帝元封五年設立的十三刺史部之一，下轄朔方郡、五原郡、上郡、西河郡、北地郡等。王莽將十三州制改爲十二州時，曾將朔方併入并州。劉秀即位後可能短暫沿用王莽十二州制，但很快又恢復西漢十三州制，將朔方從并州中分離出來。建武十一年，又將朔方併入并州。

［8］【李賢注】涇陽，縣名，屬安建郡（建，紹興本、大德本、殿本作"定"，底本誤），今原州平原縣南涇陽故城是也（平原，平高之譌。中華本校勘記指出，涇陽故城在平高縣南，各本譌"原"）。【今注】涇陽：縣名。屬安定郡，治所在今甘肅平涼市西北。

囂既有功於漢，又受鄧禹爵，署其腹心，議者多勸通使京師。[1]三年，囂乃上書詣闕。[2]光武素聞其風聲，[3]報以殊禮，言稱字，用敵國之儀，所以慰藉之良厚。[4]時陳倉人吕鮪擁衆數萬，[5]與公孫述通，寇三輔。囂復遣兵佐征西大將軍馮異擊之，[6]走鮪，遣使上狀。帝報以手書曰："慕樂德義，思相結納。昔文王三分，猶服事殷。[7]但駑馬鈆刀，不可强扶。[8]數蒙伯樂一顧之價，[9]而蒼蠅之飛，不過數步，即託驥尾，得以絶群。[10]隔於盗賊，聲問不數。[11]將軍操執款款，[12]扶傾救危，南拒公孫之兵，[13]北御羌胡之亂，[14]是以馮異西征，得以數千百人躑躅三輔。[15]微將軍之助，則咸陽已爲佗人禽矣。[16]今關東寇賊，[17]往往屯聚，志務廣遠，多所不暇，未能觀兵成都，[18]與子陽角力。[19]如令子陽到漢中、三輔，[20]願因將軍兵馬，鼓旗相當。儻肯如言，蒙天之福，即智士計功割地之秋也。[21]管仲曰：'生我者父母，成我者鮑子。'[22]自今以後，手書相聞，勿用傍人解構之言。"[23]自是恩禮愈篤。

[1]【今注】京師：東漢都城雒陽，故城在今河南洛陽市東。

[2]【今注】闕：宫門、城門外兩側修築高臺，臺上建樓觀。《三輔黄圖》卷六《雜録·闕觀》："闕，觀也。周置兩觀以表宫門，其上可居，登之可以遠觀，故謂之觀。人臣將朝，至此則思其所闕。"《白虎通》卷一二："門必有闕者，闕者所以飾門，别尊卑也。闕者何？闕疑也。"故以闕代指帝王所居之所。

[3]【今注】風聲：聲望，名聲。

[4]【李賢注】慰，安也，籍，薦也。言安慰而薦籍之良甚也。

[5]【今注】陳倉：縣名。治所在今陝西寶雞市東。

[6]【今注】征西大將軍：官名。東漢光武帝始置。光武帝還設有征南大將軍之職。征西大將軍、征南大將軍爲後世四征將軍制度的源頭。　馮異：字公孫，潁川父城（今河南寶豐縣東）人。好讀書，通《春秋左氏傳》《孫子兵法》。傳見本書卷一七。

[7]【李賢注】孔子曰："周之德可謂至德，三分天下有其二，以服事殷。"

［8］【李賢注】《周禮》："校人掌六馬。"駑馬，最下者也。《説文》："鈆，青金也。"似錫而色青。賈誼云："鈆刀爲銛。"言駑馬鈆刀，不可强扶持而用也。【今注】駑馬：劣等馬。《周禮·夏官·校人》："校人掌王馬之政。辨六馬之屬：種馬一物，戎馬一物，齊馬一物，道馬一物，田馬一物，駑馬一物。"駑馬爲等級最低的馬，用以服雜役。　鈆刀：鈆，同"鉛"。古人稱鉛爲錫或青金，質軟。

［9］【李賢注】《戰國策》曰，蘇代爲燕説齊，未見齊王，先説淳于髡曰："人有賣駿馬者，比三旦立市，市人莫之知，往見伯樂曰：'臣有駿馬，欲賣之，比三旦立於市，市人莫與言。願子還而視之，去而顧之，臣請獻一朝之價。'伯樂如其言，一旦而價十倍也。"

［10］【李賢注】張敞書曰："蒼蠅之飛，不過十步；自託騏驥之尾，乃騰千里之路。然無損於騏驥，得使蒼蠅絶群也。"見《敞傳》。

［11］【今注】聲問：亦作"聲聞"，即音訊。

［12］【今注】款款：誠懇，忠實。《楚辭·卜居》："吾寧悃悃欵欵樸以忠乎？"王逸注："志純一也。欵，一作'款'。"

［13］【今注】案，拒，大德本、殿本作"距"，二字同。

［14］【今注】案，御，紹興本、大德本、殿本作"禦"，二字同。　羌：族名。主要分布於中國的西南、西、西北部，今甘肅、青海、四川、西藏、陝西等地，故被稱爲"西羌"，其部族或支系部落衆多，東漢時期的西羌，參見本書卷八七《西羌傳》。　胡：當時對西北地區少數民族的統稱。

［15］【李賢注】躑躅猶踟蹰也。

［16］【今注】咸陽：地名。秦孝公十二年（前350），秦遷都咸陽。古人城市命名原則之一是山南水北爲陽，咸陽因位於九嵕山南、渭水之北而得名。漢代咸陽更爲渭城。《漢書·地理志上》：

“渭城，故咸陽，高帝元年更名新城，七年罷，屬長安。武帝元鼎三年更名渭城。”渭城，屬右扶風，治所在今陝西咸陽市東北。案，已，大德本作“以”。佗，紹興本、大德本、殿本作“他”，二字同。

［17］【今注】關東：函谷關以東地區。函谷關原位於今河南靈寶市函谷關鎮，西漢武帝元鼎三年（前114）“廣關”，將函谷關遷至今河南新安縣城關鎮。新安縣函谷關遺址情況，可參見洛陽市文物考古研究院、新安縣文物管理局《河南新安縣漢函谷關遺址2012—2013年考古調查與發掘》（《考古》2014年第11期）。

［18］【今注】成都：縣名。治所在今四川成都市。

［19］【李賢注】角力猶爭力也。

［20］【今注】漢中：郡名。治南鄭縣（今陝西漢中市漢臺區）。

［21］【李賢注】秋，一歲中功成之時（功成，紹興本、大德本、殿本作“成功”），故舉以爲言。

［22］【李賢注】事見《史記》。

［23］【李賢注】解構猶間構也。

其後公孫述數出兵漢中，遣使以大司空扶安王印綬授囂。[1]囂自以與述敵國，[2]恥爲所臣，乃斬其使，出兵擊之，連破述軍，以故蜀兵不復北出。

［1］【今注】大司空：官名。三公之一。掌水土之事等。西漢成帝綏和元年（前8），改御史大夫爲大司空，大司馬驃騎大將軍爲大司馬；哀帝元壽二年（前1），改丞相爲大司徒，三公制度正式形成。三公制爲王莽和光武帝繼承，並有所發展。東漢光武帝建武二十七年（51），改大司馬爲太尉，去“大司徒”“大司空”之“大”字，爲“司徒”“司空”。

[2]【今注】敵國：地位相當之國。《國語·周語中》："敵國賓至，關尹以告，行理以節逆之。"韋昭注："敵國，位敵也。"

時關中將帥數上書，[1]言蜀可擊之狀，帝以示囂，因使討蜀，以效其信。囂乃遣長史上書，[2]盛言三輔單弱，劉文伯在邊，[3]未宜謀蜀。帝知囂欲持兩端，不願天下統一，於是稍黜其禮，正君臣之儀。

[1]【今注】關中：地域名。秦、西漢都長安，四面皆置關以防衛之，南武關、北蕭關、東函谷關、西散關，故曰"關中"。或指函谷關以西地區，與關東相對而言。

[2]【今注】長史：官名。秩千石。將軍府屬吏。

[3]【李賢注】文伯，盧芳字也。【今注】劉文伯：盧芳，字君期，安定三水（今寧夏同心縣東）人。傳見本書卷一二。

初，囂與來歙、馬援相善，[1]故帝數使歙、援奉使往來，勸令入朝，許以重爵。囂不欲東，連遣使深持謙辭，言無功德，須四方平定，退伏閭里。[2]五年，復遣來歙説囂遣子入侍，囂聞劉永、彭寵皆已破滅，[3]乃遣長子恂隨歙詣闕。以爲胡騎校尉，封鐫羌侯。[4]而囂將王元、王捷常以爲天下成敗未可知，不願專心内事。元遂説囂曰："昔更始西都，四方響應，天下喁喁，謂之太平。[5]一旦壞敗，[6]大王幾無所厝。今南有子陽，北有文伯，江湖海岱，王公十數，[7]而欲牽儒生之説，棄千乘之基，[8]羈旅危國，以求萬全，此循覆車之軌，計之不可者也。今天水完富，士馬最强，北收西河、上郡，[9]東收三輔之地，案秦舊迹，表裏河山。[10]元請以一丸泥爲大王東封函谷關，此萬世一時也。若計不及此，且畜養士馬，據隘自守，曠日持久，以待四方之變，圖王不成，其弊猶足以霸。[11]要之，魚不可脱於淵，[12]神龍失埶，即還與蚯蚓同。"[13]囂心然元計，雖遣子入質，猶負其險阸，欲專制方面，[14]於是游士長者，稍稍去之。[15]

[1]【今注】來歙：字君叔，南陽新野（今河南新野縣）人。傳見本書卷一五。

[2]【今注】閭里：漢代基層行政組織。縣下設鄉，鄉下設里，負責基層社會的治理等工作。

[3]【今注】劉永：梁郡睢陽（今河南商丘市南）人，梁孝王劉武九世孫。傳見本書卷一二。　案，已，大德本作"以"。

[4]【李賢注】胡騎校尉，武帝置，秩二千石也（二，大德本誤作"一"）。鐫謂鐫鑿也（謂，殿本誤作"猶"）。【今注】胡騎校尉：官名。西漢武帝所置八校尉之一，秩二千石，掌池陽胡騎，不常置。東漢，胡騎校尉併入長水校尉。

[5]【李賢注】喁喁，衆口向上也。

[6]【今注】案，壞敗，紹興本、大德本、殿本作"敗壞"。

[7]【李賢注】謂張步據齊，董憲起東海，李憲守舒，劉紆居垂惠，佼彊、周建、秦豐等各據州郡。

[8]【李賢注】儒生謂馬援説囂歸光武。【今注】千乘：古代一輛兵車由四馬一車組成，稱爲一乘。戰國時，大諸侯國稱爲"萬乘之國"，小諸侯國稱爲"千乘之國"，這裏代指割據一方的諸侯。另，據周制天子地方千里可以出兵車萬乘，故萬乘亦是天子的代稱。

[9]【今注】西河：郡名。治平定縣（今内蒙古准格爾旗西南）。 上郡：郡名。治膚施縣（今陝西榆林市東南）。曹金華《後漢書稽疑》："《校勘記》按：《御覽》二九九引'收'作'取'，《東觀記》作'北取西河'。余按：《類聚》卷二五引《東觀記》作'北取西河'，《後漢紀》卷五作'宜北取西河'，皆無'上郡'，又據文義增一'宜'字爲長。"（第240頁）

[10]【李賢注】秦外山而内河。《左傳》曰："表裏山河。"【今注】案，河山，紹興本、大德本、殿本作"山河"，底本誤。

[11]【李賢注】《前書》徐樂曰："圖王不成，其獘足以霸"也。

[12]【李賢注】《老子》曰："魚不可脱於泉。"脱，失也；失泉則涸矣。

[13]【李賢注】《慎子》曰："騰蛇游霧，飛龍乘雲。雲罷霧除，與蚯蚓同，失其所乘故也。"

[14]【今注】案，紹興本、大德本、殿本無"制"字。

[15]【李賢注】《東觀記》曰："杜林先去，餘稍稍相隨，東詣京師。"【今注】長者：德高望重之人。

六年，關東悉平。帝積苦兵閒，以囂子内侍，公孫述遠據邊垂，[1]乃謂諸將曰："且當置此兩子於度外耳。"[2]因數騰書隴、蜀，[3]告示禍福。囂賓客、掾史多文學生，[4]每所上事，當世士大夫皆諷誦之，故帝有所辭答，尤加意焉。囂復遣使周游詣闕，[5]先到馮異營，[6]游爲仇家所殺。帝遣衛尉銚期持珎寶繒帛賜囂，[7]期至鄭被盜，[8]亡失財物。帝常稱囂長者，務欲招之，聞而歎曰："吾與隗囂事欲不諧，使來見殺，得賜道亡。"

［1］【今注】案，垂，大德本作“陲”，二字通。

［2］【今注】度外：法律制度之外。

［3］【李賢注】《説文》曰：“騰（騰，大德本誤作‘虚’），傳也。”【今注】騰書：傳遞文書。　隴：隴山，代指隗囂政權。　蜀：蜀地，代指公孫述政權。

［4］【今注】賓客：門客、策士。　掾史：中央與地方各官府分曹治事，每曹置掾史若干。孫星衍等輯《漢舊儀補遺》卷上：“或曰漢初掾史辟，皆上言，故有秩皆比命士。其所不言，則爲百石屬。其後皆自辟，故通爲百石云。”　文學生：文學爲孔門四科之一，後亦用以代指儒家學説，文學生指掌握儒家思想與學説的儒生和文士。曹金華《後漢書稽疑》：“《書鈔》卷一〇三引《東觀記》作‘隗囂，故宰相府掾吏，善爲文書，每上書移檄，士大夫莫不諷誦之也’。又‘故宰相府’，姚本、聚珍本無‘相’字，《類聚》卷五八引同。與此稍異。”（第240頁）

［5］【今注】案，曹金華《後漢書稽疑》：“‘周游’，《後漢紀》卷四作‘國游先’，謂‘上遣太中大夫來歙持節送援、國游先至長安。怨家殺游先，其弟爲囂雲旗將軍。’《通鑑》標點者據范書將《考異》所引《袁紀》‘國游先’斷作‘國游’，失其舊矣。而惠棟《後漢書補注》引此，又於‘先’下加‘生’字，尤謬。余以本傳前文隗囂移檄郡國謂‘雲旗將軍周宗’考之，‘國’當‘周’字之訛，形近而誤也，然‘游’‘游先’，未詳熟是。”（第240頁）

［6］【今注】案，先，大德本誤作“光”。

［7］【今注】衛尉：官名。秩中二千石。掌宫門衛士，宫中徼循事。秦官，西漢景帝初更名爲中大夫令，景帝後元元年（前143）復爲衛尉。屬官有公車司馬令一人，六百石；南宫衛士令一人，六百石；北宫衛士令一人，六百石；左右都候各一人，六百石；宫掖門司馬，比千石。　銚期：字次況，潁川郟（今河南郟

縣）人。東漢光武帝建武五年（29），爲太中大夫，又拜衛尉。傳見本書卷二〇。　案，珎，紹興本、大德本、殿本作“珍”，二字同。

［8］【李賢注】鄭，今華州縣是也。【今注】鄭：縣名。屬京兆尹，治所在今陝西渭南市華州區。

會公孫述遣兵寇南郡，[1]乃詔囂當從天水伐蜀，因此欲以潰其心腹。囂復上言：“白水險阻，棧閣絶敗。”[2]又多設支閡。[3]帝知其終不爲用，叵欲討之。[4]遂西幸長安，遣建威大將軍耿弇等七將軍從隴道伐蜀，[5]先使來歙奉璽書喻旨。[6]囂疑懼，即勒兵，使王元據隴坻，[7]伐木塞道，謀欲殺歙。歙得亡歸。

［1］【李賢注】南郡，今荆州也。【今注】南郡：治江陵縣（今湖北荆州市荆州城西北）。

［2］【李賢注】白水，縣，有關，屬廣漢郡。棧閣者，山路懸險，棧木爲閣道。【今注】白水：縣名。治所在今四川青川縣東北。

［3］【李賢注】支柱障閡。

［4］【李賢注】叵猶遂也。

［5］【今注】耿弇：字伯昭，右扶風茂陵（今陝西興平市東北）人。傳見本書卷一九。

［6］【今注】璽書：詔書。璽，璽印。文書一般均封以璽印，以作爲憑信，故璽書指加封了璽印的文書，後專指皇帝的詔書。

［7］【李賢注】坻，坂也。郭仲産《秦州記》曰：“隴山東西百八十里，在隴州汧源縣西。”【今注】隴坻：古隴山一段的名稱。《漢書·地理志下》“隴西郡”條，顔師古注：“應劭曰：‘有隴坻，

在其西也。’師古曰：‘隴坻謂隴阪，即今之隴山也。此郡在隴之西，故曰隴西。’”古隴山南起渭水之濱，北抵沙漠，包括今天的隴山和六盤山兩座大山，古人將今天的隴山稱爲“小隴山”，六盤山稱爲“大隴山”。古隴山各段都有别稱、異名，如“隴坻”“隴阪”“隴頭”“雞頭山”“崆峒山”“笄頭山”等。翻越隴山的隴坻道，春秋時期已經開通。王元控制的隴坻的具體位置，應位於今陝西隴縣固關鎮西，是路通張家川縣和清水縣的隴山道口（劉滿：《河隴歷史地理研究》，甘肅文化出版社 2009 年版，第 205 頁）。

諸將與囂戰，大敗，各引退。囂因使王元、行巡侵三輔，[1]征西大將軍馮異、征虜將軍祭遵等擊破之。[2]囂乃上疏謝曰：“吏人聞大兵卒至，驚恐自救，臣囂不能禁止。兵有大利，不敢廢臣子之節，親自追還。昔虞舜事父，大杖則走，小杖則受。[3]臣雖不敏，敢忘斯義。今臣之事，在於本朝，[4]賜死則死，加刑則刑。如遂蒙恩，更得洗心，[5]死骨不朽。”有司以囂言慢，請誅其子恂，帝不忍，復使來歙至汧，[6]賜囂書曰：“昔柴將軍與韓信書[7]云：‘陛下寬仁，諸侯雖有亡叛而後歸，輒復位號，不誅也。’以囂文吏，[8]曉義理，故復賜書。深言則似不遜，略言則事不決。今若束手，復遣恂弟歸闕庭者，[9]則爵禄獲全，有浩大之福矣。[10]吾年垂四十，在兵中十歲，厭浮語虚辭。即不欲，勿報。”囂知帝審其詐，遂遣使稱臣於公孫述。

[1]【今注】案，大德本脱“行”字。

[2]【今注】祭遵：字弟孫，潁川潁陽（今河南許昌市建安區西南）人。東漢光武帝建武二年（26），拜征虜將軍，定封潁陽侯。

傳見本書卷二〇。

［3］【李賢注】《家語》孔子謂曾子之詞也。【今注】虞舜：傳説中的聖王之一。司馬遷將其列爲五帝之一。《史記》卷一《五帝本紀》："虞舜者，名曰重華。重華父曰瞽叟。"司馬貞《索隱》："虞，國名，在河東大陽縣。舜，謚也。"張守節《正義》："瞽叟姓嬀。妻曰握登，見大虹意感而生舜於姚墟，故姓姚。目重瞳子，故曰重華。字都君。"

［4］【今注】本朝：朝廷。

［5］【今注】案，得，大德本誤作"待"。

［6］【李賢注】汧，水名，因以爲縣，屬右扶風，故城在今隴州汧源縣南。【今注】汧：縣名。治所在今陝西隴縣南。

［7］【李賢注】柴將軍，柴武也。韓信，韓王信也。信反，入匈奴，與漢戰，故武與之書也。【今注】柴將軍：柴武。《史記》卷九三《韓信盧綰列傳》："漢使柴將軍擊之。"裴駰《集解》引鄧展曰："柴奇也。"司馬貞《索隱》："應劭云柴武，鄧展云柴奇；晉灼云奇，武子也。應劭説爲得，此時奇未爲將。" 韓信：韓王信，韓襄王孫，從劉邦入關。劉邦還定三秦，拜爲韓太尉。漢二年（前205），立爲韓王。三年，與周苛等守滎陽，降楚，亡歸漢，漢復立爲韓王。六年，徙都馬邑，反，與匈奴共攻漢。七年，亡入匈奴。十一年，與胡騎入居參合，漢使柴武擊之。柴將軍遂屠參合，斬韓王信。傳見《史記》卷九三、《漢書》卷三二。

［8］【今注】文吏：又稱文法吏。詆毁者稱他們爲"俗吏""刀筆吏"。文吏是自戰國官僚制度産生後，專制主義中央集權政府爲行政管理需要，按照法家理論設計並培養出來的行政管理人員。客觀地看，源於法家理論而創立的文吏體制，有巨大的潛在價值和歷史意義，無論維持龐大帝國的行政管理和樹立中央權威，還是執行專制君主的旨意，文吏是最適宜的。（參見卜憲群《秦漢官僚制度》，社會科學文獻出版社 2002 年版，第 224—225 頁）《漢書》卷

八《宣帝紀》："獄者萬民之命，所以禁暴止邪，養育群生也。能使生者不怨，死者不恨，則可謂文吏矣。"隗囂初爲郡吏，故謂。

［9］【今注】闕庭：闕廷。朝廷，代指京師。

［10］【李賢注】浩亦大也。

明年，述以囂爲朔寧王，[1]遣兵往來，爲之援埶。秋，囂將步騎三萬侵安定，至陰槃，[2]馮異率諸將拒之。囂又令别將下隴，攻祭遵於汧，兵並無利，乃引還。

［1］【李賢注】欲其寧静北邊也。【今注】朔：《文選》張衡《西京賦》："秦里其朔，寔爲咸陽。"薛綜注："朔，北也。"

［2］【李賢注】陰槃，縣名，屬安定郡，今涇州縣。【今注】陰槃：縣名。治所在今陝西長武縣西北。

帝因令來歙以書招王遵，遵乃與家屬東詣京師，拜爲太中大夫，[1]封向義侯。[2]遵字子春，霸陵人也。[3]父爲上郡太守。遵少豪俠，有才辨，[4]雖與囂舉兵，而常有歸漢意。曾於天水私於來歙曰："吾所以戮力不避矢石者，豈要爵位哉！徒以人思舊主，先君蒙漢厚恩，思効萬分耳。"又數勸囂遣子入侍，前後辭諫切甚，囂不從，故去焉。

［1］【今注】太中大夫：官名。名義上隸屬於光禄勳。秩千石，無員。掌顧問應對，無常事，唯詔令所使。

［2］【李賢注】《續漢書》云："遵降，封上雒侯。"

［3］【今注】霸陵：縣名。治所在今陝西西安市東北。

[4]【今注】案，辨，大德本、殿本作“辯”，二字通。

八年春，來歙從山道襲得略陽城。[1]囂出不意，懼更有大兵，乃使王元拒隴抵，[2]行巡守番須口，[3]王孟塞雞頭道，[4]牛邯軍瓦亭，[5]囂自悉其大衆圍來歙。公孫述亦遣其將李育、田弇助囂攻略陽，連月不下。帝乃率諸將西征之，數道上隴，使王遵持節監大司馬吴漢留營於長安。[6]

[1]【今注】略陽：縣名。治所在今甘肅秦安縣東北。

[2]【今注】案，抵，紹興本、大德本、殿本作“坻”，底本誤。

[3]【李賢注】番須口與回中相近，並在汧。【今注】番須口：溝通隴山東西的主要路口之一，在今甘肅華亭市馬峽鎮西，路通莊浪縣韓店鄉的隴山山口（劉滿：《河隴歷史地理研究》，第205頁）。

[4]【李賢注】雞頭，山道也，“雞”或作“笄”，一名崆峝山，在今原州西。【今注】雞頭道：溝通隴山東西的主要路口一，在今寧夏涇源縣白麵鎮西，路通莊浪縣、隆德縣的隴山道口（劉滿：《河隴歷史地理研究》，第205頁）。

[5]【李賢注】安定烏支縣有瓦亭故關，有瓦亭川水，在今原州南（南，殿本作“西”）。【今注】瓦亭：在今寧夏西吉縣將臺鄉（劉滿：《河隴歷史地理研究》，第205頁）。

[6]【今注】吴漢：字子顔，南陽宛（今河南南陽市卧龍區）人。傳見本書卷一八。 案，營，紹興本、大德本、殿本作“屯”。

遵知囂必敗滅，而與牛邯舊故，知其有歸義意，以書喻之曰："遵與隗王歃盟爲漢，自經歷虎口，踐履死地，已十數矣。于時周洛以西[1]無所統壹，故爲王策，欲東收關中，北取上郡，進以奉天人之用，退以懲外夷之亂。數年之閒，冀聖漢復存，當挈河隴奉舊都以歸本朝。[2]生民以來，[3]臣人之埶，未有便於此時者也。而王之將吏，群居穴處之徒，[4]人人抵掌，[5]欲爲不善之計。遵與孺卿日夜所争，害幾及身者，豈一事哉！前計抑絶，後策不從，所以吟嘯扼腕，垂涕登車。[6]幸蒙封拜，得延論議，[7]每及西州之事，未嘗敢忘孺卿之言。今車駕大衆，[8]已在道路，吴、耿驍將，雲集四境，而孺鄉以奔離之卒，[9]拒要阸，[10]當軍衝，視其形埶何如哉？夫智者覩危思變，賢者泥而不滓，[11]是以功名終申，策畫復得。故夷吾束縛而相齊，[12]黥布杖劍以歸漢，[13]去愚就義，功名並著。今孺卿當成敗之際，遇嚴兵之鋒，可爲怖慄。[14]宜斷之心胸，參之有識。"邯得書，沈吟十餘日，乃謝士衆，歸命洛陽，拜爲太中大夫。於是囂大將十三人，屬縣十六，衆十餘萬，皆降。

[1]【李賢注】周洛謂東都也。

[2]【今注】河隴：河西與隴西。行政區劃上，屬涼州刺史部。

[3]【今注】案，以，大德本作"已"。

[4]【李賢注】穴處言所識不遠也。

[5]【李賢注】《説文》（紹興本"説文"後有"曰"字）："抵（抵，紹興本、大德本、殿本誤作'抵'。本注下同）。側擊

也。"《戰國策》曰"蘇秦與李兌抵掌而談"也。【今注】抵掌：擊掌，形容精神振奮，躍躍欲試的樣子。

[6]【李賢注】捥，持也。《史記》云："天下之士，莫不捥腕以言之。"

[7]【李賢注】遵爲大中大夫（大，大德本、殿本作"太"，二字通），在論議之職。

[8]【今注】車駕：皇帝所乘之車，代指皇帝。《漢書》卷一下《高帝紀下》："車駕西都長安。"顔師古注："凡言車駕者，謂天子乘車而行，不敢指斥也。"

[9]【今注】案，鄉，紹興本、大德本、殿本作"卿"，底本誤。

[10]【今注】案，捥，殿本誤作"捥"。

[11]【李賢注】在泥滯之中而不滓汙也。

[12]【李賢注】《新序》曰，桓公與管仲、鮑叔、甯戚飲，桓公謂鮑叔曰："姑爲寡人祝乎？"鮑叔奉酒而起，祝曰："吾君無忘出莒也，使管子無忘束縛從魯也，使甯戚無忘其飯牛於車下也。"

[13]【李賢注】黥布爲楚淮南王，高祖使隨何説布，乃杖劍歸漢王也。

[14]【今注】案，爲，大德本誤作"馬"。

王元入蜀求救，囂將妻子奔西城，從楊廣，[1]而田弇、李育保上邽。[2]詔告囂曰："若束手自詣，父子相見，保無佗也。高皇帝云：'横來，大者王，小者侯。'[3]若遂欲爲黥布者，亦自任也。"[4]囂終不降。於是誅其子恂，使吴漢與征南大將軍岑彭圍西城，[5]耿弇與虎牙大將軍蓋延圍上邽。[6]車駕東歸。[7]月餘，楊廣死，囂窮困。其大將王捷别在戎丘，[8]登城呼漢軍曰："爲隗王城守者，皆必死無二心！願諸軍亟罷，[9]請自殺以明之。"遂自刎頸死。[10]數月，王元、行巡、周宗將蜀救兵五千餘人，乘高卒至，鼓譟大呼曰："百萬之衆方至！"漢軍大驚，未及成陳，元等決圍，殊死戰，遂得入城，迎囂歸冀。[11]會吴漢等食盡退去，於是安定、北地、天水、隴西復反爲囂。[12]

[1]【李賢注】西城，縣名（惠棟《後漢書補注》曰："隴西西縣城也。後屬漢陽。注以爲'西城，縣'，非也。"王先謙《後漢書集解》引陳景雲曰："注中'城'字衍"。中華本據删），屬漢陽郡，一名始昌，城在今秦州上邽縣西南。【今注】西：縣名。本屬隴西郡，後屬漢陽郡，治所在今甘肅禮縣東北。

[2]【今注】上邽：縣名。本屬隴西郡，後屬漢陽郡，治所在今甘肅天水市秦州區。周振鶴等推測上邽至遲在東漢安帝永初五年（111）已屬漢陽，西與上邽同時或稍後由隴西郡别屬漢陽郡（周振鶴、李曉傑、張莉：《中國行政區劃通史·秦漢卷》，復旦大學出版社 2017 年版，第 878 頁）。

[3]【李賢注】田横爲齊王，天下既定，横與賓客五百人居海島，高祖使召之曰（召，大德本誤作"名"）："横來，大者王（大，大德本誤作'木'），小者侯。"事見《前書》。【今注】高皇帝：漢高祖劉邦。《史記》卷八《高祖本紀》："群臣皆曰：'高祖起微細，撥亂世反之正，平定天下，爲漢太祖，功最高。'上尊號爲高皇帝。"

[4]【李賢注】必不歸降，遂如黥布，云欲爲帝，亦任之也。

[5]【今注】岑彭：字君然，南陽棘陽（今河南新野縣東北）人。東漢光武帝建武二年（26），遷征南大將軍。傳見本書卷一七。

［6］【今注】蓋延：字巨卿，漁陽要陽（今河北豐寧滿族自治縣東南）人。東漢光武帝即位，爲虎牙大將軍。傳見本書卷一八。

［7］【李賢注】潁川賊起，故東歸。

［8］【今注】戎丘：城名。《讀史方輿紀要》卷五九《陝西八·鞏昌府·秦州》："戎丘城，在西城西。《水經注》：'戎丘城在西城西北，戎溪水逕其南。'建武八年，吴漢圍西城，隗囂將王捷别在戎丘，登城呼漢軍亟退，因自刎以明死守處也。"

［9］【李賢注】亟音紀力反。

［10］【李賢注】何休《公羊傳》曰（中華本"何休"後補"注"字。曰，紹興本、大德本、殿本作"云"）："刎，割也。"

［11］【今注】冀：縣名。治所在今甘肅甘谷縣東。

［12］【今注】北地：郡名。治馬領縣（今甘肅慶陽市西北）。

九年春，囂病且餓，出城餐糗糒，[1]恚憤而死。[2]王元、周宗立囂少子純爲王。明年，來歙、耿弇、蓋延等攻破落門，[3]周宗、行巡、苟宇、趙恢等將純降。宗、恢及諸隗分徙京師以東，純與巡、宇徙弘農。[4]唯王元留爲蜀將。及輔威將軍臧宫破延岑，[5]元舉衆詣宫降。

［1］【李賢注】鄭康成注《周禮》曰："糗，熬大豆與米也。"《説文》曰："糒，乾飯也。"

［2］【李賢注】《續漢志》曰："王莽末，天水童謡曰'出吴門，望緹群，見一蹇人，言欲上天。令天可上，地上安得人？'時囂初起兵於天水，後意稍廣，欲爲天子，遂破滅。囂少病蹇。吴門，冀郭門名也。有緹群山。"

［3］【李賢注】落門，聚名也，有落門谷水，在今秦州伏羌

縣西。【今注】落門：聚名。即本書《郡國志五》漢陽郡冀縣“雒門聚”。本書卷一七《馮異傳》：“明年夏，與諸將攻落門。”李賢注：“落門，聚名，在冀縣，有落門山。”本書卷一下《光武帝紀下》載，建武十年，“冬十月，中郎將來歙等大破隗純於落門，其將王元奔蜀，純與周宗降，隴右平”。李賢注：“《前書》曰天水冀縣有落門聚，在今渭州隴西縣東南；有落門山，落門水出焉。”故址在今甘肅武山縣洛門鎮。

[4]【今注】弘農：郡名。治弘農縣（今河南靈寶市東北）。

[5]【今注】臧宫：字君翁，潁川郟（今河南郟縣）人。東漢光武帝建武二年（26），封成安侯。五年，拜輔威將軍。傳見本書卷一八。　延岑：字叔牙，南陽築陽（今湖北穀城縣東北）人。新莽末起兵，後爲更始大將軍興德侯劉嘉擊破於冠軍，降。更始都長安，劉嘉爲漢中王，都南鄭。更始帝更始二年（24），延岑反。東漢光武帝建武二年，延岑在漢中自稱武安王。後爲劉秀擊敗，降於公孫述，被封爲汝寧王，授大司馬。建武十二年，公孫述敗，以兵屬延岑，延岑向吴漢投降。吴漢盡滅公孫氏，並族延岑。

元字惠孟，初拜上蔡令，[1]遷東平相，[2]坐墾田不實，下獄死。[3]

[1]【今注】上蔡：縣名。治所在今河南上蔡縣西南。

[2]【今注】東平：國名。東漢光武帝建武十五年（39），封皇子劉蒼爲東平公；十七年，進爵爲王。都無鹽縣（今山東東平縣南）。　相：王國官名。秩二千石。初名相國，西漢惠帝元年（前194）更名爲“丞相”，景帝中元五年（前145）更名爲“相”是王國内的最高行政長官。

[3]【李賢注】《決録》曰“平陵之王，惠孟鏘鏘，激昂囂、述，困于東平”也。

牛邯字孺卿，狄道人。[1]有勇力才氣，雄於邊垂。及降，大司空司直杜林、太中大夫馬援並薦之，[2]以爲護羌校尉，[3]與來歙平隴右。[4]

[1]【今注】狄道：縣名。治所在今甘肅臨洮縣。

[2]【今注】案，大德本、殿本“大司空司直杜林”後有劉攽注，殿本作“劉攽曰：案，司空無司直，當作‘徒’字，《杜林傳》亦可見”。大德本“徒”“傳”二字處爲墨塊。大司徒司直，官名。秩比二千石。西漢武帝元狩五年（前 118）置丞相司直，掌佐丞相舉不法。丞相更名“大司徒”，丞相司直亦更名“大司徒司直”。《漢書》卷九九中《王莽傳中》載，新莽始建國元年（9），“置大司馬司允，大司徒司直，大司空司若，位皆孤卿”。東漢初延置，後省。本書《百官志一》：“世祖即位，以武帝故事，置司直，居丞相府，助都録諸州，建武十八年省也。”

[3]【今注】護羌校尉：官名。本書卷一下《光武帝紀下》載，建武九年（33），“省關都尉，復置護羌校尉官”。李賢注：“《漢官儀》曰：‘武帝置，秩比二千石，持節，以護西羌。王莽亂，遂罷。’時班彪議，宜復其官，以理冤結。帝從之，以牛邯爲護羌校尉，都於隴西令居縣。”

[4]【今注】隴右：地區名。泛指隴山以西地區。

十八年，純與賓客數十騎亡入胡，[1]至武威，捕得，誅之。

[1]【今注】案，曹金華《後漢書稽疑》：“此謂隗純建武十年降，十八年亡入胡，《後漢紀》卷六作十年降，‘頃之，隗純將數十騎亡入匈奴。’”（第 243 頁）

論曰：隗囂援旗糾族，[1]假制明神，[2]迹夫創圖首事，[3]有以識其風矣。[4]終於孤立一隅，介于大國，[5]隴坻雖隘，非有百二之埶，[6]區區兩郡，[7]以禦堂堂之鋒，[8]至使窮廟策，[9]竭征徭，身殁衆解，然後定之。則知其道有足懷者，所以棲有四方之桀，[10]士至投死絶亢而不悔者矣。[11]夫功全則譽顯，業謝則釁生，回成喪而爲其議者，或未聞焉。[12]若囂命會符運，[13]敵非天力，雖坐論西伯，[14]豈多嗤乎？[15]

[1]【李賢注】援，引也。糾，收也。

[2]【李賢注】謂立高祖、孝文等廟而祭之也。【今注】假：借。　制：皇帝的命令。《史記》卷六《秦始皇本紀》："命爲'制'，令爲'詔'。"　明神：指西漢高祖、文帝等。

[3]【今注】迹：推究。

[4]【今注】風：趨勢。

[5]【李賢注】東逼於漢，南拒於蜀。《左傳》曰："介於二大國之閒（二，大德本誤作'一'）。"

[6]【李賢注】百二者，以秦地險固，二萬人當諸侯百萬人。《前書》曰，田肯賀高祖："秦得百二焉。"

[7]【李賢注】隴西、天水也。

[8]【李賢注】言光武親征之也。《魏武兵書》云："無擊堂堂之陣。"

[9]【今注】廟策：廟堂之上所指定的政策。

[10]【李賢注】四方雄桀者，皆棲集而肖之（肖，紹興本、大德本、殿本作"有"）。

[11]【李賢注】亢，喉嚨也。謂王捷自刎也。

[12]【李賢注】成喪猶成敗也。言事之成敗在於天命，不由

人力。能回爲此議者寡，故未之聞也。

［13］【今注】符運：符命。預示帝王受天命的徵兆。

［14］【今注】西伯：周文王。

［15］【李賢注】天力謂光武天所授也。言不遇光武爲敵，則不謝西伯也。嗤，笑也。

公孫述字子陽，[1]扶風茂陵人也。[2]哀帝時，[3]以父任爲郎。[4]後父仁爲河南都尉，[5]而述補清水長。[6]仁以述年少，遣門下掾隨之官。[7]月餘，掾辭歸，白仁曰："述非待教者也。"後太守以其能，[8]使兼攝五縣，政事修理，姦盜不發，郡中謂有鬼神。[9]王莽天鳳中，[10]爲導江卒正，居臨邛，[11]復有能名。

［1］【今注】案，大德本、殿本"公孫述字子陽"前有"公孫述傳"四字，且單獨成行。

［2］【李賢注】《東觀記》曰："其先，武帝時，以吏二千石自無鹽徙焉。"【今注】扶風：政區名。即右扶風，三輔之一。屬司隸校尉部，治槐里縣（今陝西興平市東南）。　茂陵：縣名。治所在今陝西興平市東北。

［3］【今注】哀帝：西漢哀帝劉欣，公元前7年至前1年在位。紀見《漢書》卷一一。

［4］【李賢注】任，保任也。《東觀記》曰："成帝末，述父仁爲侍御史（侍，大德本誤作'傳'），任爲大子舍人（大，紹興本、大德本、殿本作'太'），稍增秩爲郎焉。"【今注】任：漢代選拔人才入仕的途徑之一。《漢書》卷一一《哀帝紀》："除任子令及誹謗詆欺法。"顔師古注："應劭曰：'任子令者，《漢儀注》吏二千石以上視事滿三年，得任同産若子一人爲郎。不以德選，故

除之。’師古曰：‘任者，保也。’”曹金華《後漢書稽疑》：“‘哀帝時’疑誤。本傳注引《東觀記》：‘成帝末，述父仁爲侍御史，任爲太子舍人，稍增秩爲郎焉。’《後漢紀》卷一作‘公孫述字子陽，茂陵人。成帝時，爲清水長’。”（第243頁）

［5］【李賢注】秦置郡尉，典兵禁，捕盗賊，景帝更名都尉，秩比二千石也。【今注】河南：郡名。治雒陽縣（今河南洛陽市東）。光武帝都雒陽，於建武元年更名爲河南尹。　都尉：官名。秩比二千石。掌郡之軍事與治安等。《漢書·百官公卿表上》：“郡尉，秦官，掌佐守典武職甲卒，秩比二千石。有丞，秩皆六百石。景帝中二年更名都尉。”《漢官儀》卷上：“秦郡有尉一人，典兵禁，捕盜賊。景帝更名都尉，建武六年省，惟邊郡往往置都尉及屬國都尉。”

［6］【李賢注】清水，縣名，屬天水郡（郡，大德本誤作“邵”），今秦州縣。【今注】清水：縣名。治所在今甘肅清水縣西北。

［7］【李賢注】州郡有掾，皆自辟除之，常居門下，故以爲號。【今注】門下掾：州郡長官所辟僚屬。嚴耕望考證云：“郡縣屬曹諸吏，除分職列曹如户、倉、金、尉等曹及司監察之督郵外，其餘似均可冠門下爲稱，此詳碑傳可知也。功曹出入内外總揆衆務，故别爲一類；五官職稍類似，故附功曹之後。他如主簿爲閣下群吏之長，職最親近；主記室掾史及録事職掌文書，門下督盜賊及門下賊曹職主侍衛，門下議曹職主謀議，並門下之職也。”（參見嚴耕望《中國地方行政制度史：秦漢地方行政制度》，上海古籍出版社2007年版，第124頁）。本書《輿服志上》：“公卿以下至縣三百石長導從，置門下五吏，賊曹、督盜賊、功曹，皆帶劍，三車導；主簿、主記，兩車爲從。”可見門下主要五吏爲功曹、主簿、主記、賊曹以及督盜賊。

［8］【今注】太守：官名。秦時，郡長官稱“郡守”，西漢景

帝中元二年（前148）更名“太守”。秩一般爲二千石，因此文獻多以“二千石”代稱之。

［9］【李賢注】言明察也。

［10］【今注】天鳳：王莽年號（14—19）。

［11］【李賢注】王莽改蜀郡曰導江（曰，紹興本、殿本作“曰”），太守曰卒正。臨邛，今邛州縣也。【今注】導江：郡名。漢蜀郡，王莽更名“導江郡”。臨邛：縣名。王莽更名“監邛”，治所在今四川邛崍市。

及更始立，豪桀各起其縣以應漢，[1]南陽人宗成自稱“虎牙將軍”，入略漢中；又商人王岑亦起兵於雒縣，[2]自稱“定漢將軍”，殺王莽庸部牧以應成，[3]衆合數萬人。述聞之，遣使迎成等。至成都，[4]虜掠暴横。述意惡之，召縣中豪桀謂曰：“天下同苦新室，[5]思劉氏久矣，故聞漢將軍到，馳迎道路。今百姓無辜而婦子係獲，室屋燒燔，此寇賊，非義兵也。吾欲保郡自守，以待真主。[6]諸卿欲并力者即留，不欲者便去。”豪桀皆叩頭曰：“願効死。”述於是使人詐稱漢使者自東方來，假述輔漢將軍、蜀郡太守兼益州牧印綬。[7]乃選精兵千餘人，西擊成等。[8]比至成都，衆數千人，遂攻成，大破之。成將垣副殺成，以其衆降。[9]二年秋，更始遣柱功侯李寶、益州刺史張忠，[10]將兵萬餘人徇蜀、漢。述恃其地險衆附，有自立志，乃使其弟恢[11]於綿竹擊寶、忠，大破走之。[12]由是威震益部。

［1］【今注】案，桀，大德本、殿本作“傑”，二字通。本段“桀”字，他本有作“傑”者，不再出注。

［2］【李賢注】商，今商州商洛縣也。雒縣屬廣漢郡，今益州縣也。【今注】商：縣名。治所在今陝西丹鳳縣。　雒縣：治所在今四川廣漢市北。

［3］【李賢注】王莽改益州爲庸部，其牧宋遵也。【今注】庸部牧：官名。庸部，王莽所立公爵封國之一。牧，爲公國的管理或輔佐監控官。《漢書》卷九九中《王莽傳中》載，天鳳元年（14），“置州牧、部監二十五人，見禮如三公”。州牧、部監二十五人，包括九州牧九人，十四詩國十四人，漢之安定公孺子嬰和周之章平公姬黨二人（閻步克：《詩國：王莽庸部、曹部探源》，《中國社會科學》2004 年第 6 期）。

［4］【今注】案，紹興本、大德本、殿本“至成都”前有“成等”二字。

［5］【今注】新室：王莽國號“新”，新室代指王莽政權。室，王室、王朝。

［6］【今注】真主：真命天子。

［7］【今注】蜀郡：治成都縣（今四川成都市）。　益州：西漢武帝元封五年（前 106）設立的十三刺史部之一，下轄巴郡、蜀郡、漢中郡、廣漢郡、犍爲郡、武都郡、汶山郡、沈黎郡、越巂郡、牂牁郡、象郡、益州郡等。刺史治雒縣（今四川廣漢市北）。

［8］【今注】案，中華本校勘記：“《通鑑》胡注，謂臨邛在成都西南，述兵自臨邛迎擊宗成等，非西向也，傳誤。”

［9］【李賢注】《風俗通》曰：“垣，秦邑也，因以爲姓。秦始皇有將垣齮。”《東觀記》曰：“初，副以漢中亭長聚衆降成，自稱輔漢將軍。”

［10］【今注】李寶：更始部將，爲柱天將軍，封柱功侯。東漢光武帝建武二年（26），爲更始漢中王劉嘉相。隨劉嘉降光武大

司徒鄧禹，因倨慢無禮，爲鄧禹所斬。

［11］【李賢注】"恢"本或作"惔"。

［12］【李賢注】緜竹，縣名，屬廣漢郡，今益州縣也，故城今在縣東。【今注】綿竹：縣名。治所在今四川德陽市北。

功曹李熊説述曰：[1]"方今四海波蕩，匹夫横議。將軍割據千里，地什湯武，[2]若奮威德以投天隙，[3]霸王之業成矣。宜改名號，以鎮百姓。"述曰："吾亦慮之，公言起我意。"於是自立爲蜀王，都成都。

［1］【今注】功曹：漢代郡守、縣令長之佐吏。主選舉、考課與賞罰等，可代行郡守、縣令長之職。

［2］【李賢注】枚乘諫吴王曰："湯武之土，不過百里。"【今注】湯：成湯，又稱"太乙"，是一位有爲君主，任用賢臣伊尹等爲相，逐漸强大起來，最終滅夏，建立商。　武：姬發，周文王姬昌子。姬發即位後繼承文王遺志，遷都鎬（今陜西西安市西南），積極準備滅商。在即位的第二年，武王率兵東進孟津，前來會盟的諸侯有八百多個，發表了歷史上著名的"孟津之誓"，但姬發認爲時機尚不成熟，從而退兵。次年（前1046），武王伐紂，於朝歌（今河南淇縣）擊敗商軍，紂王自焚而死。周滅商的第二年，姬發病逝，謚武王。

［3］【李賢注】天時之閒隙也。

蜀地肥饒，兵力精强，遠方士庶多往歸之，邛、笮君長[1]皆來貢獻。李熊復説述曰："今山東飢饉，人庶相食；兵所屠滅，城邑丘墟。蜀地沃野千里，土壤膏腴，[2]果實所生，無穀而飽。[3]女工之業，覆衣天下。[4]名材竹幹，器械之饒，不可勝用。[5]又有魚鹽銅銀之利，[6]浮水轉漕之便。北據漢中，杜褒、斜之險；[7]東守巴郡，拒扞關之口；[8]地方數千里，戰士不下百萬。見利則出兵而略地，無利則堅守而力農。東下漢水以窺秦地，南順江流以震荆、楊。[9]所謂用天因地，成功之資。今君王之聲，聞於天下，而名號未定，志士狐疑，宜即大位，使遠人有所依歸。"述曰："帝王有命，吾何足以當之？"熊曰："天命無常，百姓與能。[10]能者當之，王何疑焉！"述夢有人語之曰："八厶子系，十二爲期。"[11]覺，謂其妻曰："雖貴而祚短，若何？"妻對曰："朝聞道，夕死尚可，況十二乎！"[12]會有龍出其府殿中，夜有光耀，述以爲符瑞，因刻其掌，文曰"公孫帝"。建武元年四月，遂自立爲天子，號成家。[13]色尚白。建元曰龍興元年。[14]以李熊爲大司徒，以其弟光爲大司馬，恢爲大司空。改益州爲司隸校尉，蜀郡爲成都尹。[15]

［1］【李賢注】邛、笮皆西南夷國名。笮音昨。見《西南夷傳》。

［2］【李賢注】無塊曰壤。

［3］【李賢注】左思《蜀都賦》曰："户有橘柚之園。"又曰："瓜疇芋區。"《前書》卓王孫曰："吾聞嶓山之下沃野，下有蹲鴟，至死不飢。"

［4］【李賢注】左思《蜀都賦》曰："百室離房，機杼相和。"衣音於既反。【今注】女工：也作"女功"，指女子所從事的紡織、刺繡、縫紉等工作。《周禮·地官·酇長》："趨其耕耨，稽其女

功。”鄭玄注：“女功，絲枲之事。”

［5］【李賢注】竹幹，竹箭也。內盛曰器，外盛曰械。

［6］【李賢注】丙穴出嘉魚，在漢中。蜀有鹽井，又有銅陵山，其朱提界出銀。朱音上朱反。提音上移反。

［7］【今注】褒斜之險：沿褒水、斜水開通的褒斜道，是溝通巴蜀與漢中的主要通道之一，其中褒谷口位於漢中，斜谷口位於郿縣。

［8］【李賢注】《史記》曰楚肅王爲扞關以拒蜀（扞，殿本作“托”），故基在今硤州巴山縣。【今注】巴郡：治江州縣（今重慶市北）。　扞關：扞關的具體位置，學界有爭議。戰國時期，楚先後設有兩處扞關，一處位於今重慶市奉節縣境內，建於公元前377年或稍後，主要防備蜀國；一處位於今湖北長陽縣境內，建於前312年前後，主要捍禦秦軍（參見楊昶《楚扞關辨正》，《華中師範大學學報》1986年第5期）。

［9］【今注】荆：荆州，西漢武帝元封五年（前106）設立的十三刺史部之一，下轄南陽郡、南郡、江夏郡、長沙國、桂陽郡、零陵郡、武陵郡等。刺史治索縣（今湖南常德市東北），順帝陽嘉三年（134）更名爲漢壽。　楊：揚州，西漢武帝元封五年設立的十三刺史部之一，下轄會稽郡、丹陽郡、九江郡、六安國、廬江郡、豫章郡等。刺史治歷陽（今安徽和縣）。楊，紹興本、大德本、殿本作“揚”，底本誤。

［10］【李賢注】《詩》云“天命靡常”，《易》曰“百姓與能”也（殿本無“也”字）。

［11］【李賢注】《說文》云厶音私。系音係，胡計反。

［12］【今注】案，“朝聞道”句，語出《論語·里仁》：“子曰：‘朝聞道，夕死可矣。’”

［13］【李賢注】以起成都，故號成家。

［14］【今注】龍興：公孫述年號（25—36）。案，曹金華《後

漢書稽疑》："'元年'乃衍文。《御覽》卷九二九引《東觀記》《華陽國志》卷五皆作'建元龍興'。"（第244—245頁）

［15］【李賢注】漢以京師爲司隸校尉部，置京兆尹；中興以洛陽爲司隸校尉部，置河南尹。故述斅焉。

越嶲任貴亦殺王莽大尹而據郡降。[1]述遂使將軍侯丹開白水關，[2]北守南鄭；[3]將軍任滿從閬中下江州，[4]東據扞關。於是盡有益州之地。

［1］【今注】越嶲：郡名。治邛都縣（今四川西昌市東南）。王莽更名"集嶲"。　任貴：王莽時，越嶲大尹枚根以爲軍候。更始帝更始二年（24），任貴殺枚根自立爲邛谷王，領太守事，降於公孫述。公孫述敗，光武帝封任貴爲邛谷王。建武十四年（38），遣使上計，授越嶲太守印綬。十九年，反，武威將軍劉尚誅之。事見本書卷八六《南蠻西南夷傳》。

［2］【李賢注】在漢陽西縣。《梁州記》曰"關城西南白水關"也（紹興本、大德本、殿本"南"後有"有"字）。【今注】白水關：關隘名。位於今四川青川縣境内。

［3］【李賢注】今梁州縣也，故城在今縣東北也。【今注】南鄭：縣名。治所在今陝西漢中市。

［4］【李賢注】閬中、江州皆縣名，並屬巴郡。閬中，今隆州縣也。江州故城在渝州巴縣西。【今注】閬中：縣名。治所在今四川閬中市。　江州：縣名。治所在今重慶市北。

自更始敗後，光武方事山東，未遑西伐。關中豪桀吕鮪等往往擁衆以萬數，莫知所屬，多往歸述，[1]皆拜爲將軍。遂大作營壘，陳車騎，肄習戰射，會聚兵甲數十萬人，積糧漢中，築宫南鄭。又造十層赤樓帛蘭船。[2]多刻天下牧守印章，備置公卿百官。使將軍李育、程烏將數萬衆出陳倉，[3]與吕鮪徇三輔。三年，[4]征西將軍馮異擊鮪、育於陳倉，大敗之，鮪、育奔漢中。五年，延岑、田戎爲漢兵所敗，[5]皆亡入蜀。

[1]【李賢注】時延岑據藍田，王歆據下邽，各稱將軍，擁兵。事見《馮異傳》。

[2]【李賢注】蓋以帛飾其蘭檻也。

[3]【今注】程烏：公孫述將。惠棟《後漢書補注》曰："《光武紀》及《馮異傳》俱作'焉'，案《華陽志》當從'烏'。"

[4]【今注】案，三年，本書卷一上《光武帝紀上》載，建武四年（28），"征西大將軍馮異與公孫述將程焉戰於陳倉，破之"。本書卷一七《馮異傳》載，建武四年，"公孫述遣將程焉，將數萬人就吕鮪出屯陳倉。異與趙匡迎擊，大破之，焉退走漢川。異追戰於箕谷，復破之，還擊破吕鮪，營保降者甚衆"。

[5]【今注】田戎：汝南西平（今河南西平縣西）人。王莽末，天下大亂，割據夷陵。東漢光武帝建武五年，降公孫述，封翼江王。建武十二年，威虜將軍馮駿攻占江州，斬田戎。本書卷一七《岑彭傳》"時田戎擁衆夷陵"，李賢注："《東觀記》曰：'田戎，西平人，與同郡人陳義客夷陵，爲群盜。更始元年，義、戎將兵陷夷陵，陳義自稱黎丘大將軍，戎自稱埽地大將軍。'《襄陽耆舊記》曰：'戎號周成王，義稱臨江王。'"

岑字叔牙，南陽人。[1]始起據漢中，又擁兵關西，[2]關西所在破散，[3]走至南陽，略有數縣。戎，汝南人。[4]初起兵夷陵，[5]轉寇郡縣，衆數萬人。岑、戎並與秦豐合，[6]豐俱以女妻之。及豐敗，故二人皆降於述。述以岑爲大司馬，封汝寧王，戎翼江王。六年，述遣戎與將軍任滿出江關，下臨沮、夷陵閒，[7]招其故衆，因欲取荆州諸郡，竟不能剋。

［1］【李賢注】《東觀記》曰筑陽縣人。

［2］【今注】關西：函谷關以西地區。《史記·平準書》："其明年，山東被水菑，民多饑乏，於是天子遣使者虚郡國倉廥以振貧民。猶不足，又募豪富人相貸假。尚不能相救，乃徙貧民於關以西，及充朔方以南新秦中，七十餘萬口，衣食皆仰給縣官。"

［3］【今注】案，大德本、殿本"關西所在破散"句後有劉攽注，作"劉攽曰：案，文多兩'關西'字"。

［4］【今注】汝南：郡名。治平輿縣（今河南平輿縣北）。

［5］【今注】夷陵：縣名。治所在今湖北宜昌市東南。《漢書·地理志上》顔師古注："應劭曰：'夷山在西北。'"

［6］【今注】秦豐：南郡（今湖北荆州市荆州城西北）人，更始帝更始二年（24），以南郡黎丘爲據點，自號楚黎王。經多次征討，東漢光武帝建武五年（29），建義大將軍朱祐圍秦豐於黎丘，拔之，秦豐將妻子降，檻車送洛陽，斬之。

［7］【李賢注】《華陽國志》曰："巴楚相攻，故置江關。"舊在赤甲城，後移在江南岸（紹興本、大德本、殿本"江"後有"州"字，誤），對白帝城，故基在今夔州復縣南。臨沮，縣名，侯國，屬南郡，故城在今荆州當陽縣西北。夷陵，縣名，屬南郡，今硤州縣也，故城在今縣西北（中華本校勘記："沈家本謂，魚復縣西魏改'人復'，隋唐因之，此奪'人'字，非奪'魚'字，《張堪傳》可證。今依沈説補'人'字。按：《岑彭傳》注作'魚復'，《張堪傳》注'人復'。唐貞觀二十三年改'人復'爲'奉節'，作'人復'是"）。【今注】江關：據《漢書·地理志上》，

江關在魚復縣。魚復，治所在今重慶市奉節縣東。案，李賢注所補“舊”字，中華本校勘記曰：“據汲本、殿本補。”曹金華《後漢書稽疑》曰：“《岑彭傳》注引《華陽國志》亦有‘舊’字，然云江關‘舊在赤甲城，後移在江南岸，對白帝城’，無‘州’字。考之，江關戰國時置，在今重慶市奉節東長江北岸赤甲山上，後移至長江南岸，與白帝城相對，而江州即今重慶市，與白帝城間隔甚遠，不當作‘江州’也。”（第246頁） 臨沮：縣名。屬南郡，治所在今湖北南漳縣東南。

是時，述廢銅錢，置鐵官錢，[1]百姓貨幣不行。蜀中童謡言：[2]“黄牛白腹，五銖當復。”好事者竊言王莽稱“黄”，述自號“白”，五銖錢，[3]漢貨也，言天下當并還劉氏。述亦好爲符命鬼神瑞應之事，妄引讖記。[4]以爲孔子作《春秋》，[5]爲赤制而斷十二公，[6]明漢至平帝十二代，歷數盡也，[7]一姓不得再受命。又引《録運法》曰：“廢昌帝，立公孫。”《括地象》曰：“帝軒轅受命，公孫氏握。”[8]《援神契》曰：“西太守，乙卯金。”謂與西方太守而乙絶卯金也。[9]五德之運，黄承赤而白繼黄，金據西方爲白德，而代王氏，得其正序。又自言手文有奇，及得龍興之瑞。[10]數移書中國，[11]冀以惑動衆心。[12]帝患之，乃與述書曰：“圖讖言‘公孫’，[13]即宣帝也。[14]代漢者當塗高，君豈高之身邪？[15]乃復以掌文爲瑞，王莽何足效乎！[16]君非吾賊臣亂子，倉卒時人皆欲爲君事耳，何足數也。[17]君日月已逝，妻子弱小，當早爲定計，可以無憂。天下神器，不可力争，[18]宜留三思。”署曰“公孫皇帝”。述不答。

[1]【李賢注】置鐵官以鑄錢。

[2]【今注】案，紹興本、大德本、殿本“言”後有“曰”字。

[3]【今注】五銖錢：西漢武帝元狩五年（前118），下令郡國鑄五銖錢，據《漢書·食貨志下》記載，此次鑄幣“周郭其質，令不可得摩取鋊”，並改進鑄幣技術，故此取得極大的成功，一直到隋代的七百年間，差不多成爲歷代王朝統一使用的標準貨幣（參見林甘泉主編《中國經濟通史·秦漢》，經濟日報出版社2007年版，第433—443頁）。

[4]【今注】讖記：讖起源較早，主要是一些預示人間吉凶福禍的政治性隱語。一般有書有圖，故被稱爲“圖讖”“圖書”“圖緯”；又因爲是預言性質的符命之書，所以也被稱作“符命”“經讖”等。西漢哀帝、平帝之際纔出現依傍六經的讖緯神學和比附經義緯書，如本書卷五九《張衡傳》載張衡指出：“圖讖成於哀平之際也。”緯書種類，本書卷八二上《樊英傳》：“又善風角、星筭，河洛七緯，推步災異。”李賢注：“七緯者，《易》緯《稽覽圖》《乾鑿度》《坤靈圖》《通卦驗》《是類謀》《辨終備》也；《書》緯《琁機鈐》《考靈耀》《刑德放》《帝命驗》《運期授》也；《詩》緯《推度災》《記歷樞》《含神務》也；《禮》緯《含文嘉》《稽命徵》《斗威儀》也；《樂》緯《動聲儀》《稽耀嘉》《汁圖徵》也；《孝經》緯《援神契》《鉤命決》也；《春秋》緯《演孔圖》《元命包》《文耀鉤》《運斗樞》《感精符》《合誠圖》《考異郵》《保乾圖》《漢含孳》《佑助期》《握誠圖》《潛潭巴》《説題辭》也。”實際上，隋以後大部分的緯書散逸，保存下來的不多，清代學者趙在翰輯《七緯》（鐘肇鵬、蕭文郁點校：《七緯》，中華書局2012年版），日本學者安居香山、中村璋八輯《緯書集成》（河北人民出

版社 1994 年版）可參看。

［5］【今注】春秋：儒家經典。編年體史書。孔子據《魯春秋》編纂而成。記事上起魯隱公元年（前 722），下訖魯哀公十四年（前 481），共 242 年歷史。《春秋》的記事方法，杜預《春秋經傳集解·序》："春秋者，魯史記之名也。記事者，以事系日，以日系月，以月系時，以時系年，所以紀遠近，别同異也。"

［6］【李賢注】《尚書考靈耀》曰："孔子爲赤制，故作《春秋》。"赤者，漢行也。言孔子作《春秋》斷十二公，象漢十二帝。

［7］【李賢注】據漢十一帝，言十二代者，并數吕后。【今注】平帝：西漢平帝劉衎，公元前 1 年至 5 年在位。紀見《漢書》卷一二。

［8］【李賢注】《録運法》《括地象》並《河圖》名也。【今注】録運法：《河圖》緯之一。　括地象：《河圖》緯之一。

［9］【李賢注】乙，軋也。述言西方太守能軋絶卯金也。【今注】案，紹興本、大德本、殿本無"與"字。

［10］【今注】龍興：王者興起。

［11］【今注】中國：華夏族在黄河流域建國，以爲居天下之中，故曰中國，泛指以黄河爲中心的中原地區。

［12］【今注】案，惑，殿本作"感"。

［13］【今注】案，圖，大德本誤作"國"。

［14］【今注】宣帝：西漢宣帝劉詢，公元前 74 年至前 49 年在位。紀見《漢書》卷八。

［15］【李賢注】《東觀記》曰："光武與述書曰：'承赤者，黄也；姓當塗，其名高也。'"

［16］【李賢注】王莽詐以鐵契、石龜、文圭、玄印等爲符瑞，言不足儌效也（效，紹興本、大德本、殿本作"儌"，二字同）。

［17］【李賢注】數，責也。

［18］【李賢注】《老子》云："天下神器，不可爲也。"【今注】神器：指帝位。

明年，隗囂稱臣於述。述騎都尉平陵人荆邯見東方將平，[1]兵且西向，説述曰："兵者，帝王之大器，古今所不能廢也。[2]昔秦失其守，豪桀並起，漢祖無前人之迹，立錐之地，[3]起於行陣之中，躬自奮擊，兵破身困者數矣。然軍敗復合，創愈復戰。[4]何則？前死而成功，踰於却就於滅亡也。隗囂遭遇運會，[5]割有雍州，[6]兵强士附，威加山東。[7]遇更始政亂，復失天下，衆庶引領，四方瓦解。[8]囂不及此時推危乘勝，以争天命，而退欲爲西伯之事，尊師章句，賓友處士，[9]偃武息戈，卑辭事漢，喟然自以文王復出也。[10]令漢帝釋關隴之憂，[11]專精東伐，四分天下而有其三；使西州豪傑咸居心於山東，[12]發閒使，召攜貳，[13]則五分而有其四；若舉兵天水，必至沮潰，天水既定，則九分而有其八。陛下以梁州之地，[14]内奉萬乘，外結三軍，[15]百姓愁困，不堪上命，將有王氏自潰之變。[16]臣之愚計，以爲宜及天下之望未絶，豪傑尚可招誘，急以此時發國内精兵，令田戎據江陵，[17]臨江南之會，[18]倚巫山之固，[19]築壘堅守，傳檄吴、楚，[20]長沙以南必隨風而靡。[21]令延岑出漢中，定三輔，天水、隴西拱手自服。如此，海内震摇，冀有大利。"述以問群臣。博士吴柱曰："昔武王伐殷，先觀兵孟津，[22]八百諸侯不期同辭，[23]然猶還師以待天命。未聞無左右之助，而欲出師千里之外，以廣封疆者也。”[24]邯曰：“今東帝無尺土之柄，驅烏合之衆，[25]跨馬陷敵，所向輒平。不亟乘時與之分功，[26]而坐談武王之説，是効隗囂欲爲西伯也。”述然邯言，欲悉發北軍屯士及山東客兵，[27]使延岑、田戎分出兩道，與漢中諸將合兵并埶。蜀人及其弟光以爲不宜空國千里之外，決成敗於一舉，固争之，述乃止。延岑、田戎亦數請兵立功，終疑不聽。

[1]【今注】騎都尉：官名。秩比二千石，名義上隸屬於光禄勳，無常員，掌監羽林騎。西漢武帝太初元年（前104），置建章營騎，後更名爲羽林騎。宣帝令中郎將、騎都尉監羽林。　案，平，大德本作“尹”。

[2]【李賢注】《左傳》宋子罕曰：“天生五材，廢一不可，誰能去兵？聖人以興，亂人以廢，廢興存亡之術，皆兵之由也。”

[3]【李賢注】言漢祖起自布衣，無公劉、大王之業也（大，紹興本、大德本、殿本作“太”，二字通）。枚乘諫吴王書曰：“舜無立錐之地以有天下。”

[4]【李賢注】軍敗謂戰於睢水上，爲楚所破，後得韓信軍，復大振也。創愈謂在於成皋間，項羽射傷漢王胸，後復戰。

[5]【今注】運會：時運際會。

[6]【今注】雍州：古州名。《尚書·禹貢》九州爲冀州、兖州、青州、徐州、揚州、荆州、豫州、梁州、雍州。《周禮·職方氏》九州是揚州、荆州、豫州、青州、兖州、雍州、幽州、冀州、并州。合併之後，有十一州之名，即冀州、兖州、青州、徐州、揚州、荆州、豫州、梁州、雍州、幽州、并州。西漢武帝設置刺史時，將雍州更名爲涼州、梁州更名爲益州，另外加上新拓展的朔方

和交阯，一共十三部。《漢書・地理志上》："至武帝攘却胡、越，開地斥境，南置交阯，北置朔方之州，兼徐、梁、幽、并夏、周之制，改雍曰涼，改梁曰益，凡十三部，置刺史。"

［7］【李賢注】隴西、天水皆雍州之地，故言割有也。《囂傳》云"名震西州，流聞山東"，是威加也。

［8］【李賢注】《淮南子》曰："武王伐紂，左操黄鉞，右秉白旄而麾之，則瓦解而走。"

［9］【李賢注】章句謂鄭興等也。處士謂方望等也。【今注】章句：漢代經學家解經的一種方式，不以詞義的解釋爲主，而以章節句讀的分析與串講爲主。劉師培《國學發微》："章句之體，乃分析經文之章節者也。"　處士：本指有才德而隱居不仕者，亦泛指未做過官的士人。

［10］【今注】案，紹興本"以"後有"爲"字。

［11］【李賢注】以囂居西，無東之意，故置之度外而不爲憂。【今注】關隴：地域名。泛指關中與隴西地區。

［12］【今注】案，傑，紹興本、殿本作"桀"，二字通本段下同不注。　案，居，殿本作"歸"，底本誤。

［13］【李賢注】閒使謂來歙、馬援等也。攜貳謂王遵、鄭興、杜林、牛邯等相次而歸光武。【今注】案，召，紹興本作"招"。"招"猶"召"。

［14］【今注】梁州：古州名。《尚書・禹貢》九州之一，西漢武帝設十三刺史部時更名爲"益州"。

［15］【今注】案，結，大德本、殿本作"給"，底本誤。

［16］【李賢注】王氏即王莽也。

［17］【今注】江陵：縣名。南郡郡治，治所在今湖北荆州市荆州城西北。

［18］【今注】江南：區域名。長江以南地區。

［19］【李賢注】巫山在今夔州巫山縣東也。【今注】巫山：

山名。位於今湖北、重慶、湖南交界一帶，主峰烏雲頂在重慶奉節縣境内。

［20］【今注】吴：春秋戰國吴國疆域範圍的地區。《漢書·地理志下》："吴地，斗分壄也。今之會稽、九江、丹陽、豫章、廬江、廣陵、六安、臨淮郡，盡吴分也。"

［21］【今注】長沙：郡名。治臨湘縣（今湖南長沙市）。

［22］【今注】孟津：黄河上的渡口。相傳周武王伐紂曾在此渡河，並舉行盟津之誓。在今河南孟津縣老城鄉扣馬村。

［23］【今注】辭：王命。《詩·大雅·板》："辭之輯矣，民之洽矣。"鄭玄箋："辭，辭氣，謂政教也。"

［24］【今注】案，疆，殿本作"彊"，二字同。

［25］【李賢注】鄒陽云："周用烏集而王。"

［26］【李賢注】亟，急也（殿本無此注）。

［27］【今注】北軍屯士：西漢初年，京師置南北二軍，《漢書·刑法志》："天下既定，踵秦而置材官於郡國，京師有南北軍之屯。"此應爲公孫述政權參照西漢軍制所施行北軍屯衛制度。　山東客軍：投靠公孫述政權的山東武裝力量。

述性苛細，察於小事。敢誅殺而不見大體，好改易郡縣官名。然少爲郎，習漢家制度，出入法駕，[1]鑾旗旄騎，[2]陳置陛戟，[3]然後輦出房闥。又立其兩子爲王，食犍爲、廣漢各數縣。[4]群臣多諫，以爲成敗未可知，戎士暴露，而遽王皇子，示無大志，傷戰士心。述不聽。唯公孫氏得任事，由此大臣皆怨。[5]

［1］【李賢注】法駕，屬車三十六乘，公卿不在鹵簿中，侍中驂乘，奉車都尉御。前驅九游雲罕（游，紹興本、大德本、殿

本作“斿”，二字同），鳳皇闟戟，皮軒。

［2］【李賢注】旄頭之騎也。【今注】案，曹金華《後漢書稽疑》：“‘鑾’疑作‘鸞’。《續漢書·輿服志》載‘皮軒鸞旗，皆大夫載。鸞旗者，編羽旄，列繫幢旁’，注引胡廣曰：‘鸞旗，以銅作鸞鳥車衡上。’《後漢紀》卷六也作‘鸞旗旄騎’。”（第246頁）

［3］【今注】陛戟：持戟侍衛於殿階兩側。《漢書》卷六八《霍光傳》：“期門武士陛戟，陳列殿下。”顏師古注：“陛戟謂執戟以衛陛下也。”

［4］【今注】犍爲：郡名。治僰道縣（今四川宜賓市西南）。廣漢：郡名。治所屢有變遷，曾治梓潼縣（今四川梓潼縣）。

［5］【今注】案，此，大德本誤作“山”。

八年，帝使諸將攻隗囂，述遣李育將萬餘人救囂。囂敗，并没其軍，蜀地聞之恐動。述懼，欲安衆心。成都郭外有秦時舊倉，述改名白帝倉，[1]自王莽以來常空。述即詐使人言白帝倉出穀如山陵，百姓空市里往觀之。述乃大會群臣，問曰：“白帝倉竟出穀乎？”皆對言“無”。述曰：“訛言不可信，道隗王破者復如此矣。”俄而囂將王元降，述以爲將軍。明年，使元與領軍環安拒河池，[2]又遣田戎及大司徒任滿、南郡太守程汎將兵下江關，破虜將軍馮駿等，[3]拔巫及夷陵、夷道，[4]因據荆門。[5]

［1］【李賢注】述以色尚白，故改之。

［2］【李賢注】河池，今鳳州縣也。【今注】河池：縣名。治所在今甘肅徽縣西北。敦煌漢簡中有“何池”的記載，黄東洋、鄔文玲等認爲，《漢書·地理志》所載“河池”很可能是“何池”之

誤〔參見黄東洋、鄔文玲《新莽職方補考》，載卜憲群、楊振紅主編《簡帛研究（二〇一二）》，廣西師範大學出版社 2013 年，第 130 頁〕。

［3］【今注】案，惠棟《後漢書補注》引蔣杲曰："《岑彭傳》馮爲威虜將軍。案文，'破'下脱'威'字。"中華本據補。

［4］【李賢注】夷道，縣名，屬南郡，故城在今硤州宜都縣西。【今注】巫：縣名。治所在今重慶巫山縣北。 夷道：縣名。治所在今湖北宜都市。

［5］【李賢注】荆門，山名也，在今硤州宜都縣西北，今猶有故城基址在山上。【今注】荆門：山名。在今湖北宜昌市東南。本書卷一下《光武帝紀下》李賢注："《水經注》曰：'江水東歷荆門、虎牙之間。荆門山在南，上合下開，其狀似門，虎牙山在北，石壁色紅，間有白文類牙，故以名也。此二山，楚之西塞也。'在今硤州夷陵縣東南。"本書《郡國志四》"南郡"載："夷陵，有荆門、虎牙山。"劉昭注："《荆州記》曰：'荆門，江南；虎牙，江北。虎牙有文如齒牙，荆門上合下開。'"

十一年，征南大將軍岑彭攻之，滿等大敗，述將王政斬滿首降于彭。田戎走保江州。[1]城邑皆開門降，彭遂長驅至武陽。[2]帝乃與述書，陳言禍福，以明丹青之信。[3]述省書歎息，以示所親太常常少、光禄勳張隆。[4]隆、少皆勸降。述曰："廢興命也。豈有降天子哉！"左右莫敢復言。

［1］【李賢注】江州，縣名，屬巴郡，故城今瀛州巴縣（瀛，紹興本、殿本作"渝"，大德本作"俞"）。

［2］【李賢注】武陽，縣名，故城在今智州（智，紹興本、

大德本、殿本作"眉"，底本誤)。【今注】武陽：縣名。治所在今四川眉州市彭山區東。

［3］【李賢注】楊雄《法言》曰："王者之言，炳若丹青。"【今注】丹青之信：古人以丹砂和青雘作顏料。《漢書》卷五七《司馬相如傳》："其土則丹青赭堊。"顏師古注："張揖曰：'丹，丹沙也。青，青雘也。'……師古曰：'丹沙，今之硃沙也。青雘，今之空青也。'"丹青顏色鮮艷，不易褪色，故用來比喻堅貞不渝的節操、志向與諾言等。

［4］【今注】太常：官名。秩中二千石。主宗廟禮儀及博士弟子的選拔、教育及補吏等，屬官有太史令、博士祭酒、太祝令、太宰令、太予樂令、高廟令、世祖廟令、園令、食官令等。　光禄勳：官名。秩中二千石。掌宿衛宫殿門户，典謁署郎更直執戟，宿衛門户，考其德行而進退之。郊祀之事，掌三獻。原名"郎中令"，秦官，西漢武帝太初元年（前104）更名。下轄五官中郎將、左中郎將、右中郎將、虎賁中郎將、羽林中郎將、羽林左監、羽林右監等，名義上隸屬官有奉車都尉、駙馬都尉、騎都尉、光禄大夫、太中大夫、中散大夫、諫議大夫、議郎、謁者僕射。

中郎將來歙急攻王元、環安，[1]安使刺客殺歙；述復令刺殺岑彭。十二年，述弟恢及子壻史興並爲大司馬吴漢、輔威將軍臧宫所破，戰死。自是將帥恐懼，日夜離叛，述雖誅滅其家，猶不能禁。帝必欲降之，乃下詔喻述曰："往年詔書比下，[2]開示恩信，勿以來歙、岑彭受害自疑。今以時自詣，則家族完全；若迷惑不喻，委肉虎口，痛哉奈何！將帥疲倦，吏士思歸，不樂久相屯守，詔書手記，不可數得，朕不食言。"述終無降意。

［1］【今注】中郎將：官名。光禄勳屬官，有五官中郎將、左中郎將、右中郎將、虎賁中郎將、羽林中郎將等，皆秩比二千石。五官中郎將，主五官郎，所屬五官中郎，秩比六百石；五官侍郎，秩比四百石；五官郎中，秩比三百石。左、右中郎將，主左、右署郎，所屬中郎，秩比六百石；侍郎，秩比四百石；郎中，秩比三百石。郎官主要職責爲更直執戟，宿衛諸殿門，出充車騎。虎賁中郎將，主虎賁宿衛侍從，所屬虎賁中郎，秩比六百石；虎賁侍郎，秩比六百石；虎賁郎中，秩比三百石；節從虎賁，秩比二百石。羽林中郎將，主羽林郎。羽林郎，秩比三百石。羽林主要職責爲宿衛侍從。

［2］【李賢注】比，頻也。【今注】詔書：漢代皇帝命令文書有策書、制書、詔書、戒敕等四種。其中詔書又可分爲三品：第一品爲皇帝親下某官的詔書，第二品爲經皇帝批覆而下的詔書，第三品爲奏聞皇帝而下的詔書（參見馬怡《漢代詔書之三品》，載《田餘慶先生九十華誕頌壽論文集》，中華書局 2014 年版，第 65—83 頁）。此詔書當爲劉秀親筆手書，屬第一品，故下文云“詔書手記，不可數得”。

九月，吴漢又破斬其大司徒謝豐、執金吾袁吉，[1]漢兵遂守成都。述謂延岑曰：“事當奈何？”岑曰：“男兒當死中求生，可坐窮乎！財物易聚耳，不宜有愛。”述乃悉散金帛，募敢死士五千餘人，以配岑於市橋，[2]僞建旗幟，[3]鳴鼓挑戰，而潛遣奇兵出吴漢軍後，襲擊破漢。漢墯水，[4]緣馬尾得出。[5]

［1］【今注】執金吾：官名。秩中二千石。主要負責京師内皇宫外的保衛及武庫兵器管理等工作，皇帝出行時還要擔任護衛和儀仗隊。此官承秦而設，原名“中尉”，西漢武帝太初元年（前 104）

更名爲“執金吾”。王莽時更名爲“奮武”。東漢復名“執金吾”。西漢時，執金吾屬官有中壘令、寺互令、武庫令、都船令、式道左右中候、左右京輔都尉等。東漢僅保留武庫令，其他皆省。

［2］【李賢注】市橋即七星之一橋也。李膺《益州記》曰：“沖星橋，舊市橋也，在今成都縣西南四里。”

［3］【李賢注】幟，幡也。幟音昌忌反，又式志反。

［4］【今注】案，墯，紹興本、殿本作“墮”，二字同。下同不注。

［5］【今注】緣：攀援。

十一月，臧宫軍至咸門。[1]述視占書，云“虜死城下”，大喜，謂漢等當之。乃自將數萬人攻漢，使延岑拒宫。大戰，岑三合三勝。自旦及日中，軍士不得食，並疲，漢因令壯士突之，述兵大亂，被刺洞胸，墯馬。[2]左右輿入城。[3]述以兵屬延岑，其夜死。明旦，岑降吴漢。乃夷述妻子，盡滅公孫氏，并族延岑。遂放兵大掠，焚述宫室。帝聞之怒，以譴漢。又讓漢副將劉尚曰：[4]“城降三日，吏人從服，孩兒老母，口以萬數，一旦放兵縱火，聞之可爲酸鼻！尚宗室子孫，嘗更吏職，何忍行此？仰視天，俯視地，觀放麑啜羹，二者孰仁？[5]良失斬將弔人之義也！”[6]

［1］【李賢注】成都北面有二門，其西者名咸門。【今注】咸門：成都城北面城門。本書卷一八《臧宫傳》：“進軍咸門。”李賢注：“成都北面東頭門。”

［2］【李賢注】《吴漢傳》云：“護軍高午奔陣刺述，殺之。”【今注】洞：穿透。

［3］【今注】舆：抬，扛。《戰國策・秦策三》："百人舆瓢而趨，不如一人持而走疾。"

［4］【今注】劉尚：光武帝武威將軍，常領兵征伐，參與討平隗囂、公孫述等。東漢光武帝建武二十三年（47）春正月，南郡蠻叛，劉尚討破之。同年十二月，武陵蠻叛，劉尚討之，戰於沅水，軍敗歿。中華本校勘記："按：《集解》引惠棟説，謂《東觀記》'劉尚'作'劉禹'。"曹金華《後漢書稽疑》曰："《吴漢傳》作'劉尚'，章懷注：'《東觀記》《續漢書》"尚"字並作"禹"。'然范書《光武帝紀》《來歙傳》《祭遵傳》《馬成傳》《馬援傳》《南蠻傳》等俱作'劉尚'，《續漢書・天文志》《五行志》與《後漢紀》卷六也作'劉尚'。《集解》引惠棟説，謂'禹即尚也'。"(第247頁)

［5］【李賢注】《韓子》曰："孟孫獵得麑，使秦西巴持之。其母隨而呼，秦西巴不忍而與其母。"《戰國策》曰："樂羊爲魏將而攻中山。其子在中山，中山君亨其子而遺之羹（亨，紹興本、大德本、殿本作'烹'，二字同），樂羊啜之，盡一盃，而攻拔中山。"【今注】麑：幼鹿。

［6］【李賢注】良猶甚也。【今注】弔：傷痛，悲憫。

初，常少、張隆勸述降，不從，並以憂死。帝下詔追贈少爲太常，隆爲光禄勳，以禮改葬之。其忠節志義之士，並蒙旌顯。[1]程烏、李育以有才幹，皆擢用之。於是西土咸悦，莫不歸心焉。

［1］【李賢注】謂李業、譙玄等，見《獨行傳》。

論曰：昔趙佗自王番禺，[1]公孫亦竊帝蜀漢，[2]推其無它功能，[3]而至於後亡者，將以地邊處遠，非王化之所先乎？述雖爲漢吏，無所憑資，[4]徒以文俗自喜，[5]遂能集其志計。[6]道未足而意有餘，不能因隙立功，以會時變，方乃坐飾邊幅，[7]以高深自安，昔吳起所以慙魏侯也。[8]及其謝臣屬，[9]審廢興之命，與夫泥首銜玉者異日談也。[10]

[1]【李賢注】趙佗，真定人，因漢初天下未定，自立爲南越王。番禺，縣，屬南海郡，故城在今廣州西南。《越志》曰："有番山、禺山，因以爲名。"【今注】番禺：縣名。治所在今廣東廣州市。

[2]【今注】蜀漢：區域名。巴蜀與漢中地區。《史記》卷六《秦始皇本紀》："當是之時，秦地已並巴蜀、漢中。"《史記》卷七《項羽本紀》："故立沛公爲漢王，王巴、蜀、漢中，都南鄭。"《史記》卷八《高祖本紀》："始與項羽俱受命懷王，曰先入關中者王之，項羽負約，王我於蜀漢，罪一。"《漢書·地理志下》："而漢中淫失枝柱，與巴蜀同俗。"

[3]【今注】功能：才能。

[4]【今注】案，憑，紹興本、大德本、殿本作"馮"，二字同。

[5]【今注】文俗：拘守禮法而安於習俗。　案，喜，紹興本、大德本、殿本作"憙"，二字同。

[6]【今注】志計：目標與計謀。

[7]【李賢注】邊幅猶有邊緣，以自矜持。【今注】邊幅：儀表。本書卷二四《馬援傳》："述鸞旗旄騎，警蹕就車，磬折而入，禮饗官屬甚盛，欲授援以封侯大將軍位。賓客皆樂留，援曉之曰：'天下雄雌未定，公孫不吐哺走迎國士，與圖成敗，反修飾邊幅，如偶人形。此子何足久稽天下士乎？'"李賢注："言若布帛脩整其

邊幅也。”

［8］【李賢注】《史記》曰：“魏武侯浮西河而下，中流而顧曰：‘美哉乎，河山之固，此魏之寶也。’吴起對曰：‘在德不在險。’”

［9］【今注】謝：辭别。

［10］【李賢注】干寶《晉記》曰：“吴王孫皓將其子瑾等，泥首面縛降王濬。”《左傳》曰：“許男面縛銜璧以見楚子。”璧，則玉（則玉，紹興本、大德本、殿本作“玉也”）。【今注】泥首：以泥塗面，表示自辱認罪。　銜玉：帝王死後口内含玉而葬，表示願服死罪。　異日談：不可同日而語。

贊曰：公孫習吏，隗王得士，漢命已還，二隅方跱。[1]天數有違，江山難恃。[2]

［1］【今注】二隅：公孫述占據蜀漢，隗囂占據河隴。故曰“二隅”。

［2］【李賢注】違猶去也。【今注】天數：天命。　江山：指山河險阻等地理條件。公孫述占據長江之利，隗囂占據隴山之利。

後漢書　卷一四

列傳第四

宗室四王 三侯

齊武王縯 子北海静王興　趙孝王良　城陽恭王祉
泗水王歙　安城孝侯賜　成武孝侯順　順陽懷侯嘉[1]

[1]【今注】案，大德本、殿本卷目作“齊武王縯傳　子北海静王興”。

齊武王縯字伯升，[1]光武之長兄也。[2]性剛毅，慷慨有大節。自王莽篡漢，[3]常憤憤，懷復社稷之慮，[4]不事家人居業，傾身破産，交結天下雄俊。

[1]【李賢注】縯，引也，音衍（此注底本模糊不清，據紹興本、大德本、殿本補）。

[2]【今注】光武：東漢皇帝劉秀謚號。本書卷一上《光武帝紀上》李賢注：“《謚法》：‘能紹前業曰光，克定禍亂曰武。’”

［3］【今注】王莽：字巨君，魏郡元城（今河北大名縣東北）人。西漢元帝皇后王政君侄子。父王曼早死，未得封侯，王莽因此折節向學。成帝永始元年（前16），被封爲新都侯。綏和元年（前8），代王根任大司馬輔政，時年三十八。哀帝即位，王莽因觸怒哀帝祖母傅太后，就國。元壽二年（前1），哀帝崩，無子，中山王劉衎即位，年九歲，太皇太后王政君臨朝，王莽秉政。平帝元始二年（2），爲太傅，號安漢公。五年，鴆殺平帝，稱"攝皇帝"。孺子嬰居攝元年（6），立劉嬰爲皇太子，稱孺子。孺子嬰初始元年（8），代漢，國號爲新。新莽地皇四年（23），在未央宫滄池漸臺爲起義軍杜吴所殺，公賓就斬莽頭，被更始部將傳詣宛，懸於市。傳見《漢書》卷九九。

［4］【今注】社稷：土地神與穀神，代指國家。

莽末，盜賊群起，南方尤甚。伯升召諸豪傑計議曰：[1]"王莽暴虐，百姓分崩。今枯旱連年，[2]兵革並起。[3]此亦天亡之時，復高祖之業，[4]定萬世之秋也。"衆皆然之。於是分遣親客，使鄧晨起新野，[5]光武與李通、李軼起於宛。[6]伯升自發舂陵子弟，[7]合七八千人，部署賓客，自稱柱天都部。[8]使宗室劉嘉往誘新市、平林兵王匡、陳牧等，[9]合軍而進，屠長聚及唐子鄉，[10]殺湖陽尉，[11]進拔棘陽，[12]因欲攻宛。至小長安，[13]與王莽前隊大夫甄阜、屬正梁丘賜戰。[14]時天密霧，漢軍大敗，姊元、弟仲皆遇害，宗從死者數十人。伯升復收會兵衆，還保棘陽。

［1］【今注】案，傑，紹興本作"桀"，二字通。

［2］【今注】案，今，底本模糊不清，據紹興本、大德本、殿

本補。

［3］【李賢注】《東觀記》曰："王莽末年，天下大旱，蝗蟲蔽天（蝗蟲蔽，底本模糊不清，據紹興本、大德本、殿本補），盜賊群起，四方潰畔。"

［4］【今注】高祖：西漢高祖劉邦，公元前206年至前195年在位。紀見《史記》卷八、《漢書》卷一。

［5］【今注】鄧晨：字偉卿，南陽新野（今河南新野縣）人。傳見本書卷一五。 新野：縣名。治所在今河南新野縣。

［6］【今注】李通：字次元，南陽宛（今河南南陽市卧龍區）人。傳見本書卷一五。 李軼：南陽宛人，李通從弟，與李通、劉秀密謀於南陽起兵。更始立，爲五威中郎將，與朱鮪共勸更始帝殺劉縯。更始帝更始二年（24），從入關，封舞陰王。與大司馬朱鮪等屯洛陽，劉秀令馮異守孟津以拒之。馮異與李軼通書往來，劉秀故意洩露李軼書，朱鮪怒而使人刺殺之。 宛：縣名。南陽郡郡治，治所在今河南南陽市卧龍區。

［7］【今注】舂陵：縣名。治所在今湖北棗陽市南。

［8］【李賢注】柱天者，若天之柱也。都部者，都統其衆也。

［9］【今注】新市：地名。本書卷一上《光武帝紀上》："伯升於是招新市、平林兵，與其帥王鳳、陳牧西擊長聚。"李賢注："新市，縣，屬江夏郡，故城在今郢州富水縣東北。"本書《郡國志四》江夏郡有南新市侯國，治所在今湖北京山縣東北。 平林：地名。位於今湖北隨州市。 王匡：新市（今湖北京山縣）人，王莽天鳳四年（17）在緑林山起義。與王鳳、馬武等率軍北入南陽郡，號"新市兵"。更始帝更始元年，封爲定國上公，率軍攻拔洛陽，更始遷都之。更始二年，遷都長安，被封爲比陽王。遭更始猜忌，懼，投降赤眉軍。東漢光武帝建武元年，與胡殷一起降於劉秀使者尚書宗廣，東歸洛陽途中，在安邑欲亡，爲宗廣所殺。 陳牧：平林（今湖北隨州市）人，緑林軍平林兵首領。更始立，拜爲大司

空。更始帝更始二年，更始遷都長安，立陳牧爲陰平王。後更始懷疑陳牧與張卬等合謀劫持更始歸南陽，召入，斬之。

［10］【今注】長聚：聚落名。本書《光武帝紀上》："伯升於是招新市、平林兵，與其帥王鳳、陳牧西擊長聚。"李賢注："《廣雅》曰：'聚，居也，音慈諭反。'《前書音義》曰：'小於鄉曰聚。'"　唐子鄉：本書《光武帝紀上》："進屠唐子鄉，又殺湖陽尉。"李賢注："唐子鄉有唐子山，在今唐州湖陽縣西南。"

［11］【今注】湖陽：縣名。治所在今河南唐河縣西南。　尉：官名。縣尉。本書《百官志五》："尉，大縣二人，小縣一人。本注曰：……尉主盜賊。凡有賊發，主名不立，則推索行尋，安察姦宄，以起端緒。"劉昭注："應劭《漢官》曰：'大縣，丞、左右尉，所謂命卿三人。小縣，一尉一丞，命卿二人。'"

［12］【今注】棘陽：縣名。治所在今河南新野縣東北。

［13］【今注】小長安：屬南陽郡育陽縣，在今河南南陽市南。

［14］【今注】前隊：王莽天鳳元年，置六隊郡，其中：前隊郡，漢南陽郡；後隊郡，漢河内郡；左隊郡，漢潁川郡；右隊郡，漢弘農郡；祈隊郡，漢河南郡一部；兆隊郡，漢河東郡。　大夫：王莽置六尉郡與六隊郡，改太守爲大夫。　屬正：王莽置六尉郡與六隊郡，改都尉爲屬正。

阜、賜乘勝，留輜重於藍鄉，[1]引精兵十萬南渡潢淳，[2]臨沘水，[3]阻兩川閒爲營，絶後橋，示無還心。新市、平林見漢兵數敗，阜、賜軍大至，各欲解去，伯升甚患之。會下江兵五千餘人至宜秋，[4]乃往爲説合從之埶，[5]下江從之。語在《王常傳》。[6]伯升於是大饗軍士，設盟約。休卒三日，分爲六部，潛師夜起，襲取藍鄉。盡獲其輜重。明旦，漢軍自西南攻甄阜，下江兵自東南攻梁丘賜。至食時，賜陳潰，阜軍望見散走，漢兵急追之，却迫潢淳水，[7]斬首溺死者二萬餘人，遂斬阜、賜。

［1］【李賢注】比陽縣有藍鄉。【今注】藍鄉：本書《郡國志四》棘陽縣有藍鄉，在今河南新野縣東。

［2］【李賢注】酈元注《水經》曰："赭水二湖流注（赭，紹興本誤作'者'，大德本、殿本誤作'諸'），合爲黄水，又南經棘陽縣之黄淳聚，又謂之黄淳水。"在今唐州湖陽縣。《蕭該音》"淳"作"諄"者誤。【今注】潢淳：水名。本書《郡國志四》棘陽縣有黄淳聚，在今河南南陽市東南。案，紹興本、殿本作"潢淳水"，大德本作"黄淳水"。

［3］【今注】案，沘，紹興本、大德本、殿本誤作"泚"。

［4］【李賢注】宜秋，聚名，在沘陽縣（沘，紹興本、殿本作"泚"）。【今注】下江兵：王莽末緑林軍的一支。王莽天鳳四年（17），荆州一帶發生飢荒，王匡、王鳳等發動起義，起義軍以緑林山爲根據地，故號稱"緑林軍"。王莽地皇三年（22），王常、成丹等西入南郡，號"下江兵"。《漢書》卷九九下《王莽傳下》："是時，南郡張霸、江夏羊牧、王匡等起雲杜緑林，號下江兵，衆皆萬餘人。"顔師古注："晉灼曰：'本起江夏雲杜縣，後分西上，入南郡，屯藍田，故號下江兵也。'"本書《郡國志四》南郡編縣有藍口聚，劉昭注："下江兵所據。"錢大昕《十駕齋養新録》卷一一《上江下江》："《漢書·王莽傳》：'南郡張霸、江夏羊牧、王匡等起雲杜緑林，號曰下江兵。'是南郡以下，皆可云下江也。李密《與王慶書》：'上江米船，皆被抄截。'《通鑑》載隋煬帝之言曰：'朕方欲歸，正爲上江米船未至。'注：'夏口以上爲上江。'是武昌以上皆可云上江也。"　宜秋：聚落名。本書《郡國志四》在南陽郡平氏縣，在今河南唐河縣東南。

［5］【今注】合從：亦稱“合縱”。戰國六國在秦東，大致呈南北縱向分布，故六國聯合抗擊秦國爲“合縱”。亦泛指聯合。

［6］【今注】王常：字顔卿，潁川舞陽（今河南葉縣東南）人。傳見本書卷一五。

［7］【今注】案，潢，大德本作“黄”。

王莽納言將軍嚴尤、秩宗將軍陳茂聞阜、賜軍敗，[1]引欲據宛，伯升乃陳兵誓衆，焚積聚，破釜甑，鼓行而前，[2]與尤、茂遇育陽下，[3]戰，大破之，斬首三千餘級。尤、茂棄軍走，伯升遂進圍宛，自號柱天大將軍。[4]王莽素聞其名，大震懼，購伯升邑五萬户，[5]黄金十萬斤，位上公。[6]使長安中宫署及天下鄉亭皆畫伯升象於塾，旦起射之。[7]

［1］【今注】納言將軍：官名。王莽改大司農爲“羲和”，後更爲“納言”。莽制，九卿各帶將軍號，故曰“納言將軍”。　嚴尤：王莽將領。曾以討穢將軍出漁陽擊匈奴。封武建伯，代陳茂爲大司馬。後與陳茂擊破下江兵，在淯陽被劉縯擊敗，又於昆陽爲劉秀所敗，歸劉望，爲更始奮威大將軍劉信擊殺。　秩宗將軍：官名。王莽改“太常”爲“秩宗”，又將“宗伯”併入秩宗。莽制，九卿各帶將軍號，故稱秩宗將軍。太常，西漢景帝中元六年由“奉常”更名；宗伯，平帝元始四年由“宗正”更名。　陳茂：王莽將領。曾任大司馬，後與嚴尤擊破下江兵，在淯陽被劉縯擊敗，又於昆陽爲劉秀所敗，歸劉望，爲更始奮威大將軍劉信擊殺。

［2］【李賢注】破釜甑，示必死也。鼓行而前，言無所畏也。《史記》曰：“項羽北救趙，渡河，沈船破釜甑。”

［3］【今注】育陽：縣名。治所在今河南南陽市南。

［4］【今注】柱天大將軍：曹金華《後漢書稽疑》："《校勘記》：'校補謂《袁紀》云自號柱天將軍，無"大"字。'余按：當有'大'字。《漢書·翟方進傳》載翟義起兵誅莽，自號'柱天大將軍'，劉縯始稱'柱天都部'，後稱'柱天大將軍'，秉翟義也。《御覽》卷二七九、《書鈔》卷七十引《續漢書》也有'大'字。《李通傳》後'以通爲柱國大將軍'，《劉玄傳》作'柱天大將軍李通'，其説雖異，然亦可證當有'大'字。"（中華書局2014年版，第249頁）

［5］【今注】購：懸賞緝捕。

［6］【今注】上公：西漢時期，太師、太傅、太保位在三公上，故曰"上公"。西漢平帝元始元年（1），以太師、太傅、太保、少傅爲四輔。新莽始建國元年（9），王莽以太師、太傅、國師、國將爲四輔，位上公。東漢時，僅保留太傅一職。《漢書·百官公卿表上》："太傅，古官，高后元年初置，金印紫綬。後省，八年復置。後省，哀帝元壽二年，復置。位在三公上。太師、太保、皆古官，平帝元始元年皆初置，今印紫綬。太師位在太傅上，太保次太傅。"《漢書》卷九九中《王莽傳中》："又按金匱，輔臣皆封拜。以太傅、左輔、驃騎將軍安陽侯王舜爲太師，封安新公；大司徒就德侯平宴爲太傅，就新公；少阿、羲和、京兆尹紅休侯劉歆爲國師，嘉新公；廣漢梓潼哀章爲國將，美新公；是爲四輔，位上公。"

［7］【李賢注】《蕭該音義》亦作"塾"，引《字林》"塾，門側堂也"。《東觀記》《續漢書》並作"埻"。案《説文》云"射臬也"。《廣雅》"埻，的也"。埻音之允反。【今注】長安：西漢、新莽都城，故城位於今陝西西安市西北。長安城考古發掘概況，參見劉振東《漢長安城綜論——紀念漢長安城遺址考古六十年》（《考古》2017年第1期）。　案，宫，紹興本、大德本、殿本作"官"，底本誤。　鄉亭：鄉，縣下的行政機構；亭，治安機構。

《漢書·百官公卿表上》："大率十里一亭，亭有長。十亭一鄉，鄉有三老、有秩、嗇夫、游徼。三老掌教化。嗇夫職聽訟，收賦税。游徼徼循禁賊盜。"　案，象，紹興本、大德本、殿本作"像"，二字同。　塾：大門東西側的房屋。《漢書·食貨志上》："春，將出民，里胥平旦坐於右塾，鄰長坐於左塾，畢出然後歸，夕亦如之。"顔師古注："門側之堂曰塾。"

自阜、賜死後，百姓日有降者，衆至十餘萬。諸將會議立劉氏以從人望，豪桀咸歸於伯升。[1]而新市、平林將帥樂放縱，憚伯升威明而貪聖公懦弱，[2]先共定策立之，然後使騎召伯升，示其議。伯升曰："諸將軍幸欲尊立宗室，其德甚厚，然愚鄙之見，竊有未同。今赤眉起青、徐，[3]衆數十萬，聞南陽立宗室，[4]恐赤眉復有所立，如此，必將内争。今王莽未滅，而宗室相攻，是疑天下而自損權，非所以破莽也。且首兵唱號，鮮有能遂，陳勝、項籍，[5]即其事也。舂陵去宛三百里耳，未足爲功。遽自尊立，爲天下準的，使後人得承吾敝，[6]非計之善者也。今且稱王以號令。若赤眉所立者賢，相率而往從之；若無所立，破莽降赤眉，然後舉尊號，亦未晚也。願各詳思之。"諸將多曰"善"。將軍張卬拔劍擊地曰：[7]"疑事無功。[8]今日之議，不得有二。"衆皆從之。

[1]【今注】案，桀，大德本、殿本作"傑"，二字通。本卷"桀"字，他本作"傑"者不再出注。

[2]【今注】聖公：劉玄字。王莽地皇四年（23）二月，即皇

帝位，建元更始。傳見本書卷一一。

［3］【今注】赤眉：王莽天鳳五年（18），樊崇率領百餘人在莒縣起義，後轉入泰山。隨着其他起義軍的加入，隊伍越來越大，爲了在作戰時與敵人相互區別，起義軍將眉毛染成赤色，故曰“赤眉軍”。　青：青州刺史部，西漢武帝元封五年（前106）設立的十三刺史部之一，轄平原郡、齊郡、濟南郡、千乘郡、甾川國、北海郡、膠東國、膠西國、東萊郡。刺史治臨菑縣（今山東淄博市臨淄區北）。　徐：徐州刺史部，西漢武帝元封五年設立的十三刺史部之一，轄魯國、楚國、東海郡、泗水國、廣陵國、臨淮郡、琅邪郡。刺史治郯縣（今山東郯城縣西北）。

［4］【今注】南陽：郡名。治宛縣（今河南南陽市卧龍區）。

［5］【今注】陳勝：字涉，陽城（今河南登封市東南）人，少時爲人傭耕。秦二世元年（前209）七月，在大澤鄉（今安徽宿州市境内）與吴廣領導前往漁陽（今北京市懷柔區北房鎮梨園莊東）戍邊的戍卒起義。起義軍攻下陳（今河南淮陽縣），定都於此，號“張楚”，建立政權。後兵敗，在下城父（今安徽渦陽縣東南）被叛徒莊賈殺害。傳見《史記》卷四八、《漢書》卷三一。　項籍：字羽，下相人。秦二世元年九月，在其季父項梁的領導下，殺會稽郡守起義。秦二世二年六月，項梁立楚懷王孫心爲楚王。九月，章邯擊殺項梁於定陶。秦二世三年十月，項羽斬上將軍宋義，率軍於鉅鹿破秦軍。七月，章邯降項羽。秦王子嬰元年（前206）十二月，項羽擊破函谷關，入關。正月，項羽自立爲西楚霸王，都彭城。西漢高祖五年（前202）十二月，項羽被劉邦等圍困在垓下（今安徽靈璧縣東南），項羽突圍至烏江邊（今安徽和縣東北）欲東渡，追兵至，自刎而死。紀見《史記》卷七，傳見《漢書》卷三一。

［6］【李賢注】《前書》宋義曰：“戰勝則兵疲，我承其敝。”

［7］【今注】張卬：緑林軍將領。力主立劉玄爲帝，更始帝更始元年（23），爲衛尉大將軍。更始二年，徙都長安，封淮陽王。

後鎮河東，爲鄧禹所敗，還奔長安。與廖湛、胡殷、申屠建、隗囂等合謀，欲劫持更始歸南陽。謀洩，申屠建被誅，遂與廖湛、胡殷等反。後與王匡降赤眉。及更始降赤眉，又勸赤眉將謝禄殺之。事見本書卷一一《劉玄傳》。

［8］【李賢注】《史記》曰，趙武靈王欲被胡服（趙，大德本作“起”），肥義曰：“疑事無功，疑行無名。”

聖公既即位，拜伯升爲大司徒，[1]封漢信侯。由是豪桀失望，多不服。平林後部攻新野，不能下。新野宰登城言曰：[2]“得司徒劉公一信，願先下。”及伯升軍至，即開城門降。五月，伯升拔宛。六月，光武破王尋、王邑。[3]自是兄弟威名益甚。

［1］【今注】大司徒：官名。三公之一，主教化，掌人民事等。西漢成帝綏和元年（前8），改御史大夫爲“大司空”，大司馬驃騎大將軍爲“大司馬”；哀帝元壽二年（前1），改丞相爲“大司徒”，三公制度正式形成。三公制爲王莽和光武帝繼承，並有所發展。東漢光武帝建武二十七年（51），改大司馬爲太尉，去“大司徒”“大司空”之“大”字，爲“司徒”“司空”。

［2］【李賢注】王莽改令長爲宰，《東觀記》曰，其宰潘臨也。【今注】宰：官名。縣宰。西漢萬户以上縣設縣令，不足萬户設縣長。縣令秩千石。縣長秩四百石或三百石。《漢書》卷九九中《王莽傳中》載，新莽始建國元年（9），“改郡太守曰大尹，都尉曰太尉，縣令長曰宰……更名秩百石曰庶士，三百石曰下士，四百石曰中士，五百石曰命士，六百石曰元士，千石曰下大夫，比二千石曰中大夫，二千石曰上大夫，中二千石曰卿”。

［3］【今注】王尋：曾爲副校尉出使匈奴。新莽始建國元年爲大司徒，封丕進侯、章新公。更始帝更始元年（23），在昆陽之戰

中被劉秀擊殺。　王邑：成都侯王商次子，王莽堂弟，襲爵爲成都侯。新莽始建國元年，被王莽封爲隆新公。曾擔任侍中、光禄勳、虎牙將軍、步兵將軍、大司空等職務。孺子嬰居攝二年（7），翟義起兵反莽，王邑等擊破之。更始元年，與王尋率百萬之衆攻擊更始政權，在昆陽爲劉秀所破。新莽地皇四年（23），更始軍入長安，戰死。

更始君臣不自安，[1]遂共謀誅伯升，乃大會諸將，以成其計。更始取伯升寶劍視之，繡衣御史申徒建隨獻玉玦，[2]更始竟不能發。及罷會，伯升舅樊宏謂伯升曰：[3]"昔鴻門之會，范曾舉玦以示項羽。[4]今建此意，得無不善乎？"伯升笑而不應。初，李軼諂事更始貴將，[5]光武深疑之，常以戒伯升曰："此人不可復信。"又不受。

［1］【今注】更始：劉玄即漢皇帝位後的年號（23—25）。亦代指劉玄。

［2］【李賢注】繡衣御史，武帝置，衣繡者，尊寵之也。玦，決也。令早決斷。【今注】繡衣御史：官名。亦稱"直指繡衣使者"，始於西漢武帝，爲臨時差遣，不常置。《漢書·百官公卿表上》："侍御史有繡衣直指，出討奸猾，治大獄，武帝所制，不常置。"　申徒建：更始部將。更始帝更始元年（23），以西屏大將軍與李松等入長安，傳王莽首詣更始，懸宛市。二年，更始遷都長安，立爲平氏王。三年，與張卬、胡殷、廖湛、隗囂等合謀劫持更始東歸南陽。謀洩，被誅。徒，紹興本、大德本、殿本作"屠"，底本誤。

［3］【今注】樊宏：字靡卿，南陽湖陽（今河南唐河縣南）

人。傳見本書卷三二。

[4]【李賢注】《史記》曰："項王留沛公飲，項伯東向坐，范曾南向坐（曾，紹興本、大德本、殿本作'增'，底本誤，本注下同不注），沛公北向坐。范曾數目項王，舉所佩玉玦者三，項王默然不應。"鴻門，地名，在新豐七十里（紹興本、大德本、殿本"豐"後有"東"字，底本誤）。【今注】鴻門：地名。本書《郡國志一》"京兆尹"條新豐縣"東有鴻門亭"，秦時鴻門邑，地形與鴻溝類似，且北端有門，故名。漢置亭。在今陝西西安市臨潼區新豐鎮鴻門堡村。　范曾：居鄛（今安徽桐城市南）人，年七十，始説項梁立楚後。項羽尊其爲亞父，鴻門宴上范曾企圖擊殺劉邦，項羽不用其計。後封歷陽侯。爲漢離間，返歸彭城途中，疽發背而死。事見《史記》卷七《項羽本紀》。曾，紹興本、大德本、殿本作"增"。

[5]【李賢注】貴將，朱鮪等也。

伯升部將宗人劉稷，[1]數陷陳潰圍，勇冠三軍。時將兵擊魯陽，[2]聞更始立，怒曰："本起兵圖大事者，伯升兄弟也，今更始何爲者邪？"更始君臣聞而心忌之，以稷爲抗威將軍，[3]稷不肯拜。更始乃與諸將陳兵數千人，先收稷，將誅之，伯升固争。李軼、朱鮪因勸更始并執伯升，[4]即日害之。

[1]【今注】宗人：同宗族之人。

[2]【李賢注】魯陽，縣，屬南郡（王先謙《後漢書集解》曰："'郡'當作'陽'"），今汝州魯山縣也。【今注】魯陽：縣名。治所在今河南魯山縣。

[3]【今注】抗威將軍：將軍號。時天下紛亂，各政權紛紛置

將軍以統兵作戰。

［4］【今注】朱鮪：淮陽（今河南淮陽縣）人。王常與南陽士大夫欲立劉縯，朱鮪與張卬等不聽，遂擁立劉玄爲帝。更始帝更始元年（23）朱鮪爲大司馬，與李軼勸更始誅殺劉縯。更始二年，徙都長安，封膠東王，以非劉氏，固辭不受，徙爲左大司馬。後與李軼等守洛陽，在岑彭勸説下，東漢光武帝建武元年（25）九月辛卯，朱鮪舉城降，拜爲平狄將軍，封扶溝侯。後爲少府。

有二子。建武二年，[1]立長子章爲太原王，[2]興爲魯王。[3]十一年，徙章爲齊王。[4]十五年，追謚伯升爲齊武王。[5]

［1］【今注】建武：東漢光武帝劉秀年號（25—56）。

［2］【今注】太原王：本書卷一上《光武帝紀上》載，建武二年（26），封“兄子章爲太原王”；十一年，徙爲齊王。太原國，都晉陽縣，治所在今山西太原市西南。

［3］【今注】魯王：本書《光武帝紀上》載，建武二年，封“兄子章爲太原王，章弟興爲魯王”。本書卷一下《光武帝紀下》載，建武十三年，降“魯王興爲魯公”；十九年，“進趙、齊、魯三國公爵爲王”；二十八年，“徙魯王興爲北海王，以魯國益東海”。魯國，都魯縣，治所在今山東曲阜市。

［4］【今注】齊王：東漢光武帝建武十一年，徙太原王劉章爲齊王；十三年，降爵爲齊公；十九年，進爵爲齊王。齊國，都臨淄，治所在今山東淄博市臨淄區北。曹金華《後漢書稽疑》：“《光武帝紀》失載‘十一年，徙章爲齊王’事，又云十三年齊王、魯王皆降爲公，至十九年皆進爵爲王，而本傳不載此事，疏也。《通鑑考異》已謂其訛。”（第250頁）

［5］【今注】案，曹金華《後漢書稽疑》：“‘齊武王’，《光武

帝紀》《後漢紀》卷七作‘齊武公’，及建武十九年‘進趙、齊、魯三國公爵爲王’後，方可稱‘王’。《校補》云此紀前自‘並執伯升’起，後至‘故試守平陰令’止，文字全與《東觀記》同，蓋東觀諸臣略去降王爲公一節，范書因而未改耳。”（第250頁）

章少孤，光武感伯升功業不就，撫育恩愛甚篤，以其少貴，欲令親吏事，故使試守平陰令，[1]遷梁郡太守。[2]立二十一年薨，謚曰哀王，子殤王石嗣。[3]建武二十七年，石始就國。三十年，封石弟張爲下博侯。[4]永平十四年，[5]封石二子爲鄉侯。[6]石立二十四年薨，子晃嗣。[7]

［1］【李賢注】試守者，稱職滿歲爲真。平陰，縣，屬河南郡。應劭云在平津南，故曰平陰。魏文帝改爲河陰。故城在今洛陽縣東北。濟州平陰縣東北五里亦有平陰故城。【今注】平陰：縣名。治所在今河南孟津縣東北。東漢末年，更名“河陰”。

［2］【李賢注】今宋州也。【今注】梁郡：郡名。治下邑縣（今安徽碭山縣）。　太守：官名。秦時，郡長官稱“郡守”，西漢景帝中元二年（前148）更名“太守”。秩一般爲二千石，因此文獻多以“二千石”代稱之。

［3］【今注】案，殤，紹興本誤作“煬”。

［4］【今注】下博：縣名。治所在今河北深州市東南。

［5］【今注】永平：東漢明帝劉莊年號（58—75）。

［6］【今注】鄉侯：列侯類別名。本書《百官志五》：“列侯，所食縣爲侯國。本注曰：承秦爵二十等，爲徹侯，金印紫綬，以賞有功。功大者食縣，小者食鄉、亭，得臣其所食吏民。後避武帝諱，爲列侯。武帝元朔二年，令諸王得推恩分衆子土，國家爲封，

亦爲列侯。舊列侯奉朝請在長安者，位次三公。中興以來，唯以功德賜位特進者，次車騎將軍；賜位朝侯，次五校尉；賜位侍祠侯，次大夫。其餘以胏附及公主子孫奉墳墓於京都者，亦隨時見會，位在博士、議郎下。”

［7］【今注】案，曹金華《後漢書稽疑》：“《明帝紀》載永平十三年‘齊王石薨’。據此，‘石立二十四年薨，子晃嗣’當置於‘永平十四年’前。”（第250頁）

下博侯張以善論議，十六年，與奉車都尉竇固等[1]並出擊匈奴，[2]後進者多害其能，數被譖訴。建初中卒，[3]肅宗下詔褒揚之，[4]復封張子它人奉其祀。

［1］【李賢注】《續漢志》：“奉車都尉，比二千石，無員，掌御乘輿車。”【今注】奉車都尉：官名。秩比二千石。名義上隸屬於光禄勳。無固定員數。掌御乘輿車。　竇固：字孟孫，扶風平陵（今陝西咸陽市西北）人。竇友子。傳見本書卷二三。

［2］【今注】匈奴：族名。秦、西漢前期匈奴强盛，控制東從朝鮮半島北部西至祁連山、天山一帶的廣大區域，中原在戰略上處於守勢。西漢武帝時期對匈奴采取了反擊策略。宣帝甘露二年（前52），呼韓邪單于部歸附漢朝。東漢光武帝建武二十四年（48），匈奴分裂爲南北兩部。南匈奴依附於漢朝，屯居於朔方、五原、雲中郡一帶。傳見本書卷八九。

［3］【今注】建初：東漢章帝劉炟年號（76—84）。案，建初中，殿本誤作“建中初”。

［4］【今注】肅宗：東漢章帝廟號。

晃及弟利侯剛與母大姬宗更相誣告。[1]章和元年，[2]有司奏請免晃、剛爵爲庶人，[3]徙丹陽。[4]帝不忍，下詔曰："朕聞人君正屏，有所不聽。[5]宗尊爲小君，[6]宫衞周備，出有輜軿之飾，[7]入有牖户之固，殆不至如譖者之言。[8]晃、剛愆乎至行，濁乎大倫，[9]《甫刑》三千，[10]莫大不孝。[11]朕不忍置之于理，[12]其貶晃爵爲蕪湖侯，[13]削剛户三千。於戲！小子不勗大道，控于法理，以墮宗緒。[14]其遣謁者收晃及太姬璽綬。"[15]晃立十七年而降爵。晃卒，子無忌嗣。

[1]【今注】案，大，紹興本、大德本、殿本作"太"，二字通。

[2]【今注】章和：東漢章帝劉炟年號（87—88）。

[3]【今注】庶人：秦漢社會身份稱謂，有官爵者被削爵罷官、罪犯被赦免或奴婢被放免之後，稱爲"庶人"。

[4]【李賢注】丹陽，故郡，城在今潤州江寧縣東南（中華本校勘記："故郡"二字譌倒，應更正爲"郡故"）。【今注】丹陽：郡名。治宛陵縣（今安徽宣城市宣州區）。

[5]【李賢注】《白虎通》曰："所以設屏何？以自障也，示不極臣下之敬也。天子德大，故外屏；諸侯德小，故内屏。"

[6]【李賢注】諸侯之妻稱曰小君。

[7]【李賢注】輜軿，有擁蔽之車也。《列女傳》曰（列女傳，底本模糊不清，據紹興本、大德本、殿本補）："齊孝公華孟姬謂公曰：'妾聞妃后踰閾必乘安車輜軿（必，底本殘，據紹興本、大德本、殿本補），下堂必從傅母保阿（堂，底本模糊不清，據紹興本、大德本、殿本補），進退則鳴玉佩，内飾則結綢繆，所以正心一意，自斂制也。'"【今注】輜軿：《漢書》卷七六《張敞傳》："禮，君母出門則乘輜軿。"顔師古注："輜軿，衣車也。"《釋名》卷七《釋車》："輜車，載輜重臥息其中之車也。輜，廁也，

所載衣物雜厠其中也。軿車，軿，屏也，四面屏蔽，婦人所乘牛車也。輜、軿之形同，有邸曰輜，無邸曰軿。”

［8］【李賢注】何休注《公羊傳》曰：“如其事曰訴，加誣焉曰譖。”

［9］【李賢注】濁猶汙也。倫，理也。孔子曰：“欲潔其身而亂大倫。”

［10］【今注】甫刑：即《尚書·吕刑》。周穆王時，吕侯請求頒布的有關刑罰的文告，吕侯後改封甫侯，故又稱《甫刑》。

［11］【今注】莫大不孝：《孝經·五刑章》：“子曰：‘五刑之屬三千，而罪莫大於不孝。’”

［12］【今注】理：法律。《漢書》卷六《武帝紀》：“將軍已下廷尉，使理正之。”顔師古注：“理，法也。言以法律處正其罪。”

［13］【李賢注】蕪湖。解見《章紀》。【今注】蕪湖：縣名。治所在今安徽蕪湖市東。

［14］【李賢注】控，引也。隳，毁也。【今注】宗緒：祖宗的緒業、事業。

［15］【今注】謁者：官名。掌賓讚受事。《漢書·百官公卿表上》云“秦官”，戰國時已有。西漢，謁者定員七十人，秩比六百石，長官爲謁者僕射，秩比千石。東漢時，謁者臺與尚書臺、御史臺並稱三臺。本書卷七四上《袁紹傳》李賢注：“《晉書》：‘漢官尚書爲中臺，御史爲憲臺，謁者爲外臺，是謂三臺。’”謁者臺長官亦稱“謁者僕射”，秩比千石，所主謁者分爲常侍謁者和謁者兩類。常侍謁者五人，比六百石。謁者三十人，又分爲給事謁者和灌謁者郎中兩類，前者秩四百石，後者秩比三百石；擔任灌謁者滿一年，轉爲給事謁者。

帝以伯升首創大業，[1]而後嗣罪廢，心常愍之。時北海亦絶無後。[2]及崩，遺詔令復二國。[3]永元二年，[4]乃復封無忌爲齊王，[5]是爲惠王。立五十二年薨，子頃王喜嗣。立五年薨，子承嗣。建安十一年，[6]國除。

［1］【今注】帝：指東漢章帝劉炟。　案，紹興本、大德本、殿本無"首"字。

［2］【今注】北海：北海國。本書卷三《章帝紀》載，元和三年（86），"北海王基薨"，無子。

［3］【今注】案，紹興本、大德本、殿本無"令"字。

［4］【今注】永元：東漢和帝劉肇年號（89—105）。

［5］【今注】案，本書卷四《和帝紀》載，永元二年（90），"紹封故齊王晃子無忌爲齊王"。

［6］【今注】建安：東漢獻帝劉協年號（196—220）。

論曰：大丈夫之鼓動拔起，其志致蓋遠矣。[1]若夫齊武王之破家厚士，豈游俠下客之爲哉！[2]其慮將存乎配天之絶業，而痛明堂之不祀也。[3]及其發舉大謀，在倉卒擾攘之中，使信先成於敵人，[4]赦岑彭以顯義，[5]若此足以見其度矣。志高慮遠，禍發所忽。[6]嗚呼！古人以蜂蠆爲戒，[7]蓋畏此也。[8]《詩》云："敬之敬之，命不易哉！"[9]

［1］【今注】志致：志向。

［2］【李賢注】下客謂毛遂、馮煖之徒也。【今注】下客：禮賢下士。王先謙《後漢書集解》："陳景雲曰：下客謂折節下士也。"

［3］【李賢注】王者以遠祖配天，以父配上帝於明堂，將以存其絶業，復其祭祀。【今注】明堂：古代君主宣布教化、治國理

政的重大禮儀場所。《孟子·梁惠王下》:“夫明堂者，王者之堂也。”

[4]【李賢注】新野宰潘臨云，請劉公一信而降。

[5]【李賢注】初，彭守宛，食盡降漢，諸將欲誅之。伯升曰:“今舉大事，當表義士，不如封之以勸其後。”更始封彭爲歸德侯。【今注】岑彭：字君然，南陽棘陽（今河南新野縣東北）人。傳見本書卷一七。

[6]【李賢注】謂不用樊宏、光武之言。忽，輕也。司馬相如曰“禍故多臧於隱微（臧，大德本、殿本作‘藏’，二字同），而發於人之所忽”也。

[7]【李賢注】蠆，蠍也。《左傳》臧文仲謂魯君曰:“君其無謂邾小。蜂蠆有毒，而況國乎!”

[8]【今注】案，畏，紹興本作“謂”。

[9]【李賢注】《詩·周頌》也。

北海靖王興，[1]建武二年封爲魯王，嗣光武兄仲。

[1]【今注】案，曹金華《後漢書稽疑》:“‘靖王’疑作‘静王’。《後漢紀》卷九、《書鈔》卷七五引《續漢書》作‘北海静王’,《類聚》卷四十五引傅毅《北海王誄》序也作‘北海静王’。”(第250—251頁)

初，南頓君娶同郡樊重女，[1]字嫺都。[2]嫺都性婉順，自爲童女，[3]不正容服不出於房，宗族敬焉。生三男三女：長男伯升，次仲，次光武；長女黄，次元，次伯姬。皇妣以初起兵時病卒，[4]宗人樊巨公收斂焉。建武二年，封黄爲湖陽長公主，[5]伯姬爲寧平長公主。[6]元與仲俱歿於小長安，追爵元爲新野長公主，十五年，追謚仲爲魯哀王。[7]

［1］【今注】南頓君：光武帝父劉欽曾爲南頓令，故尊稱爲“南頓君”。南頓，縣名。治所在今河南項城市西。　樊重：字君雲，南陽湖陽（今河南唐河縣南）人。樊宏父。樊重性温厚，有法度，賑贍宗族，恩加鄉閭，縣中稱美，推爲三老。東漢光武帝建武十八年（42），追爵謚爲壽張敬侯。事見本書卷三二《樊宏傳》。

［2］【李賢注】嫺，胡閒反。《説文》：“嫺，雅也。”【今注】案，嫺都，曹金華《後漢書稽疑》謂，袁宏《後漢紀》卷一作“歸都”（第251頁）。

［3］【今注】童女：幼女。

［4］【今注】皇妣：妣，亡母也。《禮記·曲禮下》：“生曰父，曰母，曰妻；死曰考，曰妣，曰嬪。”

［5］【今注】湖陽：縣名。治所在今河南唐河縣西南。　長公主：漢代公主名號之一。本書卷一〇下《皇后紀下》：“漢制，皇女皆封縣公主，儀服同列侯。其尊崇者，加號長公主，儀服同蕃王。”李賢注：“蔡邕曰：‘帝女曰公主，姊妹曰長公主。’建武十五年，封舞陽公主爲長公主，即是帝女尊崇亦爲長，非惟姊妹也。《輿服志》曰‘長公主赤罽軿車，與諸侯同綬’也。”

［6］【今注】寧平：縣名。治所在今河南鄲城縣東北。

［7］【今注】案，曹金華《後漢書稽疑》：“魯哀王”，《光武帝紀》、《後漢紀》卷七作“魯哀公”，及建武十九年“進趙、齊、魯三國公爵爲王”時，方可稱“王”（第251頁）。

興其歲試守緱氏令。[1]爲人有明略，善聽訟，甚得名稱。遷弘農太守，[2]亦有善政。[3]視事四年，上疏乞骸骨，徵還京師，[4]奉朝請。[5]二十七年，始就國。明年，以魯國益東海，[6]故徙興爲北海王。三十年，[7]封興子復爲臨邑侯。[8]中元二年，[9]又封興二子爲縣侯。[10]顯宗器重興，[11]每有異政，[12]輒乘驛問焉。[13]立三十九年薨，子敬王睦嗣。[14]

[1]【今注】試守：漢代官吏任用方式之一。正式任命之前代理某職，屬於試用性質。《漢書》一二《平帝紀》："賜天下民爵一級，吏在位二百石以上，一切滿秩如真。"顏師古注："如淳曰：'諸官吏初除，皆試守一歲乃爲真，食全奉。平帝即位故賜真。'師古曰：'此説非也。時諸官有試守者，特加非常之恩，令如真耳。非凡除吏皆當試守也。'"《漢舊儀》："刺史舉民有茂材，移名丞相，丞相考召，取明經一科，明律令一科，能治劇一科，各一人。詔選諫大夫、議郎、博士、諸侯王傅、僕射、郎中令，取明經。選廷尉正、監、平案章，取明律令。選能治劇長安、三輔令，取治劇。皆試守，小冠，滿歲爲真，以次遷，奉引則大冠。" 緱氏：縣名。治所在今河南偃師市東南。

[2]【今注】弘農：郡名。治弘農縣（今河南靈寶市東北）。

[3]【李賢注】《續漢書》曰："弘農縣吏張申有伏罪，興收申案論，郡中震慄。時年旱，分遣文學循行屬縣，理冤獄，宥小過，應時甘雨降澍。"

[4]【今注】京師：東漢都城雒陽，故城在今河南洛陽市東。

[5]【今注】奉朝請：官名。對閑散官的政治優待，擁有參加朝會的資格。本書卷四《和帝紀》李賢注："奉朝請，無員，三公、外戚、宗室、諸侯多奉朝請。漢律：'春曰朝，秋曰請。'"

[6]【李賢注】《續漢書》曰："二郡二十九縣，租入倍諸王也。"

[7]【今注】案，三，大德本誤作"二"。

[8]【李賢注】臨邑，縣，屬東海，故城在今濟州東，亦名

馬坊城也（沈欽韓《後漢書疏證》曰："《漢志》屬東郡，此誤。《舊唐志》臨邑縣屬齊州，注云濟州，亦誤。"中華本據改）。【今注】臨邑：縣名。治所在今山東東阿縣。

［9］【今注】中元：亦稱建武中元，東漢光武帝劉秀年號（56—57）。

［10］【今注】縣侯：列侯種類名。本書《百官志五》："列侯，所食縣爲侯國。本注曰：承秦爵二十等，爲徹侯，金印紫綬，以賞有功。功大者食縣，小者食鄉、亭，得臣其所食吏民。後避武帝諱，爲列侯。武帝元朔二年，令諸王得推恩分衆子土，國家爲封，亦爲列侯。舊列侯奉朝請在長安者，位次三公。中興以來，唯以功德賜位特進者，次車騎將軍；賜位朝侯，次五校尉；賜位侍祠侯，次大夫。其餘以胏附及公主子孫奉墳墓於京都者，亦隨時見會，位在博士、議郎下。"

［11］【今注】顯宗：東漢明帝劉莊廟號，代指漢明帝。

［12］【今注】異政：與先前不同的政策、措施。

［13］【今注】乘：利用，憑借。　驛：驛站。

［14］【今注】案，曹金華《後漢書稽疑》："前載北海王興'建武二年封爲魯王'，《明帝紀》載永平七年'北海王興薨'，據此當是三十九年，然《類聚》卷四十五引傅毅《北海王誄》序作'永平六年北海静王薨'，與此不同。又本傳敬王睦'立十年薨'，《明帝紀》作永平十七年'北海王睦薨'，自永平七年迄十七年，依例爲十一年，依《北海王誄》序爲十二年，疑亦有誤。"（第251頁）

睦少好學，博通書傳，光武愛之，數被延納。顯宗之在東宮，[1]尤見幸待，入侍諷誦，出則執轡。[2]中興初，[3]禁網尚闊，而睦性謙恭好士，千里交結，自名儒宿德，莫不造門，由是聲價益廣。永平中，法憲頗峻，睦乃謝絶賓客，放心音樂。然性好讀書，常爲愛翫。歲終，遣中大夫奉璧朝賀，[4]召而謂之曰："朝廷設問寡人，[5]大夫將何辭以對？"使者曰："大王忠孝慈仁，敬賢樂士。臣雖螻蟻，敢不以實？"睦曰："吁，子危我哉！[6]此乃孤幼時進趣之行也。[7]大夫其對以孤襲爵以來，志意衰惰，聲色是娱，犬馬是好。"使者受命而行。其能屈申若此。

[1]【今注】東宫：太子所居宫的代稱，亦代指太子。東漢以後，太子宫始固定爲東宫。《文選》陸韓卿《奉答内兄希叔一首》李善注："卞壼議曰'太子所居宫，稱東宫，不言太子宫者，二宫以東西爲稱，明是天子之離宫，使太子居之也'。"

[2]【李賢注】乘輿，尊者居中，執轡在左。

[3]【今注】中興：《南唐書》卷一五《蕭儼傳》："儼獨建言：'帝王，己失之，己得之，謂之反正；非己失之，自己復之，謂之中興。'"東漢光武帝劉秀本爲漢宗室，國號仍爲"漢"，故曰"中興"。這裏代指東漢。

[4]【李賢注】中大夫，王國官也。《續漢志》曰："中大夫，比六百石，無員，掌奉王使京都奉璧賀正月，及使諸國。本皆持節，後去節。"《爾雅》曰："肉倍好謂之璧。"好，孔也。

[5]【李賢注】朝廷謂天子也。

[6]【李賢注】吁音于。孔安國注《尚書》曰："吁者，疑怪之聲也。"

[7]【李賢注】《東觀記》《續漢書》並云"是吾幼時狂惷之行也"。

初，靖王薨，悉推財産與諸弟，雖王車服珍寶非列侯制，[1]皆以爲分，然後隨以金帛贖之。睦能屬文，作《春秋旨義》《終始論》及賦頌數十篇。又善史書，[2]當世以爲楷則。[3]及寢病，帝驛馬令作草書尺牘十首。[4]立十年薨，子哀王基嗣。

［1］【今注】列侯：爵位名。秦漢二十等爵的第二十級。原稱徹侯，避漢武帝劉徹諱，改爲列侯。享有食邑户數不等，根據張家山漢簡《二年律令·户律》記載，西漢初，徹侯受一百零五宅。列侯以下的爵位分别是：第十九級關内侯、第十八級大庶長、第十七級駟車庶長、第十六級大上造、第十五級少上造、第十四級右更、第十三級中更、第十二級左更、第十一級右庶長、第十級左庶長、第九級五大夫、第八級公乘、第七級公大夫、第六級官大夫、第五級大夫、第四級不更、第三級簪裹、第二級上造、第一級公士〔參閱張家山二四七號漢墓竹簡整理小組《張家山漢墓竹簡［二四七號墓］（釋文修訂本）》，文物出版社 2006 年版，第 52 頁〕。

［2］【今注】史書：《説文解字·叙》："尉律：學童十七已上始試。諷籀書九千字，乃得爲吏。又以八體試之，郡移太史。並課最者，以爲尚書史。書或不正。輒舉劾之。"《漢書·藝文志》小學家云："漢興，蕭何草律，亦著其法，曰：太史試學童，能諷書九千字以上，乃得爲史。又以六體試之，課最者以爲尚書御史史書令史。吏民上書，字或不正，輒舉劾。"《漢書》卷九《元帝紀贊》："元帝多材藝，善史書。"顔師古注："應劭曰：'周宣王太史史籀所作大篆。'"錢大昕《考史拾遺》："應説非也。漢興，太史試學童，能諷書九千字以上，乃得爲史。《貢禹傳》：武帝時，盜賊起郡國，擇便巧史書者，以爲右職，俗皆曰，何以禮儀爲，史書而仕宦。《酷吏傳》：嚴延年善史書，所欲誅殺奏成於手中，主簿親近史不得聞知。蓋史書者，令史所習之書，猶言隸書也。善史書者，謂能識字作隸書耳，豈皆盡通史籀十五篇乎。《外戚傳》：許皇后，

聰慧善史書。《西域傳》：楚主侍者馮嫽能史書。《王尊傳》：少善史書。《後漢書·安帝紀》：年十歲，好學史書。《皇后紀》：鄧皇后六歲能史書，梁皇后少好史書。《章八王傳》：安帝所生母左姬善史書。《齊武王傳》：北海敬王睦善史書，當世以爲楷則。《明八王傳》：樂成靖王黨善史書，喜正文字。諸所稱善史書者，無過諸王后妃嬪侍之流，略知隸楷，已足成名，非真精通篆籀也。《魏志·管寧傳》：潁川胡昭善史書，與鍾繇、邯鄲淳、衛凱、韋誕，並有尺牘之迹，動見模楷，則史書之即隸書明矣。”（錢大昕：《考史拾遺》，商務印書館 1958 年版，第 29—30 頁）張家山漢簡《二年律令·史律》：“史、卜子年十七歲學。史、卜、祝學童學三歲，學佴將詣大史、大卜、大祝，郡史學童詣其守，皆會八月朔日試之。［試］史學童以十五篇，能風（諷）書五千字以上，乃得爲史。有（又）以八羕（體）試之，郡移其八羕（體）課大史，大史誦課，取寂（最）一人以爲其縣令史，殿者勿以爲史。三歲壹並課，取寂（最）一人以爲尚書卒史。［卜學］童能風（諷）書史書三千字，誦卜書三千字，卜六發中一以上，乃得爲卜，以爲官□。其能誦三萬以上者，以爲卜，上計六更。缺，試脩法，以六發中三以上者補之。以祝十四章試祝學童，能誦七千言以上者，乃得爲祝，五更。大祝試祝，善祝、明祠事者，以爲冗祝，冗之。不入史、卜、祝者，罰金四兩，學佴二兩。”〔張家山二四七號漢墓竹簡整理小組：《張家山漢墓竹簡［二四七號墓］（釋文修訂本）》，第 80—81 頁〕

［3］【今注】案，大德本“則”後有“之”字。

［4］【李賢注】《說文》云：“牘，書板也（板，紹興本、大德本、殿本作‘版’，底本誤）。”蓋長一尺（一，大德本誤作“紅”），因取名焉。【今注】尺牘：長一尺的簡牘。亦稱爲“札”，杜預《春秋左氏傳序》：“諸侯亦各有國史，大事書之於策，小事簡牘而已。”孔穎達疏：“單執一札，謂之爲簡，連編諸簡，乃名爲策。”尺牘的長度與漢代一尺相當，約 23 釐米，寬約 1 釐米，

厚 0. 2—0. 3 釐米，爲單行書寫（參見李寶通、黃兆宏主編《簡牘學教程》，甘肅人民出版社 2011 年版，第 8 頁）。

永平十八年，[1]封基二弟爲縣侯，二弟爲鄉侯。建初二年，又封基弟毅爲平望侯。[2]基立十四年薨，[3]無子，肅宗憐之，不除其國。

［1］【今注】案，永，大德本誤作“水”。

［2］【今注】平望：縣名。治所在今山東壽光市東北。

［3］【今注】案，曹金華《後漢書稽疑》：“《明帝紀》載永平十七年‘北海王睦薨’，《章帝紀》載元和三年‘北海王基薨’，據此，劉基在位前後儘十三年，非‘十四年’。”（第 251 頁）

永元二年，和帝封睦庶子斟鄉侯威爲北海王，[1]奉睦後。立七年，威以非睦子，又坐誹謗，檻車徵詣廷尉，[2]道自殺。

［1］【今注】庶子：與嫡子相對的概念，即正妻所生長子之外的其他諸子。　和帝：東漢和帝劉肇，公元 88 年至 105 年在位。本紀見本書卷四。

［2］【今注】檻車：拘束罪犯人身的運輸工具。《釋名》卷七《釋車》：“檻車，上施闌檻，以格猛獸，亦囚禁罪人之車也。”《漢書》卷三二《張耳陳餘傳》：“乃檻車與王詣長安。”顏師古注：“檻車者，車而爲檻形，謂以板四周之，無所通見。”可見，檻車的車廂是封閉的。據考證，秦漢時期的檻車種類不一，既有傳統的木籠囚車，也有名曰“檻車”實際上使用輜車押送罪犯的情況。（參見宋傑《漢代的檻車押解制度》，《首都師範大學學報》2012 年第 2

期） 廷尉：官名。秦官。西漢景帝中元六年（前 144），更名爲“大理”。武帝建元四年（前 137），復爲“廷尉”。宣帝地節三年（前 67），初置左右平，秩皆六百石。哀帝元壽二年（前 1），復更名爲“大理”。王莽時，更名爲“作士”。東漢時，秩中二千石。掌平獄，奏當所應。凡郡國讞疑罪，皆處當以報。屬官有廷尉正、廷尉左監、廷尉平，秩六百石。

永初元年，[1]鄧太后復封睦孫壽光侯普爲北海王，[2]是爲頃王。延光三年，[3]復封睦少子爲亭侯。[4]普立七年薨，[5]子恭王翼嗣；立十四年薨，子康王嗣，無後，建安十一年，國除。

［1］【今注】永初：東漢安帝劉祜年號（107—113）。

［2］【今注】鄧太后：鄧綏。即和熹鄧皇后，鄧禹孫女，鄧訓女。紀見本書卷一〇上。 壽光：縣名。治所在今山東壽光市東北。

［3］【今注】延光：東漢安帝劉祜年號（122—125）。案，三，紹興本、大德本、殿本作“二”。

［4］【今注】亭侯：列侯類别名。

［5］【今注】案，中華本據殿本《考證》補“十”字，作“普立十七年薨”。曹金華《後漢書稽疑》：“《校勘記》：‘據殿本《考證》補。按：《考證》謂普以安帝永初元年封，至延光元年爲十七年。’余按：此謂‘延光二年……普立〔十〕七年薨’，《安帝紀》載延光二年‘北海王普薨’，自永初元年至延光二年爲十七年，《考證》謂‘延光元年’誤矣。”（第 251 頁）

初，臨邑侯復好學，能文章。永平中，每有講學事，輒令復典掌焉。與班固、賈逵共述漢史，[1]傅毅等皆宗事之。[2]復子騊駼及從兄平望侯毅，[3]並有才學。永寧中，[4]鄧太后召毅及騊駼入東觀，[5]與謁者僕射劉珍[6]著中興以下名臣列士傳。騊駼又自造賦、頌、書、論凡四篇。

［1］【今注】班固：字孟堅，扶風安陵（今陝西咸陽市東北）人。傳見本書卷四〇。　賈逵：字景伯，扶風平陵（今陝西咸陽市西北）人。傳見本書卷三六。

［2］【今注】傅毅：字武仲，扶風茂陵（今陝西興平市東北）人。傳見本書卷八〇上。

［3］【今注】平望侯毅：劉毅，北海敬王子。傳見本書卷八〇上。

［4］【今注】永寧：東漢安帝劉祜年號（120—121）。

［5］【今注】東觀：東漢宫中藏書之所，位於南宫。本書卷五《安帝紀》載，永初四年，二月乙亥“詔謁者劉珍及《五經》博士，校定東觀《五經》、諸子、傳記、百家藝術，整齊脱誤，是正文字”。李賢注：“《洛陽宫殿名》曰：‘南宫有東觀。’”

［6］【李賢注】與平望侯毅並在《文苑傳》（平望，殿本作“望平”）。【今注】劉珍：字秋孫，一名寶，南陽蔡陽（今湖北棗陽市西南）人。傳見本書卷八〇上。

趙孝王良字次伯，[1]光武之叔父也。平帝時舉孝廉，[2]爲蕭令。[3]光武兄弟少孤，良撫循甚篤。及光武起兵，以事告，良大怒，[4]曰：“汝與伯升志操不同，今家欲危亡，而反共謀如是！”既而不得已，從軍至小長安，漢兵大敗，良妻及二子皆被害。[5]更始立，以良爲國三老，[6]從入關。[7]更始敗，良聞光武即位，乃亡奔洛陽。[8]建武二年，封良爲廣陽王。[9]五年，徙爲趙王，[10]始就國。十三年，降爲趙公。頻歲來朝。十七年，薨于京師。凡立十六年。子節王栩嗣。[11]建武三十年，封栩三子爲鄉侯。[12]建初二年，復封栩十子爲亭侯。

[1]【今注】案，大德本、殿本"趙孝王良字次伯"前有"趙孝王良傳"五字，且單獨成行。

[2]【今注】平帝：西漢平帝劉衎，公元前1年至5年在位。紀見《漢書》卷一二。　舉：察舉。察舉制産生於西漢文帝時期，多爲賢良方正等的特舉。《漢書》卷六《武帝紀》載，元光元年（前134），"初令郡國舉孝廉各一人"，孝廉歲舉是察舉制度正式確立的標志（參見黄留珠《秦漢仕進制度》，西北大學出版社1985年版）。　孝廉：漢代察舉科目。孝廉被舉之後一般先除授爲郎，再遷轉他官。本書卷六《順帝紀》載，陽嘉元年（132），"初令郡國舉孝廉，限年四十以上，諸生通章句，文吏能牋奏，乃得應選。其有茂才異行，若顔淵、子奇，不拘年齒"。可見，東漢對舉孝廉的年齡標準進行了限定，並建立考試制度等。

[3]【今注】蕭：縣名。治所在今安徽蕭縣西北。

[4]【李賢注】《東觀記曰》："光武初起兵，良搏手大呼曰：'我欲詣納言嚴將軍。'叱上起去。出閤，令人視之。還白方坐啗脯，良復讙呼。上言'不可讙露'。明旦欲去，前白良曰：'欲竟何時詣嚴將軍所？'良意下，曰：'我爲詐汝耳，當復何苦乎？'"

[5]【李賢注】《續漢書》曰："阜、賜移書於良曰：'老子不率宗族，單絝騎牛，哭且行，何足賴哉！'"

[6]【今注】國三老：古代設"三老"以佐助教化。西漢沿置。《漢書》卷一上《高帝紀上》載高祖二年（前205）詔令："舉民年五十以上，有修行，能帥衆爲善，置以爲三老，鄉一人。擇鄉

三老一人爲縣三老，與縣令丞尉以事相教，復勿繇戍。”其後又設郡三老、國三老，導民教化。

［7］【今注】入關：代指遷都長安。關，函谷關。原位於今河南靈寶市函谷關鎮，西漢武帝元鼎三年（前114）“廣關”，將函谷關遷至今河南新安縣城關鎮。新安縣函谷關遺址情況，可參見洛陽市文物考古研究院、新安縣文物管理局《河南新安縣漢函谷關遺址2012—2013年考古調查與發掘》（《考古》2014年第11期）。

［8］【今注】洛陽：即雒陽，東漢都城，故城在今河南洛陽市東。

［9］【今注】廣陽：國名。治薊縣（今北京市西城區南）。

［10］【今注】趙：國名。治邯鄲縣（今河北邯鄲市）。

［11］【李賢注】栩音況羽反。【今注】案，曹金華《後漢書稽疑》：“《校勘記》按：‘殿本《考證》謂“栩”字《章帝紀》作“盱”。’余按：《章帝紀》《光武帝紀》並作‘盱’，《明帝紀》作‘盱’又作‘栩’，《光武帝十王列傳》《儒林傳》‘栩’，聚珍本《東觀記》也作‘栩’。”（第252頁）

［12］【今注】案，三，紹興本、大德本、殿本作“二”。

栩立四十年薨，子項王商嗣。[1]永元三年，封商三弟爲亭侯。元興元年，[2]封商四子爲亭侯。

［1］【今注】案，項，紹興本、大德本、殿本作“頃”。

［2］【今注】元興：東漢和帝劉肇年號（105）。案，大德本、殿本無“元興”二字。中華本校勘記：“汲本‘元年’上有‘元興’二字。殿本《考證》謂應補‘元興’二字，而疑封在商既薨之後，不應載於商未薨之前。《校補》則謂商薨宏嗣，果封在元興元年，則當稱宏弟，不當仍稱商子；既云商子，則其封自在商未薨之前。‘元年’或是‘六年’形近之誤。‘元興’二字不當補。”

商立二十三年薨，子靖王宏。[1]立十二年薨，子惠王乾嗣。

[1]【今注】案，王先謙《後漢書集解》曰："'宏'下脱'嗣'字。"中華本據補。

元初五年，[1]封乾二弟爲亭侯。是歲，趙相奏乾居父喪私娉小妻，[2]又白衣出司馬門，[3]坐削中丘縣。[4]時郎中南陽程堅素有志行，[5]拜爲乾傅。[6]堅輔以禮義，乾改悔前過，堅列上，復所削縣。本初元年，[7]封乾一子爲亭侯。乾立四十八年薨，子懷王豫嗣。[8]豫薨，子獻王赦嗣。赦薨，子珪嗣，建安十八年徙封博陵王。[9]立九年，魏初以爲崇德侯。[10]

[1]【今注】元初：東漢安帝劉祜年號（114—120）。

[2]【李賢注】小妻，妾也。【今注】相：王國官名。秩二千石。初名"相國"，西漢惠帝元年（前194）更名爲"丞相"，景帝中元五年（前145）更名爲"相"。王國内的最高行政長官。

[3]【今注】白衣：平民所穿白色衣服，代指平民及官府當差的小吏。　司馬門：王宫門。

[4]【李賢注】王宫門有兵衛，亦爲司馬門。《東觀記》曰："乾私出國，到魏郡鄴、易陽，止宿亭，令奴金盜取亭席，金與亭佐孟常争言，以刃傷常，部吏追逐，乾藏逃，金絞殺之，縣其屍道邊樹（縣，大德本、殿本作'懸'，二字同）。相國舉奏，詔書削。"中丘，縣，屬趙國，故城在今邢州内丘縣西。隨室諱"忠"，故改爲"内"焉。【今注】中丘：縣名。治所在今河北内丘縣西。

［5］【今注】郎中：官名。光禄勳屬官。秩比三百石。分屬於五官中郎將、左中郎將、右中郎將、虎賁中郎將等。西漢武帝太初元年（前104）更郎中令爲光禄勳後，諸侯國仍曰郎中令，下設亦設有中郎、郎中、侍郎等職。

［6］【今注】傅：王太傅。王國官名，秩二千石，主要職責爲教導諸侯王。

［7］【今注】本初：東漢質帝劉纘年號（146）。

［8］【今注】案，大德本無“豫”字。

［9］【今注】建安：東漢獻帝劉協年號（196—220）。　博陵：國名。治博陵縣（今河北蠡縣南）。

［10］【今注】魏：漢獻帝建安二十五年（220）正月曹操薨，曹丕襲王位。三月改元建康。十月，獻帝禪位於曹丕。曹丕即皇帝位，改元黄初，國號魏，定都雒陽，史稱“曹魏”。

城陽恭王祉字巨伯，[1]光武族兄春陵康侯敞之子也。[2]

［1］【李賢注】《東觀記》：“初名終，後改爲祉。”【今注】案，大德本、殿本“城陽恭王祉字巨伯”前有“城陽恭王祉傳”六字，且單獨成行。　城陽：國名。東漢光武帝建武二年（26），光武帝封劉祉爲城陽王，時城陽爲張步占據，故爲虚封。

［2］【今注】案，曹金華《後漢書稽疑》：“《校勘記》：‘姚範謂節侯買乃光武之高祖，敞之曾祖，則敞乃光武之族父，非兄也。《光武紀》章懷注亦云春陵侯敞，光武季父，則此傳“兄”字誤也。’余按：本傳‘兄’字不誤，標點誤矣。若在‘光武族兄’後逗開，則頓釋其疑。本傳‘成武孝侯順字平仲，光武族兄也。父慶，春陵侯敞同産弟’‘順陽懷侯嘉字孝孫，光武族兄也。父憲，春陵侯敞同産弟’，皆可佐證。”（第252頁）

敞曾祖父節侯買，[1]以長沙定王子封於零道之春陵鄉，[2]爲春陵侯。買卒，子戴侯熊渠嗣。熊渠卒，子考侯仁嗣。[3]仁以春陵地埶下溼，山林毒氣，上書求減邑内徙。[4]元帝初元四年，[5]徙封南陽之白水鄉，[6]猶以春陵爲國名，遂與從弟鉅鹿都尉回及宗族往家焉。[7]仁卒，子敞嗣。敞謙儉好義，盡推父時金寶財産與昆弟，[8]荆州刺史上其義行，[9]拜廬江都尉。[10]歲餘，會族兄安衆侯劉崇起兵，[11]王莽畏惡劉氏，徵敞至長安，免歸國。[12]

[1]【今注】節侯買：《漢書·王子侯表上》："春陵節侯買，長沙定王子，六月壬子封，四年薨。元狩三年，戴侯熊渠嗣，五十六年薨。元康元年，孝侯仁嗣。侯敞嗣。建武二年，立敞子祉爲城陽王。"

[2]【今注】以長沙定王子封於零道之春陵鄉：春陵本長沙地，後遷往南陽，地雖易，名猶存。春陵漢初本爲一縣，由長沙馬王堆漢墓出土的古地圖上的標志可以看出。遷至南陽後，故侯國地併入泠道爲春陵鄉。長沙春陵侯國，治所在今湖南寧遠縣北。泠道，治所在今湖南寧遠縣東。（周振鶴、李曉傑、張莉：《中國行政區劃通史·秦漢卷》，復旦大學出版社 2017 年版，第 446 頁）長沙定王劉發，西漢景帝子，漢景帝二年（前 155）立爲長沙王。武帝元朔元年（前 128），薨。長沙國都臨湘縣，治所在今湖南長沙市。

[3]【今注】案，中華本校勘記："《集解》引惠棟説，《東觀記·宗室傳》作'孝侯'。又引洪頤煊説，謂《前書·王子侯表》作'孝侯仁'。按：後《安城孝侯賜傳》亦稱'春陵孝侯'。"

[4]【李賢注】《東觀記》曰："考侯仁於時見户四百七十六，上書願減户徙南陽，留子男昌守墳墓，元帝許之。"

［5］【今注】元帝：西漢元帝劉奭，公元前49年至前33年在位。紀見《漢書》卷九。　初元：西漢元帝劉奭年號（前48—前44）。

［6］【今注】白水鄉：隸蔡陽縣（今湖北棗陽市西南）。

［7］【今注】鉅鹿：郡名。治鉅鹿縣（今河北平鄉縣西南）。　都尉：官名。秩比二千石。掌郡之軍事與治安等。《漢書·百官公卿表上》："郡尉，秦官，掌佐守典武職甲卒，秩比二千石。有丞，秩皆六百石。景帝中二年更名都尉。"《漢官儀》卷上："秦郡有尉一人，典兵禁，捕盜賊。景帝更名都尉，建武六年省，惟邊郡往往置都尉及屬國都尉。"

［8］【今注】推：推讓、讓與。　昆弟：兄弟。

［9］【今注】荆州：西漢武帝元封五年（前106）設立的十三刺史部之一，下轄南陽郡、南郡、江夏郡、長沙國、桂陽郡、零陵郡、武陵郡等。刺史治索縣（今湖南常德市東北），陽嘉三年（134）更名爲漢壽。　刺史：西漢武帝元封五年，設十三刺史部，作爲監察區，刺史秩六百石。成帝綏和元年（前8），改刺史爲州牧，秩二千石。哀帝建平二年（前5）復爲刺史，元壽二年（前1）復爲牧。新莽和東漢初年，沿用州牧舊稱。東漢光武帝建武十八年（42），罷州牧，復置刺史。東漢刺史，秩亦六百石。靈帝中平元年（184），黄巾起義爆發，復改刺史爲州牧，成爲郡以上的一級行政組織。

［10］【李賢注】南陽郡是荆州所管，故刺史上其行義也。《續漢書》曰"侯等助祭明堂，以例益户二百，敞以有行義，拜爲盧江都尉"也（江都，底本殘，據紹興本、大德本、殿本補）。【今注】廬江：郡名。治舒縣（今安徽廬江縣西南）。

［11］【李賢注】安衆康侯丹，長沙定王子（丹長沙，底本殘，據紹興本、大德本、殿本補），崇即丹之玄孫之子。【今注】安衆：縣名。治所在今河南鄧州市東北。　劉崇：居攝元年（6）劉

崇與侯國相張紹等百餘人起兵反莽，攻宛，不得入而敗。《漢書·王子侯表上》："安衆康侯丹，長沙定王子，三月乙丑封，三十年薨。元封六年，節侯山柎嗣，三十八年薨。地節三年，繆侯毋妨嗣。釐侯褒嗣。侯歆嗣。侯崇嗣，居攝元年舉兵，爲王莽所滅。侯寵，建武二年以崇從父弟紹封。"

[12]【李賢注】《東觀記》曰："敞臨盧江歲餘（敞，大德本誤作'敬'），遭旱，行縣，人持枯稻，自言稻皆枯。吏强責租。敞應曰：'太守事也。'載枯稻至太守所。酒數行，以語太守，太守曰：'無有。'敞以枯稻示之，太守曰：'都尉事邪（邪，殿本作"也"）？'敞怒叱太守曰（叱，大德本誤作'升'）：'鼠何敢爾（王先謙《後漢書集解》引周壽昌曰："據語是詈太守之詞，'鼠'下應有'子'字。"王先謙曰："周説是也，《東觀記》正作'鼠子何敢爾'"）！'刺史舉奏，莽徵到長安，免就國。"

先是平帝時，敞與崇俱朝京師，助祭明堂。[1]崇見莽將危漢室，私謂敞曰："安漢公擅國權，[2]群臣莫不回從，[3]社稷傾覆至矣。太后春秋高，天子幼弱，[4]高皇帝所以分封子弟，[5]蓋爲此也。"敞心然之。及崇事敗，敞懼，欲結援樹黨，[6]乃爲祉娶高陵侯翟宣女爲妻。[7]會宣弟義起兵欲攻莽，[8]南陽捕殺宣女，祉坐繫獄。敞因上書謝罪，願率子弟宗族爲士卒先。莽新居攝，[9]欲慰安宗室，故不被刑誅。及莽篡立，劉氏爲侯者皆降稱子，[10]食孤卿禄，[11]後皆奪爵。及敞卒，祉遂特見廢，又不得官爲吏。

[1]【李賢注】平帝時王莽輔政，祫祭明堂，諸侯王二十八人，列侯百二十人，宗室子九百餘人，徵助祭也。

［2］【今注】安漢公：即王莽。西漢平帝元始二年（2），王莽爲太傅，號“安漢公”。

［3］【李賢注】回，曲。

［4］【李賢注】謂元后、平帝也。【今注】太后：王政君。西漢元帝皇后，魏郡元城（今河北大名縣東）人，王禁次女，生於宣帝本始三年（前71）。甘露三年（前51）生漢成帝。元帝初元元年（前48）立爲皇后。新莽始建國五年（13），崩，年八十四，合葬渭陵。傳見《漢書》卷九八。

［5］【今注】高皇帝：西漢高祖劉邦，公元前206年至前195年在位。紀見《史記》卷八、《漢書》卷一。

［6］【今注】案，樹，大德本作“相”。

［7］【李賢注】宣，丞相方進之子也，襲父侯爵。《東觀記》曰“敞爲嫡子終娶宣子女習爲妻，宣使嫡子姬送女入門，二十餘日，義起兵”也。【今注】高陵：縣名。治所在今陝西西安市高陵區。　翟宣：字太伯，汝南上蔡（今河南上蔡縣西南）人。翟方進長子。西漢成帝永始二年（前15），翟方進爲丞相，封高陵侯。成帝綏和二年（前7），翟方進自殺後，翟宣嗣爵。宣曾做過關都尉、南郡太守等官，翟義起兵失敗，被殺。事見《漢書》卷八四《翟方進傳》。

［8］【今注】案，弟，大德本誤作“帝”。　義：翟義，字文仲，汝南上蔡（今河南上蔡縣西南）人。翟方進少子，以父任爲郎，稍遷諸曹，二十歲時出任南陽都尉。先後擔任弘農太守、河内太守、青州牧、東郡太守等職。傳見《漢書》卷八四。

［9］【今注】居攝：西漢孺子嬰年號（6—8）。

［10］【今注】子：爵名。王莽效仿周制，建立了公侯伯子男五等爵制。如《漢書》卷九九中《王莽傳中》：“州從禹貢爲九，爵從周氏有五。諸侯之員千有八百，附城之數亦如之，以俟有功。諸公一同，有衆萬户，土方百里。侯伯一國，衆户五千，土方七十

里。子男一則，衆户二千有五百，土方五十里。附城大者食邑九成，衆户九百，土方三十里。自九以下，降殺以兩，至於一成。五差備具，合當一則。”

［11］【李賢注】孤者，特也。卑於公，尊於卿，特置之，故曰孤。《禮記》“上農夫食九人，諸侯下士視上農夫，中士倍下士，上士倍中士，下大夫倍上士，卿四大夫禄”也。

祉以故侯嫡子，行淳厚，宗室皆敬之。及光武起兵，祉兄弟相率從軍，前隊大夫甄阜盡收其家屬繫宛獄。及漢兵敗小長安，祉挺身還保棘陽，甄阜盡殺其母弟妻子。更始立，以祉爲太常將軍，[1]紹封舂陵侯。從西入關，封爲定陶王。[2]別將擊破劉嬰於臨涇。[3]

［1］【今注】太常將軍：官名。以九卿帶將軍號。西漢景帝中元六年（前144）更名“奉常”爲“太常”，王莽又改爲“秩宗”。東漢復稱“太常”。中二千石。屬官有太史令、博士祭酒、太祝令、太宰令、大予樂令、高廟令、世祖廟令、先帝陵園令、先帝陵食官令等，均六百石。

［2］【今注】定陶：國名。西漢多以濟陰郡爲基礎置定陶國，周邊接壤他郡國之諸縣或來屬或別屬。定陶國都與濟陰郡治在定陶縣（今山東菏澤市定陶區西北）。王莽時，更濟陰郡爲濟平郡。《漢書·地理志上》載，下轄濟陰郡定陶、冤句、吕都、葭密、成陽、甄城、句陽、秺、乘氏等縣。

［3］【今注】劉嬰：西漢宣帝玄孫，楚孝王劉囂曾孫，廣戚煬侯勳孫，廣戚侯劉顯子。西漢平帝卒，無子，居攝元年（6）三月己丑立爲皇太子，奉平帝後，號孺子。始建國元年（9），王莽代漢，以爲安定公。更始時，被方望等人立爲天子，更始遣丞相李松等擊殺之。　臨涇：縣名。治所在今甘肅鎮原縣東南。王莽時，安

定郡仍沿用漢舊名，臨涇更名“監涇”。

及更始降於赤眉，祉乃閒行亡奔洛陽。是時宗室唯祉先至，光武見之歡甚。[1]建武二年，封爲城陽王，賜乘輿、御物、車馬、衣服。追謚敞爲康侯。十一年，祉疾病，上城陽王璽綬，願以列侯奉先人祭祀。帝自臨其疾。祉薨，年四十三，謚曰恭王，竟不之國，葬於洛陽北芒。[2]

［1］【李賢注】　《東觀記》曰：“祉以建武二年三月見於懷宫。”

［2］【今注】北芒：山名。又名“邙山”“郏山”“北山”等。在今河南洛陽市北。

十三年，封祉嫡子平爲蔡陽侯，[1]以奉祉祀；平弟堅爲高鄉侯。

［1］【今注】蔡陽：縣名。治所在今湖北棗陽市西南。

初，建武二年，以皇祖、皇考墓爲昌陵，[1]置陵令守視；[2]後改爲章陵，因以舂陵爲章陵縣。[3]十八年，立考侯、康侯廟，[4]比園陵，置嗇夫。[5]詔零陵郡奉祠節侯、戴侯廟，以四時及臘歲五祠焉。[6]置嗇夫、佐吏各一人。[7]

［1］【今注】皇祖：祖父。　皇考：父親。

［2］【今注】陵令：官名。本書《百官志二》："先帝陵，每陵園令各一人，六百石。本注曰：掌守陵園，案行掃除。丞及校長各一人。本注曰：校長，主兵戎盜賊事。先帝陵，每陵食官令各一人，六百石。本注曰：掌望晦時節祭祀。"

［3］【今注】章陵縣：故城在今湖北棗陽市西南。本書卷一下《光武帝紀下》載，建武六年（30），"改舂陵鄉爲章陵縣。世世復徭役，比豐、沛，無有所豫"。

［4］【今注】案，曹金華《後漢書稽疑》："'考侯'當作'孝侯'，參見本傳前文'子考侯仁嗣'之《校勘記》。"（第252頁）

［5］【李賢注】嗇夫本鄉官，主知賦役多少，平其差品。園陵置之，知祭祀、徵求諸事。【今注】嗇夫：秦漢時期的嗇夫是某一行政機構或部門的負責人，種類較多，如大嗇夫、縣嗇夫、官嗇夫、離官嗇夫、田嗇夫、倉嗇夫、庫嗇夫、亭嗇夫、司空嗇夫、發弩嗇夫、廄嗇夫、皂嗇夫、苑嗇夫等。詳情可參見裘錫圭《嗇夫初探》（載中華書局編輯部編《雲夢秦簡研究》，中華書局1981年版，第226—301頁）。

［6］【李賢注】臘，歲終祭神之名也。【今注】四時及臘歲五祠：本書《祭祀志下》："餘帝四時春以正月，夏以四月，秋以七月，冬以十月及臘，一歲五祀。"

［7］【今注】佐吏：佐官的統稱，秩級相同。《漢書·百官公卿表上》："秩四百石至二百石，是爲長吏。百石以下有斗食、佐史之秩，是爲少吏。"本書《百官志五》："佐史奉，月八斛。"案，殿本"佐吏各一人"後有劉攽注，作"劉攽曰：案《後漢志》縣小吏有嗇夫、有佐史，則此'吏'字當作'史'也"。

平後坐與諸王交通，國除。永平五年，顯宗更封平爲竟陵侯。平卒，子真嗣。真卒，子禹嗣。禹卒，子嘉嗣。

泗水王歙字經孫，[1]光武族父也。[2]歙子終，與光武少相親愛。漢兵起，始及唐子，終誘殺湖陽尉。更始立，歙從入關，封爲元氏王，[3]終爲侍中。[4]更始敗，歙、終東奔洛陽。建武二年，立歙爲泗水王，終爲淄川王。[5]十年，歙薨，封小子煇爲堂谿侯，[6]奉歙後。終居喪思慕，哭泣二十餘日，亦薨。封長子柱爲邔侯，[7]以奉終祀，又封終子鳳曲陽侯。[8]

[1]【李賢注】歙音許及反。【今注】案，大德本、殿本“泗水王歙字經孫”前有“泗水王歙傳”五字，且單獨成行。　泗水：國名。治淩縣（今江蘇泗陽縣西北）。

[2]【今注】族父：父親的同曾祖父的兄弟。《爾雅·釋親》：“父之從祖昆弟爲族父。”

[3]【今注】元氏：縣名。治所在今河北元氏縣西北。王莽時，常山郡更名“井關郡”，元氏更名“井關亭”。

[4]【今注】侍中：官名。秩比二千石。加官。無員。名義上隸屬於少府。掌侍左右，贊導衆事，顧問應對。

[5]【李賢注】今淄州縣也。【今注】淄川：國名。治劇縣（今山東昌樂縣西北）。東漢光武帝建武十三年（37）省入北海郡。

[6]【李賢注】煇，《字林》云“灼也，音充善反”。《續漢志》：“汝南吴房縣有堂溪亭。”“煇”或作“煇”（煇，殿本作“惲”）。【今注】堂谿：亭名。故址在今河南西平縣西。本書《郡國志二》載，汝南郡“吴房，有棠溪亭”。吴房縣，治所在今河南遂平縣。

[7]【李賢注】邔，縣，屬南郡，故城在今襄州。邔音其紀反。【今注】邔：縣名。治所在今湖北宜城市北。

［8］【李賢注】曲陽，縣，屬東海郡，故城在今海州朐山縣西南。【今注】曲陽：縣名。治所在今江蘇沭陽縣東南。

歙從父弟茂，[1]年十八，漢兵之起，茂自號劉失職，[2]亦聚衆京、密閒，[3]稱厭新將軍。攻下潁川、汝南，[4]衆十餘萬人。光武既至河内，[5]茂率衆降，封爲中山王。[6]十三年，宗室爲王者皆降爲侯，更封茂爲穰侯。[7]

［1］【今注】從父：父親的兄弟，伯父、仲父、叔父與季父等。《釋名》卷三《釋親屬》："父之兄曰世父，言爲嫡統繼世也。又曰伯父。伯，把也，把持家政也。父之弟曰仲父。仲，中也，位在中也。仲父之弟曰叔父。叔，少也。叔父之弟曰季父。季，癸也。癸，甲乙之次，癸在最下，季亦然也。"《爾雅·釋親》"父之世父、叔父爲從祖祖父"，即從父。

［2］【李賢注】《續漢志》曰："茂自號爲劉先職。"【今注】案，失，紹興本、大德本、殿本作"先"。曹金華《後漢書稽疑》："章懷注：'《續漢志》曰："茂自號爲劉先職。"'余按：今《續漢志》無此文，'志'或爲'書'之訛。又《集解》王先謙説，謂'先職無義，自號失職是也，形近而訛，官本正文"失"亦誤"先"'。《校補》引錢大昕説，謂'失'閩本作'先'，周壽昌曰監本正文亦作'先'，惟本是先職，則注不必更引《續漢志》以見異同，仍疑毛本爲是。"（第252頁）

［3］【李賢注】京，縣，屬河南郡，鄭之京邑，故城在今鄭州滎陽縣東南。密，縣，屬河南郡，故城在今密縣東南。【今注】京：縣名。治所在今河南滎陽市東南。　密：縣名。治所在今河南新密市東南。

［4］【今注】潁川：郡名。治陽翟縣（今河南禹州市）。　汝

南：郡名。治平輿縣（今河南平輿縣北）。

［5］【今注】河内：郡名。治懷縣（今河南武陟縣西南）。

［6］【今注】中山：郡國名。治盧奴縣（今河北定州市）。

［7］【今注】穰：縣名。治所在今河南鄧州市。據《漢書·地理志上》，王莽時，穰更名爲"農穰"。《水經注·淯水》曰："王莽更名曰豐穰也。"出土新莽封泥有"豐穰印印章"，孫博《新莽政區地理研究》認爲豐穰郡當以南陽郡南部置（周振鶴、李曉傑、張莉：《中國行政區劃通史·秦漢卷》，第593頁）。

茂弟匡，亦與漢兵俱起。建武二年，封宜春侯。[1]爲人謙遜，永平中爲宗正。[2]子浮嗣，封朝陽侯。[3]

［1］【今注】宜春：縣名。治所在今江西宜春市袁州區。

［2］【今注】宗正：官名。秩中二千石。掌皇族和外戚事務。

［3］【李賢注】朝陽，縣，屬南郡（惠棟《後漢書補注》曰："《兩漢志》南郡無朝陽縣，當作南陽"），故城在今鄧州穰縣南，今謂之朝城。【今注】朝陽：縣名。治所在今河南新野縣西南。

浮弟尚，永元中爲征西將軍。[1]浮傳國至孫護，無子，封絶。延光中，護從兄瓌與安帝乳母王聖女伯榮私通，[2]遂取伯榮爲妻，得紹護封爲朝陽侯，位侍中。及王聖敗，貶爵爲亭侯。

［1］【今注】征西將軍：將軍號。東漢光武帝置征西大將軍、征南大將軍，爲後世四征將軍制度的源頭。

［2］【今注】從兄：堂兄。　安帝：東漢安帝劉祜，公元106年至125年在位。紀見本書卷五。　乳母：又稱"阿母"。《史記》

卷一〇五《扁鵲倉公列傳》："故濟北王阿母自言足熱而懣。"《索隱》："是王之嬭母也。"《正義》："服虔云：'乳母也。'鄭云：'慈己者。'"本書卷六一《左雄傳》："初，帝廢爲濟陰王，乳母宋娥與黄門孫程等共議立帝，帝後以娥前有謀，遂封爲山陽君，邑五千户……雄復諫曰：'……臣附見詔書顧念阿母舊德宿恩，欲特加顯賞。案尚書故事，無乳母爵邑之制，唯先帝時阿母王聖爲野王君。'" 王聖：東漢安帝乳母，封野王君。安帝延光三年(124)，與江京等構陷太子乳母王男、厨監邴吉，殺之。後又與江京、樊豐等共譖皇太子劉保，劉保被廢爲濟陰王。延光四年，安帝卒，閻太后爲久專國政，立北鄉侯劉懿爲帝。又誣王聖與大將軍耿寶等阿黨，徙王聖母子於雁門。

安城孝侯賜字子琴，[1]光武族兄也。祖父利，蒼梧太守。[2]賜少孤。兄顯報怨殺人，吏捕顯殺之。賜與顯子信賣田宅，同抛[3]財産，結客報吏，[4]皆亡命逃伏，遭赦歸。會伯升起兵，乃隨從攻擊諸縣。

[1]【今注】案，"安成孝侯賜字子琴"前大德本有"安成孝侯賜傳"六字，殿本有"安城孝侯賜傳"六字。且均單獨成行。安城，縣名。治所在今河南汝南縣東南。城，紹興本、大德本作"成"。

[2]【李賢注】蒼梧，郡，今梧州縣也。【今注】蒼梧：郡名。治廣信縣（今廣西梧州市長洲區）。

[3]【李賢注】普交反。

[4]【李賢注】《續漢書》曰："王莽時諸劉抑廢，爲郡縣所侵。蔡陽國釜亭侯長醉詢更始父子張（侯，中華本據汲本改爲'候'。詢，紹興本、大德本、殿本作'詾'。王先謙《後漢書集解》引陳景雲曰：'"詾"當作"詢"'。《玉篇》："詢，駡

也。"'),子張怒,刺殺亭長。後十餘歲,亭長子報殺更始弟騫。賜兄顯欲爲報怨(大德本、殿本無'顯'字),賓客轉劫人,發覺,州郡殺顯獄中。賜與顯子信結客陳政等九人,燔燒殺亭長妻子四人。"

更始既立,以賜爲光禄勳,[1]封廣漢侯。[2]及伯升被害,代爲大司徒,將兵討汝南。未及平,更始又以信爲奮威大將軍,[3]代賜擊汝南,賜與更始俱到洛陽。更始欲令親近大將徇河北,[4]未知所使。賜言諸家子獨有文叔可用,[5]大司馬朱鮪等以爲不可,[6]更始狐疑,賜深勸之,乃拜光武行大司馬,[7]持節過河。[8]是日以賜爲丞相,[9]令先入關,修宗廟宫室。還迎更始都長安,封賜爲宛王,拜前大司馬,[10]使持節鎮撫關東。[11]二年春,賜就國於宛,典將六部兵。[12]後赤眉破更始,賜所領六部亦稍散畔,乃去宛保育陽。

[1]【今注】光禄勳:官名。秩中二千石。掌宿衛宫殿門户,典謁署郎更直執戟,宿衛門户,考其德行而進退之。郊祀之事,掌三獻。原名"郎中令",秦官,西漢武帝太初元年(前104)更名。下轄五官中郎將、左中郎將、右中郎將、虎賁中郎將、羽林中郎將、羽林左監、羽林右監等,名義上隸屬官有奉車都尉、駙馬都尉、騎都尉、光禄大夫、太中大夫、中散大夫、諫議大夫、議郎、謁者僕射。

[2]【今注】廣漢:縣名。治所在今四川射洪市東南。

[3]【今注】信:劉信。更始部將,更始立,爲奮威大將軍。更始帝更始二年(24),封汝陰王。

[4]【今注】河北:指黄河以北、太行山以東地區。

［5］【今注】文叔：劉秀字。

［6］【今注】大司馬：官名。三公之一。掌四方兵事功課等。西漢成帝綏和元年（前 8），改御史大夫爲大司空，大司馬驃騎大將軍爲大司馬；哀帝元壽二年（前 1），改丞相爲大司徒，三公制度正式形成。三公制爲王莽和光武帝繼承，並有所發展。東漢光武帝建武二十七年（51），改大司馬爲太尉，去"大司徒""大司空"之"大"字，爲"司徒""司空"。

［7］【今注】行大司馬：兼攝大司馬之職。行，漢代官吏任用方式，即兼攝。

［8］【今注】節：符節。古代使者所持的憑證。《史記》卷八《高祖本紀》《索隱》引《釋名》："節爲號令賞罰之節也。又節毛上下相重，取象竹節。"《漢書》卷一上《高帝紀上》顔師古注："節以毛爲之，上下相重，取象竹節，因以爲名，將命者持之以爲信。"本書卷一上《光武帝紀上》李賢注："節，所以爲信也，以竹爲之，柄長八尺，以旄牛尾爲其眊三重。"

［9］【今注】丞相：官名。掌丞天子理萬機。相，起源甚早，春秋戰國時期各諸侯國設置有相國或丞相。秦置左、右丞相。高祖即皇帝位後，置一丞相，十一年（前 196）更名爲相國。惠帝、高后置左右丞相，文帝二年（前 178）復置一丞相。哀帝元壽二年（前 1），改丞相爲大司徒。除置大司徒外，更始政權還繼承了西漢前期丞相制度，設立了左右丞相。東漢光武帝建武二十七年，去"大"字，稱"司徒"。靈帝中平六年（189），董卓自爲相國，司徒官並存。獻帝建安十三年（208），曹操爲丞相。

［10］【今注】前大司馬：官名。《漢書》卷九九下《王莽傳下》載，王莽曾"置前、後、左、右、中大司馬之位，賜諸州牧號爲大將軍，郡卒正、連帥、大尹爲偏將軍，屬令長裨將軍，縣宰爲校尉"。

［11］【今注】關東：函谷關以東地區。函谷關原位於今河南靈寶市函谷關鎮，西漢武帝元鼎三年（前 114）"廣關"，將函谷關

遷至今河南洛陽市新安縣城關鎮。新安縣函谷關遺址情況，可參見洛陽市文物考古研究院、新安縣文物管理局《河南新安縣漢函谷關遺址 2012—2013 年考古調查與發掘》(《考古》2014 年第 11 期)。

[12]【李賢注】伯升初起，置六部之兵。

聞光武即位，乃西之武關，[1]迎更始妻子將詣洛陽。帝嘉賜忠，建武二年，封爲慎侯。[2]十三年，更增户邑，定封爲安成侯，[3]奉朝請。以賜有恩信，故親厚之，數蒙讌私，時幸其弟，[4]恩賞特異。[5]賜輒賑與故舊，無有遺積。帝爲營冢堂，起祠廟，置吏卒，如舂陵孝侯。二十八年卒，子閔嗣。

[1]【今注】武關：關隘名。關中之名，即因南武關、北蕭關、東函谷關、西散關而得名。武關在今陝西丹鳳縣武關鎮（參見王子今《武關·武候·武關候：論戰國秦漢武關位置與武關道走向》,《中國歷史地理論叢》2018 年第 1 輯)。

[2]【李賢注】慎，縣，屬汝南郡，故城在今潁州潁上縣西北。【今注】慎：縣名。治所在今安徽潁上縣西北。

[3]【今注】案，成，殿本作“城”。

[4]【今注】案，弟，紹興本、大德本、殿本作“第”，二字同。

[5]【今注】案，賞，紹興本、大德本、殿本作“賜”。

三十年，帝復封閔弟嵩爲白牛侯。[1]坐楚事，[2]辭語相連，國除。閔卒，子商嗣，徙封爲白牛侯。商卒，子昌嗣。

[1]【李賢注】白牛，蓋鄉亭之號也，今在鄧州東也。

[2]【李賢注】謂楚王英謀反。【今注】楚事：楚王劉英之獄。劉英在光武帝劉秀十一子中排行第三，生母爲許美人。東漢光武帝建武十五年（39）封爲楚公，十七年晉爵爲王。明帝永平十三年（70），燕廣告劉英謀反，楚獄大興。劉英傳見本書卷四二。

初，信爲更始討平汝南，因封爲汝陰王。[1]信遂將兵平定江南，[2]據豫章。[3]光武即位，桂陽太守張隆擊破之，[4]信乃詣洛陽降，以爲汝陰侯。永平十三年，亦坐楚事國除。

[1]【李賢注】汝陰屬汝南郡（大德本、殿本作“汝”後衍“州”字），故城即今潁州汝陰縣也（潁州，大德本、殿本誤作“潁川郡”）。【今注】汝陰：縣名。治所在今安徽阜陽市潁州區。

[2]【今注】江南：地區名。長江以南地區的泛稱。

[3]【今注】豫章：郡名。治南昌縣（今江西南昌市東湖區）。

[4]【今注】桂陽：郡名。治郴縣（今湖南郴州市北湖區）。張隆：初爲桂陽太守，遣使入貢，被光武帝封爲列侯。本書卷一七《岑彭傳》李賢注：“《續漢書》曰：‘張隆遣子曄將兵詣彭助征伐，上以曄爲率義侯。’”

成武孝侯順字平仲，[1]光武族兄也。父慶，[2]舂陵侯敞同産弟。[3]順與光武同里閈，[4]少相厚。

[1]【今注】案，大德本、殿本“成武孝侯順字平仲”前有“成武孝侯順傳”六字，且單獨成行。 成武：縣名。治所在今山東成武縣。

[2]【李賢注】《續漢志》（陳景雲謂“志”當作“書”，中華本據改）：“慶字翁敖。”

[3]【今注】同産：同母所生。

[4]【李賢注】閈，里門也。

更始即位，以慶爲燕王，[1]順爲虎牙將軍。會更始降赤眉，慶爲亂兵所殺，順乃閒行詣光武，拜爲南陽太守。建武二年，[2]封成武侯，[3]邑户最大，租入倍宗室諸家。八年，使擊破六安賊，[4]因拜爲六安太守。數年，帝欲徵之，吏人上書請留。十一年卒，帝使使者迎喪，親自臨弔。子遵嗣，坐與諸王交通，降爲端氏侯。[5]遵卒，子弇嗣。弇卒，無嗣，國除。永平十年，顯宗幸章陵，追念舊恩，封順弟子三人爲鄉侯。

[1]【今注】燕：國名。西漢高祖劉邦曾先後立臧荼、盧綰、子劉建爲燕王。武帝元朔元年（前128）國除，爲廣陽郡。元狩六年（前117），武帝封子劉旦爲燕王。昭帝元鳳元年（前80），國除。西漢燕國都薊（今北京市）。從更始政權所控制的區域而言，更始所封諸王多爲虚封，劉慶之燕王亦如之。

[2]【今注】案，武，大德本、殿本誤作“元”。

[3]【李賢注】成武，縣，屬山陽郡，今曹州縣也。

[4]【李賢注】六安即廬州也。【今注】六安：郡名。治六縣（今安徽六安市）。

[5]【李賢注】端氏，縣，屬河東郡，故城在今澤州端氏縣西北。【今注】端氏：縣名。治所在今山西沁水縣東北。

初，順叔父弘[1]娶於樊氏，皇妣之從妹也。[2]生二子：敏，國。與母隨更始在長安。建武二年，詣洛陽，光武封敏爲甘里侯，[3]國爲弋陽侯。[4]敏通經有行，永平初，官至越騎校尉。[5]

[1]【李賢注】《東觀記》曰："弘字孺孫，先起義兵，卒。"

[2]【今注】皇妣：母親。　從妹：堂妹。

[3]【李賢注】潁州潁上縣西北有甘城（州，紹興本、大德本、殿本誤作"川"）。

[4]【李賢注】弋陽，縣，屬汝南郡，侯國也，故城在今光州定城縣西也。【今注】弋陽：縣名。治所在今河南潢川縣西。

[5]【今注】越騎校尉：官名。西漢武帝所置八校尉之一，掌越騎。東漢沿置，爲北軍中候所屬五校尉之一，掌宿衛兵，秩比二千石。下置司馬一人，秩千石，有吏員一百二十七人，統領士七百人。

弘弟梁，以俠氣聞，[1]更始元年，起兵豫章，欲徇江東，[2]自號"就漢大將軍"，暴病卒。[3]

[1]【李賢注】《東觀記》曰："梁字季少。"

[2]【今注】江東：區域名。長江在今九江至南京段流向爲西南往東北向，故古代泛稱此段長江以東的地區爲江東。又稱爲"江左"。

[3]【李賢注】《東觀記》曰："病筋攣卒。"

順陽懷侯嘉字孝孫，[1]光武族兄也。父憲，[2]春陵侯敞同産弟。嘉少孤，性仁厚，南頓君養視如子，後與伯升俱學長安，習《尚書》《春秋》。[3]

［1］【今注】案，大德本、殿本“順陽懷侯嘉字孝孫”前有“順陽懷侯嘉傳”六字，且單獨成行。　順陽：縣名。治所在今河南淅川縣南。

［2］【李賢注】《續漢志》曰：“憲字翁君。”

［3］【今注】尚書：五經之一，又稱《書》《書經》。尚，上古也；書，記録歷史的簡册。所謂“尚書”就是上古的史書，主要記載虞、夏、商、周等時代統治者的言行。周代彙編成書。經秦始皇焚書，漢初僅有秦博士伏生所藏二十九篇流行，因傳授時改用漢代通行的隸書書寫，故被稱爲今文《尚書》。西漢中期以後，先後出現了幾種先秦字體的寫本，被稱爲古文《尚書》。西晉永嘉之亂，今、古文《尚書》皆散亡。東晉建立後，梅賾獻上一部《古文尚書》，共五十八篇，其中包括西漢今文《尚書》二十八篇，另二十五篇爲僞書。唐代起，就不斷有人對梅賾所獻《尚書》的真僞進行考辨。清閻若璩《尚書古文疏證》一書確證梅賾所獻《古文尚書》爲僞書。2008年入藏清華大學的戰國楚簡，包括多篇《尚書》類典籍簡，是研究《尚書》及先秦歷史的重要文獻。　春秋：儒家經典。編年體史書。孔子據《魯春秋》編纂而成。記事上起魯隱公元年（前722），下訖魯哀公十四年（前481），共242年歷史。《春秋》的記事方法，杜預《春秋經傳集解·序》：“春秋者，魯史記之名也。記事者，以事系日，以日系月，以月系時，以時系年，所以紀遠近，别同異也。”

及義兵起，嘉隨更始征伐。漢軍之敗小長安也，嘉妻子遇害。更始即位，以爲偏將軍。[1]及攻破宛，封興德侯，遷大將軍。[2]擊延岑於冠軍，[3]降之。更始既都長安，以嘉爲漢中王、扶威大將軍，[4]持節就國，都於南鄭，衆數十萬。建武二年，延岑復反，攻漢中，圍南鄭，嘉兵敗走。岑遂定漢中，進兵武都，[5]爲更始柱功侯李寶所破。[6]岑走天水，[7]公孫述遣將侯丹取南鄭。[8]嘉收散卒，得數萬人，以寶爲相，從武都南擊侯丹，不利，還軍河池、下辨。[9]復與延岑連戰，岑引北入散關，[10]至陳倉，[11]嘉追擊破之。更始鄧王、廖湛將赤眉十八萬攻嘉，嘉與戰於谷口，[12]大破之。嘉手殺湛，遂到雲陽就穀。[13]

[1]【今注】偏將軍：諸將軍之一。《漢書》卷九九下《王莽傳下》載，王莽曾"置前、後、左、右、中大司馬之位，賜諸州牧號爲大將軍，郡卒正、連帥、大尹爲偏將軍，屬令長裨將軍，縣宰爲校尉"。曹金華《後漢書稽疑》："此謂更始即位以劉嘉爲'偏將軍'，而《陳俊傳》作'更始立，以宗室劉嘉爲太常將軍'。又《城陽王祉傳》《劉玄傳》俱載劉祉爲'太常將軍'，《光武帝紀》云劉秀'太常偏將軍'，故疑劉嘉亦太常偏將軍也。"（第253頁）

[2]【今注】大將軍：官名。位或在公上，或在公下，因任職者地位而定。外主征伐，内掌國政。東漢專政之外戚，多任此職。

[3]【今注】延岑：字叔牙，南陽築陽（今湖北穀城縣東北）人。新莽末起兵，後爲更始大將軍興德侯劉嘉擊破於冠軍，降。更始都長安，劉嘉爲漢中王，都南鄭。更始帝更始二年（24），延岑反。東漢光武帝建武二年（26），延岑在漢中自稱武安王。後爲劉秀擊敗，降於公孫述，被封爲汝寧王，授大司馬。建武十二年，公孫述敗，以兵屬延岑，延岑向吴漢投降。吴漢盡滅公孫氏，並族延岑。　冠軍：縣名。治所在今河南鄧州市西北。

[4]【今注】漢中：郡名。治南鄭縣（今陝西漢中市）。

[5]【今注】武都：郡名。治武都縣（今甘肅禮縣南）。

[6]【今注】李寶：更始部將，爲柱天將軍，封柱功侯。東漢光武帝建武二年，爲更始漢中王劉嘉相。隨劉嘉降光武大司徒鄧禹，因倨慢無禮，爲鄧禹所斬。

［7］【今注】天水：郡名。治冀縣（今甘肅天水市西北）。

［8］【今注】公孫述：字子陽，扶風茂陵（今陝西興平市東北）人。傳見本書卷一三。　侯丹：公孫述部將，公孫述龍興元年，丹開白水關，北守南鄭。東漢光武帝建武十一年，伐公孫述，侯丹守黄石，爲漢將岑彭所破。事見本書卷一三《公孫述傳》。

［9］【李賢注】河池，縣，屬武都郡，一名仇池，今鳳州縣也。下辨。縣名，今成州同谷縣也。【今注】河池：縣名。治所在今甘肅徽縣西北。　下辨：縣名。治所在今甘肅成縣西北。

［10］【李賢注】散關，故城在今陳倉縣南十里，有散谷水，因取名焉。【今注】散關：關隘名。據考證，秦漢時期的散關可能位於今陝西寶雞市益門附近（趙静、馬川：《散關地理位置變遷探究》，《文博》2015 年第 4 期）。

［11］【今注】陳倉：縣名。治所在今陝西寶雞市東。

［12］【李賢注】谷口，縣，故城今醴泉縣東北四十里。酈元《水經注》曰："涇水東經九嵕山東中山西，謂之谷口。"

［13］【今注】雲陽：縣名。治所在今陝西淳化縣西北。

李寶等聞鄧禹西征，[1]擁兵自守，勸嘉且觀成敗。光武聞之，告禹曰："孝孫素謹善，少且親愛，當是長安輕薄兒誤之耳。"禹即宣帝旨，嘉乃因來歙詣禹於雲陽。[2]三年，到洛陽，從征伐，拜爲千乘太守。[3]六年，病，上書乞骸骨，徵詣京師。十三年，封爲順陽侯。秋，復封嘉子廧爲黄李侯。十五年，嘉卒。子參嗣，有罪，削爲南鄉侯。永平中，參爲城門校尉。[4]參卒，子循嗣。循卒，子章嗣。

［1］【今注】鄧禹：字仲華，南陽新野（今河南新野縣）人。

傳見本書卷一六。

［2］【今注】來歙：字君叔，南陽新野（今河南新野縣）人。傳見本書卷一五。

［3］【今注】千乘：郡名。治千乘縣（今山東高青縣東北）。

［4］【今注】城門校尉：官名。秩比二千石，掌洛陽城門屯兵。下設司馬一人，秩千石；城門候十二人，秩六百石。

贊曰：齊武沈雄，義戈乘風。[1]倉卒匪圖，亡我天工。[2]城陽早恊，趙孝晚同。泗水三侯，或恩或功。

［1］【李賢注】以義舉兵，乘風雲之會也。

［2］【今注】天工：天的職能。